I0088681

MAREA TRIMITERE

De ce ucenicia nu poate fi ignorată?

Valy Vaduva

Autorul cărții *Plinătatea lui Hristos*

Upper Room
Fellowship Ministry

Livonia, Michigan, USA

Titlul original: The Great Commission: *A Closer Look at Why Discipleship Cannot be Ignored*
Traducerea în românește de Daniela Sisoev

Published by Upper Room Fellowship Ministry (URFM)
Livonia, MI 48150
www.urfm.org

ISBN 978-1-930529-53-3 (sc)

Library of Congress Control Number: N/A

Cartea aceasta nu e o lucrare de ficțiune. În cazul în care nu este menționat în mod specific, autorul și editorul nu garantează în mod explicit acuratețea informațiilor din această carte iar, în unele cazuri, numele unor persoane și locuri au fost schimbate pentru a le proteja identitatea. Punctele de vedere exprimate în această lucrare sunt doar ale autorului și nu reflectă în mod necesar punctele de vedere ale editorului.

Toate citatele biblice din această carte sunt preluate din traducerea Dumitru Cornilescu, varianta revizuită ortografic de Societatea Biblică din România, 2017.

Din cauza naturii dinamice a internetului, e posibil ca unele adrese sau link-uri de internet conținute în această carte să se fi schimbat de la data publicării, și să nu mai fie valabile. Imagini de stoc © iStock obținute de la Getty Images sunt folosite doar pentru scopuri ilustrative.

DEDICAȚIE

Lui Isus Hristos – Domnul și Stăpânul meu
Bisericii – mireasa lui Hristos
Tuturor credincioșilor care îmbrățișează crucea și Îl urmează pe Isus
Tuturor mentorilor care se angajează să investească în ucenicie

Cuprins

PREFAȚĂ

Mă bucur atât de mult că ții în mână această carte! Mă rog ca inima ta să fie atinsă de Dumnezeu, să auzi cu claritate vocea Marelui Păstor și viața ta să fie transformată de Duhul Sfânt.

Permite-mi să îți împărtășesc câteva lucruri despre mine. M-am născut și am crescut în România. Nu am crescut într-o familie de oameni credincioși, care citeau Biblia. Chiar dacă părinții mei se considerau creștini, ei nu aveau o relație personală cu Isus. Nu mi-au citit povestiri biblice înainte de culcare. Puteți citi mai multe detalii despre aceasta în secțiunea „Întâlnire cu autorul", de la sfârșitul cărții.

Pe când aveam doisprezece ani, am primit un mic Nou Testament, cu o copertă din imitație de piele de culoare vișinie. În timpul vacanței de vară, literalmente am devorat acea carte de dimensiuni reduse. De fapt, am citit-o de trei ori. Cred că aceea a fost perioada în care m-am îndrăgostit de Cuvântul lui Dumnezeu.

Pe când eram în liceu, înainte de a doua mea vacanță de vară, un coleg mi-a dăruit o mică Biblie cu o copertă de vinilin verde. Abia așteptam să vină vacanța de vară, pentru a începe să o citesc! Înainte ca aceasta să se încheie, am terminat de citit întreaga Biblie, de la Geneza până la Apocalipsa. În toamnă, colegul meu m-a invitat să merg cu el la biserica de care aparținea. Inima mea era pregătită să Îl accepte pe Isus ca Domn și Mântuitor al meu. Duhul Sfânt mi-a înnoit inima într-un mod vizibil. Botezul meu în apă a fost o experiență puternică. M-am simțit atât de fericit și împlinit, încât, timp de câteva săptămâni, am crezut că mă aflu în al nouălea cer – m-am simțit atât de ușor și de liber.

Ziua de 20 februarie 1977 a marcat începutul călătoriei mele ca ucenic al lui Hristos. De ce îmi amintesc această dată? Pentru că botezul meu a avut loc cu aproximativ două săptămâni înainte de cutremurul devastator din 4 martie 1977, care a mutilat la propriu fațada centrului Bucureștiului.

Citirea Bibliei, studierea acesteia, părtășia cu ceilalți credincioși și mărturisirea înaintea familiei, a rudelor și a colegilor mei mi se păreau atât de naturale. Dumnezeu a orchestrat circumstanțele în așa fel încât mi s-a cerut să predic Evanghelia lui Hristos când aveam doar șaptesprezece ani. După prima mea predică, oamenii au venit la mine și mi-au spus că am un dar pentru această slujire. Acest lucru mi-a rămas adânc înrădăcinat în minte și m-a motivat să înflăcărez darul primit, să mă adâncesc în Cuvânt, să studiez Scripturile împreună cu alți credincioși, încercând în același timp să mă pregătesc cât mai bine pentru a împărtăși credința mea și a continua să predic Evanghelia cu fiecare ocazie.

Între timp, am luat decizia de a petrece timp de calitate cu câțiva credincioși mai maturi, care cunoșteau Biblia mult mai bine decât mine. Mă întâlneam cu ei în mod regulat, le puneam întrebări, le mărturiseam păcatele mele și ne rugam împreună. Cu fiecare sesiune și cu fiecare întâlnire, Duhul Sfânt îmi transforma viața și mă ajuta să cresc și mai mult în harul și cunoașterea Domnului și Mântuitorului nostru, Isus Hristos. Privind înapoi, nu-mi pot imagina viața creștină altfel. Cred că am fost binecuvântat să am în jurul meu mentori evlavioși, care m-au ținut responsabil și m-au provocat să devin ucenicul pe care Isus m-a chemat să fiu.

M-am căsătorit de tânăr. La scurt timp după căsătorie, Duhul Sfânt ne-a chemat – pe mine și pe soția mea – la slujire. Tocmai ni se născuse primul nostru copil, dar Dumnezeu a considerat că eram pregătiți pentru această slujbă. Așa că ne-am deschis apartamentul pentru studii biblice, întâlniri de rugăciune și părtășie, în timpul zilelor de sfârșit de săptămână, cu credincioși din toată țara. Toate aceste experiențe ne-au întărit credința și ne-au maturizat și mai mult. Biblia a fost și rămâne în centrul slujirii noastre. Îndeplinirea Marii Trimiteri, facerea de ucenici și echiparea copiilor lui Dumnezeu pentru slujire, în ciuda greutăților, a persecuției, chiar și a unei arestări, erau foarte normale pentru noi.

La vârsta de treizeci de ani, Dumnezeu a condus familia noastră de patru copii, cu vârste cuprinse între patru și nouă ani, spre decizia de a emigra în Statele Unite. Eram plini de entuziasm la gândul că, de atunci înainte, vom putea să slujim în mod liber, investind în ceea ce ne plăcea cel mai mult: facerea de ucenici într-o țară liberă, fără să ne temem de vreo razie a poliției secrete. Ne-am imaginat că toată lumea este la fel de încântată și entuziasmată ca și noi să se adune pentru studiul Cuvântul lui Dumnezeu, pentru rugăciune și pentru părtășie. Dar nu după mult timp ne-am dat seama că lucrurile nu stăteau așa cum speram noi. Creștinii din Statele Unite sunt ocupați, stresați, iar a fi dedicat lucrării de ucenicie nu era o prioritate pentru mulți dintre ei. Doar prin harul lui Dumnezeu și călăuziți de Duhul Sfânt am putut continua în slujirea la care știam că suntem chemați – facerea de ucenici. După câțiva ani, Duhul Sfânt ne-a îndreptat pașii spre obținerea unei mai bune pregătiri în slujba de consiliere și ucenicie. Nu mult după aceea, Dumnezeu ne-a călăuzit să înființam o organizație non-profit. Puteți citi mai multe despre acest lucru în secțiunea „Despre Upper Room Fellowship Ministry" (URFM), de la sfârșitul cărții.

La scurt timp după ce am fondat URFM, am început să pregătim mai multe studii biblice și seminarii pentru familii. Am condus și un grup de cincisprezece familii printr-un seminar pe tema aceasta, cu o durată de doi ani. De regulă, ne întâlneam în subsolul amenajat al casei noastre sau în sufrageria mare a oricărei familii care dorea să găzduiască întâlnirile noastre.

În paralel, soția mea a investit în lucrarea cu fetele adolescente. Chiar și acum, după mai bine de douăzeci de ani, ele încă o numesc mama lor spirituală. De asemenea, a început să investească în femei mai tinere, care erau dornice să cunoască mai bine Biblia și să crească în Hristos. Acest tip de slujire, bazat pe Tit 2:4, îl continuă și astăzi.

Acum mai bine de 20 de ani am condus un seminar „Ucenicie 101". A fost o bucurie să îi slujesc pe tinerii credincioși timp de doi ani, oferindu-le o pregătire de bază pentru ucenicie, predând adevărurile Bibliei și principiile fundamentale ale credinței creștine.

Din 2010 încoace, Domnul mi-a îndreptat pașii spre Ucenicie Creștină Avansată (UCA), o platformă solidă de echipare a viitorilor mentori pentru facerea de ucenici. Puteți citi mai multe despre UCA în ultimul capitol al acestei cărți.

De ce îți împărtășesc toate aceste lucruri? În primul rând, pentru a te încuraja să îți continui drumul ca urmaș al lui Hristos. În al doilea rând, pentru a te motiva să fii mai dedicat relației tale cu Dumnezeu. În al treilea rând, pentru a-ți direcționa pașii spre decizia de a deveni un mentor – o persoană complet echipată pentru ucenicizarea altor credincioși. În al patrulea rând, pentru a te încuraja să începi să investești în viețile altor oameni. Pot să îți spun că aceasta nu este o sarcină simplă. Este, însă, unul dintre cele mai satisfăcătoare lucruri pe care le poți face aici pe pământ. Ține minte că acest tip de slujire este răsplătit de Domnul în veșnicie. Am o bănuială că mulți credincioși care au auzit despre Marea Trimitere, nu au auzit niciodată că inima lui Isus este sută la sută pentru slujirea de ucenicizare. Promisiunea Lui este atât de puternică: „Și iată că Eu sunt cu voi în toate zilele, până la sfârșitul veacului" (Matei 28:20b).

Sper și mă rog ca ideile și conceptele conținute în această carte să te zidească, să te încurajeze să devii tot mai mult ucenicul pe care Isus Îl dorește, și să te echipeze cu mai multe instrumente, pe care să le folosești în îndrumarea altor credincioși.

Fie ca Dumnezeu să te binecuvânteze și să te împuternicească să împlinești viziunea și misiunea lui Hristos: să fii ucenic și să faci ucenici.

Să ai o călătorie spirituală personală minunată!

Valy Vaduva

Slujitor ordinat/Life Coach/Mentor spiritual

CAPITOLUL 1

O examinare mai atentă a Marii Trimiteri

Și El le-a zis: „De aceea orice cărturar, care a învățat ce trebuie despre Împărăția cerurilor, se aseamănă cu un gospodar care scoate din vistieria lui lucruri noi și lucruri vechi."

\- Matei 13:52

Unul dintre marii savanți ai Renașterii, Erasmus[1], a povestit o întâmplare legendară despre întoarcerea lui Isus în ceruri, după perioada în care a trăit pe Pământ. Se spune că îngerii s-au adunat în jurul Lui, pentru a afla cele petrecute. Isus le-a povestit despre minunile Sale, despre învățăturile date și apoi despre moartea și învierea Sa. Dar, la sfârșit, arhanghelul Mihail Îl întrebă: *„Dar, Doamne, ce se întâmplă acum?"* Și Isus îi răspunse: *„Am lăsat în urmă* *unsprezece oameni credincioși, care vor duce mai departe mesajul Meu și vor exprima dragostea Mea. Acești oameni credincioși vor întemeia și zidi Biserica Mea*". „*Dar* – continuă Mihail – *dacă acești oameni eșuează? Ce se va întâmpla atunci?*" La care Isus îi răspunse: „*Nu am alt plan*".[2]

Hm! Isus nu are un plan B! Conform Marii Trimiteri enunțate în Matei 28:18-20, este clar că Hristos se bazează în totalitate pe viziunea Sa privind ucenicia, care va fi realizată de ucenicii Săi inițiali, apoi de următoarea generație de oameni credincioși și mai departe de următoarele, până la a doua Sa venire. Niciun alt plan – *doar ucenicia.*

Gândiți-vă la aceasta! Dumnezeu a creat întregul univers și îl guvernează astfel încât totul să se desfășoare conform planului Său. O parte a universului este planeta Pământ, locuită de noi. Chiar înainte ca păcatul să intre în această lume, Dumnezeu a poruncit primei familii să se înmulțească: „Creșteți, înmulțiți-vă, umpleți pământul și supuneți-l; și stăpâniți peste peștii mării, peste păsările cerului și peste orice viețuitoare care se mișcă pe pământ" (Geneza 1:28). Dacă cercetăm întreaga Biblie, nu vom găsi niciun verset în care Dumnezeu să anuleze prima poruncă dată omenirii. Putem concluziona că această poruncă trebuie împlinită chiar și după Cădere. Faptul că oamenii încă trăiesc, în secolul al XXI-lea, este o dovadă că prima poruncă a lui Dumnezeu este încă în vigoare. Cu alte cuvinte, înmulțirea este înscrisă în genele ființelor umane. Este înmulțirea fizică esențială pentru supraviețuirea rasei umane? Absolut! Cu cât mai importantă este înmulțirea spirituală?

Marea Trimitere nu poate fi evitată

Inima mea este pasionată de Marea Trimitere. Știm cu toții că aceasta constituie ultimul mesaj pe care Hristos l-a transmis ucenicilor Săi din primul secol, înainte de a Se înălța la cer. Fiecare creștin, cel puțin în teorie, o cunoaște:

> Duceți-vă și faceți ucenici din toate neamurile, botezându-i în Numele Tatălui și al Fiului și al Sfântului Duh. Și învățați-

> i să păzească tot ce v-am poruncit. Și iată, Eu sunt cu voi în toate zilele, până la sfârșitul veacului. (Matei 28:19-20)

Într-un sens, similar cu porunca „Creșteți și înmulțiți-vă", pe care Dumnezeu a dat-o primei familii în Geneza, Hristos le poruncește apostolilor Săi să facă ucenici, conform modelului Său de ucenicie. Cu alte cuvinte, înmulțirea spirituală se află în *„genele spirituale"* ale Bisericii.

Metoda de ucenicie a lui Isus este centrată pe om. Modelul Său de ucenicie este personal, relațional, de la om la om și experiențial. Accentul Său este pus pe transformare, nu pe transmiterea unor simple informații.

„Manualul" de ucenicie al lui Hristos este Cuvântul lui Dumnezeu. Iar puterea transformatoare este Duhul Sfânt. Procesul de ucenicie implică o *minte binevoitoare*, o *ureche deschisă* și o *inimă ascultătoare*.

În cartea sa, *Follow Me: A call to die, A call to live* (*Urmează-mă. O chemare la moarte, o chemare la viață*), David Platt scrie următoarele:

> El a împletit în țesătura ADN-ului fiecărui creștin în parte o dorință și o capacitate de înmulțire (spirituală). Mai mult decât un cuplu căsătorit, care tânjește după un copil născut în mod natural, fiecare creștin tânjește să vadă păcătoșii mântuiți în mod supranatural. Toți cei care cunosc *dragostea* lui Hristos tânjesc să înmulțească *viața* lui Hristos. Dumnezeu i-a format, i-a modelat și chiar i-a umplut pe creștini cu propriul Său Duh tocmai pentru acest scop.[3]

Dacă cercetăm întregul Nou Testament, nu găsim nici măcar un singur verset care să afirme contrariul. **Prin urmare, Marea Trimitere rămâne în vigoare și astăzi.** Putem concluziona că Isus Hristos Se așteaptă ca viziunea Sa asupra uceniciei să continue. Atunci, El căuta ucenici; acum, El caută ucenici; și, sunt convins că, chiar și cu câteva secunde înainte de revenirea Sa, Hristos va atrage ucenici la Sine.

David Plat scrie:

> Fiecare ucenic al lui Isus a fost chemat, iubit, creat și mântuit pentru a când harul lui Dumnezeu este primit cu bucurie și gloria lui Dumnezeu va fi înălțată printre toate grupurile de oameni din lume. Iar în acea zi, fiecare ucenic al lui Isus – *fiecare urmaș al lui Hristos și pescar de oameni* – va vedea fața Mântuitorului și va contempla splendoarea Tatălui, într-o scenă de o frumusețe de nedescris și de o fericire veșnică, ce nu va dispărea nicidecum și niciodată.[4]

Concluzia este următoarea: Biserica din secolul al XXI-lea nu este scutită de Marea Trimitere. Dimpotrivă, Biserica de astăzi este chemată să ia parte în mod activ la ea, aici și acum.

Hudson Taylor, (21 mai 1832 - 3 iunie 1905), celebrul misionar în China, a spus cândva: „*Marea Trimitere* nu este o opțiune care trebuie luată în considerare; este o poruncă care trebuie ascultată". Haideți să ne întrebăm: Cum ar trebui să răspundem astăzi provocării Marii Trimiteri? David Livingstone (19 martie 1813 – 1 mai 1873), marele misionar în Africa, spunea odată: „Dacă misiunea primită din partea unui rege pământesc este considerată o onoare, cum se poate ca *misiunea* unui Rege ceresc să fie considerată un sacrificiu?". Prin urmare, este o onoare să facem ucenici pentru Regele nostru Isus. Howard Hendricks (5 aprilie 1924 – 20 februarie 2013), profesor pentru multă vreme la Seminarul Teologic din Dallas și vorbitor pentru Promise Keepers, în prefața cărții *Ucenicii se fac, nu se nasc*, scrie: „«Faceți ucenici» este mandatul Învățătorului (Matei 28:19-20). Îl putem ignora, dar nu ne putem sustrage lui"[5]. Întrebarea

Metoda de ucenicie a lui Isus este centrată pe om. Modelul Său de ucenicie este personal, relațional, de la om la om și experiențial. Accentul Său este pus pe transformare, nu pe transmiterea unor simple informații.

pentru noi astăzi este: Ce facem noi, îl ignorăm? Știind că nu ne putem sustrage Marii Trimiteri, ce așteptăm? În aceeași carte citată mai sus, David Platt scrie: „Dumnezeu a poruncit fiecărui ucenic să facă ucenici. Niciun creștin nu este scutit de această poruncă și niciun creștin nu ar vrea să se sustragă acestei porunci”.[6]

Exegeza simplă a Marii Trimiteri

Făcând o simplă exegeză a textului din Matei 28:16-20, orice cercetător serios al Bibliei poate observa cu ușurință că Isus nu le-a cerut apostolilor doar să răspândească Evanghelia prin evanghelizare, sau doar să facă convertiți. Mai degrabă, El a pus accentul pe *facerea de ucenici*. Cu alte cuvinte, Marea Trimitere se referă la înmulțirea spirituală, conform modelului de ucenicie al lui Hristos. Dacă citim cu atenție cartea Faptele Apostolilor, aspectul uceniciei devine foarte clar. În acest capitol, nu o vom analiza în detaliu, ci doar vom evidenția câteva elemente cruciale referitoare la ucenicie.

În primul rând, observăm că apostolii au pus la inimă ceea ce le-a poruncit Isus și au început imediat să facă ucenici, împlinind astfel Marea Trimitere pentru cei din generația lor. Luca scrie: „Cuvântul lui Dumnezeu se răspândea tot mai mult, numărul ucenicilor se înmulțea mult în Ierusalim, și o mare mulțime de preoți veneau la credință” (Faptele Apostolilor 6:7). Acest lucru vorbește în mod clar despre înmulțire, nu doar despre *prozelitism*[7] sau despre a face doar câțiva *convertiți*[8]. Așa cum le-a poruncit Isus în Faptele Apostolilor 1:8 – care sună asemănător cu Marea Trimitere – apostolii au început în Ierusalim, au continuat să predice Calea în Iudeea, apoi s-au mutat în Samaria și, mai târziu, au făcut ucenici în cele mai îndepărtate teritorii ale Imperiului Roman.

În al doilea rând, apostolii au petrecut timp de calitate în facerea de ucenici. „*Pavel* a plecat de la ei, a despărțit pe ucenici de ei și a învățat în fiecare zi pe norod în școala unuia numit Tiran” (Faptele Apostolilor 19:9, sublinierea îmi aparține). Doctorul Luca a călătorit cu Pavel și ne-a împărtășit din experiența sa personală: „Lucrul acesta [*facerea de ucenici*] a ținut doi ani, așa că toți cei care locuiau în Asia, iudei și greci, au auzit Cuvântul Domnului" (Faptele Apostolilor 19:10, sublinierea îmi aparține). Ce a făcut ca „toți" cei care locuiau în Asia să audă Cuvântul lui Dumnezeu? O multiplicare organică. Această multiplicare organică nu poate rezulta decât din procesul de ucenicie. În introducerea cărții *Follow Me* (*Urmează-Mă*), Francis Chan scrie:

> Biserica a început în Fapte 2, când trei mii de oameni au fost convertiți. Până în anul 100 d.Hr., estimările spun că erau douăzeci și cinci de mii de adepți. Până în anul 350 d.Hr., estimările indică peste treizeci de milioane de adepți... Cum a putut crește Biserica în acest ritm incredibil, mai ales în condiții de persecuție? Adepții și-au înțeles datoria de a face ucenici.[9]

Biserica din primul secol, împuternicită de Duhul Sfânt, a făcut ucenici, nu doar convertiți. Ne mulțumim noi, credincioșii din secolul XXI, cu mai puțin? Nu sunt prea încântat de faptul că am coborât standardul. Astăzi suntem încă chemați **să facem ucenici**. Richard Foster scrie următoarele: „Poate că cea mai mare boală a Bisericii de astăzi sunt convertiții la Hristos care nu sunt ucenici ai lui Hristos – *o contradicție clară în termeni*. Această boală afectează totul în viața bisericii".[10] Dallas Willard, un expert în formarea spirituală și un autor creștin foarte cunoscut, scrie:

> Ultima poruncă pe care Isus a dat-o Bisericii înainte de a se înălța la cer a fost Marea Trimitere, chemarea adresată creștinilor de a *„face ucenici din toate neamurile"*. Dar creștinii au răspuns prin a face *„creștini"*, nu *„ucenici"*. Aceasta este Marea Omitere a Bisericii.[11]

Sper că sunteți de acord cu mine că suntem provocați să corectăm această omitere. Pentru creștinii primului secol, „Marea Trimitere nu a fost o opțiune pe care să o ia în considerare, ci o poruncă de care trebuie să asculte".[12] Ar trebui să continuăm să perpetuăm statisticile actuale sau să decidem să ne supunem lui Dumnezeu? Tu și eu avem de făcut o alegere.

Faceți ucenici, nu convertiți

Facerea de ucenici ar trebui să fie forța motrice a tot ceea ce face biserica locală. Vezi diagrama 1.

Dr. Robert E. Coleman scrie:

> Marea Trimitere a lui Hristos dată Bisericii Sale se rezumă la porunca de *„a face ucenici din toate neamurile*" (Matei 28:19). Aceste cuvinte denotă faptul că ucenicii trebuiau să meargă în lume și să-i câștige pe alții, care să ajungă să fie ceea ce erau ei înșiși – *ucenici ai lui Hristos*. Această misiune este subliniată și mai mult atunci când studiem textul grecesc al pasajului și observam că termenii *„mergeți"*, *„botezați"* și *„învățați"* sunt toți la participiu, și își derivă forța de expresie din verbul unic la care se relaționează, ***faceți ucenici***. Acest lucru înseamnă că Marea Trimitere nu presupune doar a merge până la marginile pământului *predicând Evanghelia* (Marcu 16:15), nici *a boteza* o mulțime de convertiți în Numele Dumnezeului Triunic, nici *a-i învăța preceptele lui Hristos*, ci „a face ucenici" – a forma oameni ca ei, care au fost atât de constrânși de trimiterea lui Hristos încât nu numai că L-au urmat, ci i-au condus și pe alții să urmeze calea Sa. Numai în măsura facerii de ucenici, celelalte activități ale trimiterii își puteau îndeplini scopul.[13]

Interesant, nu-i așa?

Scott Hildreth, directorul Center for Great Commission Studies (CGCS), scrie:

> Verbul principal al propoziției care alcătuiește **Matei 28:19-20** este *αθητευσατε* (faceți ucenici), urmat de sintagmele

descriptive *βαπτιζοντες αυτους* (**botezându-i**) și *διδασκοντες αυτους* (**învățându-i**). Potrivit lui Blomberg, această poruncă cere un tip de evanghelizare care nu se oprește după ce cineva face o mărturisire de credință. **Participiile cu adevărat subordonate explică ce implică facerea de ucenici:**

> Primul pas va fi o inițiere decisivă, o dată pentru totdeauna, în comunitatea creștină.
> Al doilea se dovedește o sarcină perenă și incompletă pe tot parcursul vieții. Aceasta include venirea la credință, identificarea cu comunitatea creștină **și creșterea în credință pe perioada întregii vieți a credinciosului.**

Diagrama 1

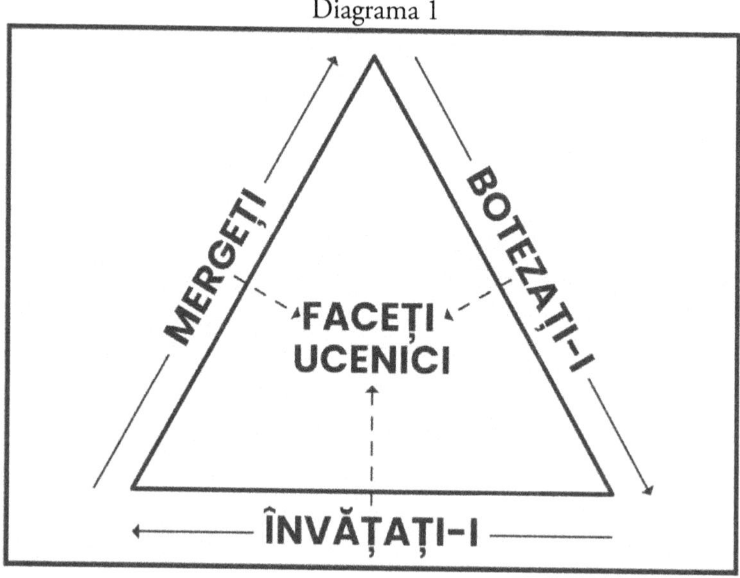

Rengstorf[14] remarcă faptul că μαθητευσατε (a face ucenici) implică întotdeauna existența unui atașament personal, care modelează întreaga viață a celui descris ca μαθητης (în gr. mathétés, un ucenic, un învățăcel, discipol, elev). Aceste descrieri evidențiază faptul că porunca **Marii Trimiteri** este ca adepții lui Isus să-i inițieze pe necredincioși în credință; **cu toate acestea, lucrarea nu este încheiată până când întreaga viață nu este schimbată.**"[15]

Sper că toată lumea este de acord cu faptul că Marea Trimitere necesită o înțelegere care merge dincolo de *evanghelizare* și *misiuni.* Marea Trimitere ne provoacă pe fiecare dintre noi să ne gândim la o ucenicie radicală și la o transformare spirituală; să ne gândim la creștere și maturizare spirituală; să ne gândim la înmulțire și multiplicare spirituală. Acesta este tipul de ucenicie pe care îl așteaptă Hristos. Sunt sigur că, atunci când se va întoarce, Isus se așteaptă să găsească ucenici maturi – *un popor transformat după chipul și asemănarea Sa.*

Cele patru dimensiuni ale Marii Trimiteri

Cu mulți ani în urmă, când am început să studiez acest subiect, nu cunoșteam decât formularea tradițională a Marii Trimiteri din Matei 28:19-20.

Diagrama 2

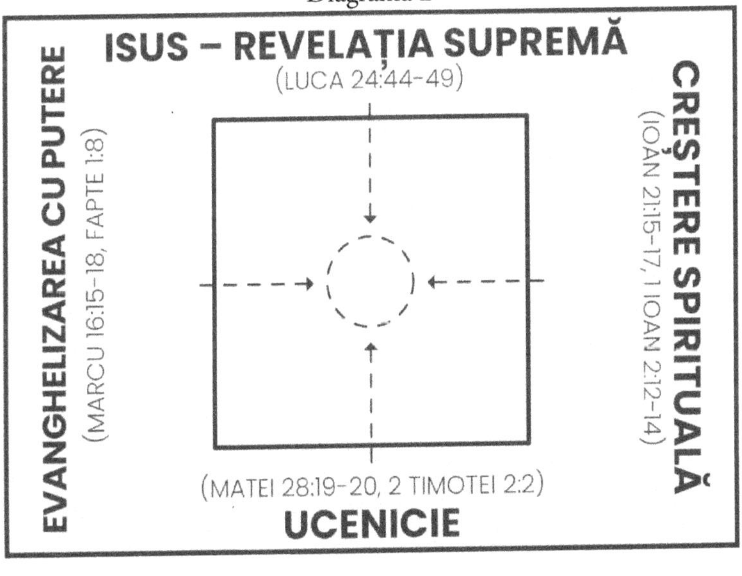

ISUS – REVELAȚIA SUPREMĂ
(LUCA 24:44-49)

EVANGHELIZAREA CU PUTERE
(MARCU 16:15-18, FAPTE 1:8)

CREȘTERE SPIRITUALĂ
(IOAN 21:15-17, 1 IOAN 2:12-14)

(MATEI 28:19-20, 2 TIMOTEI 2:2)
UCENICIE

La acea vreme, nu mi-am dat seama că Marea Trimitere este enunțată, într-o formă sau alta, în fiecare Evanghelie. Cu toate acestea, după ce am citit și recitit textul Noului Testament, și am ascultat de mai multe ori diferite versiuni audio ale Evangheliilor, mi-am dat seama că fiecare autor a enunțat Marea Trimitere în felul său unic. Așadar, Marea Trimitere are patru (4) dimensiuni. Vezi diagrama 2.

1. *Faceți ucenici*
2. *Evanghelizarea cu putere*
3. *Isus – revelația supremă*
4. *Creșterea spirituală pentru fiecare categorie de credincioși*

1. Faceți ucenici - Marea Trimitere după Matei

Am discutat deja despre formularea tradițională. Acum, haideți să analizăm mai îndeaproape celelalte trei formulări ale Marii Trimiteri, care se găsesc în celelalte evanghelii.

2. Evanghelizarea cu putere - Marea Trimitere după Marcu

În evanghelia sa, după relatarea învierii, Marcu afirmă că Domnul Isus le-a apărut celor unsprezece și i-a însărcinat să predice Evanghelia, împuterniciți de Duhul Sfânt. Biblia ne spune:

> Apoi le-a zis: „Duceți-vă în toată lumea și propovăduiți Evanghelia la orice făptură. Cine va crede și se va boteza va fi mântuit, dar cine nu va crede va fi osândit. Iată semnele care vor însoți pe cei ce vor crede: în Numele Meu vor scoate draci, vor vorbi în limbi noi, vor lua în mână șerpi, dacă vor bea ceva de moarte, nu-i va vătăma, își vor pune mâinile peste bolnavi, și bolnavii se vor însănătoși." (Marcu 16:15-18)

În primul rând: „Mergeți în toată lumea și propovăduiți Evanghelia la orice făptură" sună foarte asemănător cu cea mai cunoscută versiune din Evanghelia după Matei.

În al doilea rând, „Cine va crede și se va boteza va fi mântuit; dar cine nu va crede va fi osândit" subliniază botezul pe baza credinței și motivul condamnării oamenilor: *necredința*. Cu toate acestea, după această replică, versiunea lui Marcu a Marii Trimiteri este radical diferită. În versetele 17 și 18, Marcu afirmă că propovăduirea Evangheliei va fi urmată de tot felul de semne și minuni, de la izgonirea demonilor până la vindecarea bolnavilor.

În Biblia mea, toate aceste versete sunt scrise cu roșu, ceea ce indică faptul că Marcu a reprodus chiar cuvintele lui Isus înainte de înălțarea Sa la Tatăl. Versetul 20: „Iar ei au plecat și au propovăduit pretutindeni. Domnul lucra împreună cu ei și întărea Cuvântul prin semnele care-l însoțeau" – vorbește despre ascultarea lor imediată. Singurul lucru pe care îl am de spus la aceasta este un sincer: Amin!

Lumea de astăzi, mai ales în Occident, are nevoie de acest tip de predicare urmată de minuni. Nimeni nu poate contesta faptul că *evanghelizarea cu putere* a fost crucială pentru împlinirea Marii Trimiteri în prima parte a istoriei Bisericii. Cred că *evanghelizarea cu putere* este la fel de esențială astăzi ca și atunci.

3. Isus – revelația supremă – Marea Trimitere după Luca

La început, mi-a fost greu să găsesc Marea Trimitere în Evanghelia după Luca. Cu toate acestea, după ce m-am rugat și am citit-o de mai multe ori, Duhul Sfânt m-a ajutat să o descopăr. Pentru că Luca, medicul preaiubit, a scris două cărți: Evanghelia după Luca și cartea Faptele Apostolilor, ultimul capitol al Evangheliei sale are un final diferit de cel al celor scrise de Matei și Marcu.

În capitolul 24, Luca descrie unele dintre evenimentele de după înviere. Cea mai mare parte a acestui capitol are în vedere călătoria a doi ucenici de la Ierusalim la Emaus. Știm că numele unuia dintre ei este Cleopa, dar nu știm cine este cel de-al doilea ucenic. Totuși, acest detaliu nu este esențial. Distanța dintre aceste două așezări, potrivit lui Luca, este de aproximativ 60 de stadii. Potrivit cu ceea ce înțelegem printr-o „stadie", este vorba de o distanță de aproximativ 12 km. Ceea ce este important aici este faptul că Isus cel Înviat a considerat esențial să le ofere acelor ucenici o versiune condensată a „învățăturii Vechiului Testament".

Observați aceste cuvinte:

> „Nu trebuia să sufere Hristosul aceste lucruri și să intre în slava Sa?" Și a început de la Moise și de la toți prorocii și le-a tâlcuit, în toate Scripturile, ce era cu privire la El. (Luca 24:26-27)

Dacă au mers cu o viteză medie de 4 km/oră, le-a luat aproximativ 3 ore să ajungă la Emaus. În loc să li se descopere imediat, Hristos a considerat că este esențial să le ofere un studiu biblic aprofundat privitor la El Însuși. Nu știu sigur ce părere aveți voi, dar mie mi s-a părut foarte interesant acest lucru.

Hristos Cel înviat a folosit referințe cheie din Tora, din Profeții mari și din Profeții mici, pentru a face ca inimile să le ardă în piept de uimire (Luca 24:32). Cred că Hristos a folosit multe pasaje din cartea Psalmilor, în special din Psalmii 22 și 69. În timpul călătoriei, ochii lor au fost împiedicați să-L recunoască (Luca 24:16). Cu toate acestea, când a frânt pâinea în casa lor, Isus le-a dezvăluit adevărata Sa identitate (Luca 24:31).

După această experiență extraordinară, Cleopa și ucenicul nenumit nu au mai putut rămâne în Emaus. Plini de o bucurie de nedescris, în ciuda întunericului și a pericolului de afară, ei s-au întors la Ierusalim și au împărtășit celor unsprezece experiența lor extraordinară. Care a fost aceasta? A fost cunoașterea prin experiență a lui Hristos Înviat, la sfârșitul unui studiu biblic convingător. Când și-au terminat istorisirea, Hristos le-a apărut tuturor. El le-a spus ucenicilor: „Iată ce vă spuneam când încă eram cu voi, că trebuie să se împlinească tot ce este scris despre Mine în Legea lui Moise, în Proroci și în Psalmi" (Luca 24:44).

Credeți-mă, când studiam acest fragment din Evanghelia după Luca, inima îmi ardea și îmi bătea cu putere în piept. Am exclamat: *„Hristos este Revelația supremă”*. **Întregul Vechi Testament arată spre Hristos.** Lumea de astăzi, evreii și neamurile deopotrivă, au nevoie să-L cunoască pe Hristos prin revelație.[1] Aceasta este versiunea lui Luca a Marii Trimiteri. De fapt, în cea de-a doua carte a sa, Faptele Apostolilor, Luca mărturisește că apostolii Îl predicau pe Hristos peste tot pe unde mergeau.

Mai jos sunt câteva astfel de texte:

> Și în fiecare zi, în Templu și acasă, nu încetau să învețe pe oameni și **să vestească Evanghelia lui Isus Hristos**. (Faptele Apostolilor 5:42)

> Saul din Tars, după întâlnirea sa cutremurătoare cu Isus cel Înviat pe drumul Damascului, a început să-L propovăduiască pe Isus.
> Și îndată a început **să propovăduiască** în sinagogi că **Isus** este Fiul lui Dumnezeu. (Faptele Apostolilor 9:20)

> Totuși printre ei au fost câțiva oameni din Cipru și din Cirene, care au venit în Antiohia, au vorbit și grecilor și le-au **propovăduit Evanghelia Domnului Isus**. (Faptele Apostolilor 11:20)

> ...dovedind și lămurind că Hristosul trebuia să pătimească și să învieze din morți. „Și **acest Isus**, pe care vi-L vestesc eu”, zicea el, „**este Hristosul**”. (Faptele Apostolilor 17:3)

> Unii din filozofii epicurieni și stoici au intrat în vorbă cu el. Și unii ziceau: „Ce vrea să spună palavragiul acesta?” Alții, când l-au auzit că vestește pe Isus și învierea, ziceau: „Pare că vestește niște dumnezei străini”. (Faptele Apostolilor 17:18)

---

[1] Pentru un studiu complet asupra Luca 24 vă invit să citiți capitolul 10 „The Highest Revelation” din cartea *The Journey of Transformation*, mergeți aici: . https://bit.ly/41HPFfp.

Dar când au venit Sila și Timotei din Macedonia, Pavel s-a dedat în totul propovăduirii și dovedea iudeilor că Isus este Hristosul. (Faptele Apostolilor 18:5)

...căci înfrunta cu putere pe iudei înaintea norodului și le dovedea din Scripturi că Isus este Hristosul. (Faptele Apostolilor 18:28)

...și să vestesc iudeilor și grecilor **pocăința față de Dumnezeu și credința în Domnul nostru Isus Hristos.** (Faptele Apostolilor 20:21)

Dar eu nu țin numaidecât la viața mea, ca și cum mi-ar fi scumpă, ci vreau numai să-mi sfârșesc cu bucurie calea și slujba pe care am primit-o **de la Domnul Isus**, ca să vestesc Evanghelia harului lui Dumnezeu. (Faptele Apostolilor 20:24)

...propovăduia Împărăția lui Dumnezeu și învăța pe oameni, cu toată îndrăzneala și fără nicio piedică, **cele privitoare la Domnul Isus Hristos.** (Faptele Apostolilor 28:31)

În concluzie, cartea Faptele Apostolilor este o mărturie puternică despre modul în care Biserica din primul secol a îndeplinit Marea Trimitere – *proclamând înaintea lumii că Isus este Hristosul.*

4. Creștere spirituală pentru fiecare categorie de credincioși - Marea Trimitere după Ioan

Apostolul Ioan și-a scris Evanghelia spre sfârșitul primului secol, probabil între anii 90-100 d.Hr. El ar fi putut face referire la versiunea lui Matei a Marii Trimiteri, dar nu a făcut-o. În schimb, în ultimul capitol al Evangheliei sale, Ioan ne prezintă istoria reinvestirii lui Petru în slujire. Să ne amintim contextul. Spre sfârșitul slujirii Sale pământești, Isus a împărtășit cu ucenicii Săi adevărul că El „trebuie să sufere multe și să fie lepădat de neamul acesta" (Luca 17:25). Înainte de arestarea Sa, Isus le-a spus că toți vor avea un prilej de poticnire (Marcu 14:27). Atunci Petru a adoptat o poziție arogantă: „Chiar dacă toți ar avea un prilej de poticnire, eu nu voi avea" (Marcu 14:29). El a insistat, spunând chiar că este gata să moară pentru El: „Chiar dacă ar trebui să mor împreună cu Tine, tot nu mă voi lepăda de Tine!" (Marcu 14:31) Cunoaștem povestea. Chiar în noaptea în care Isus a fost arestat, Petru s-a lepădat de El de trei ori, înainte să cânte cocoșul de două ori (Marcu 14:72), exact așa cum prezisese Hristos.

După învierea Sa, Hristos a avut o discuție de la inimă la inimă cu Petru. Iată cum a decurs acea conversație:

> După ce au prânzit, Isus a zis lui Simon Petru: „Simone, fiul lui Iona, Mă iubești tu mai mult decât aceștia?" „Da, Doamne", I-a răspuns Petru, „știi că Te iubesc". Isus i-a zis: *„Paște mielușeii Mei".* I-a zis a doua oară: „Simone, fiul lui Iona, Mă iubești?" „Da, Doamne", I-a răspuns Petru, „știi că Te iubesc". Isus i-a zis: *„Paște oițele Mele".* A treia oară i-a zis Isus: „Simone, fiul lui Iona, Mă iubești?" Petru s-a întristat că-i zisese a treia oară: „Mă iubești?" Și I-a răspuns: „Doamne, Tu toate le știi, știi că Te iubesc." Isus i-a zis: *„Paște oile Mele!"* (Ioan 21:15-17)

În prima sa epistolă, Ioan a scris despre trei categorii de credincioși, în funcție de creșterea lor spirituală:

> Vă scriu, **copilașilor**, fiindcă păcatele vă sunt iertate pentru Numele Lui. Vă scriu, **părinților**, fiindcă ați cunoscut pe Cel ce este de la început. Vă scriu, **tinerilor**, fiindcă ați biruit pe cel rău. V-am scris, **copilașilor**, fiindcă ați cunoscut pe Tatăl. V-am scris, **părinților**, fiindcă ați cunoscut pe Cel ce este de la început. V-am scris, **tinerilor**, fiindcă sunteți tari și Cuvântul lui Dumnezeu rămâne în voi și ați biruit pe cel rău. (1 Ioan 2:12-14)

Hristos a vrut ca Petru să se îngrijească de **mieii**, **oile tinere** și **oile** Sale **adulte**.

Diagrama 3

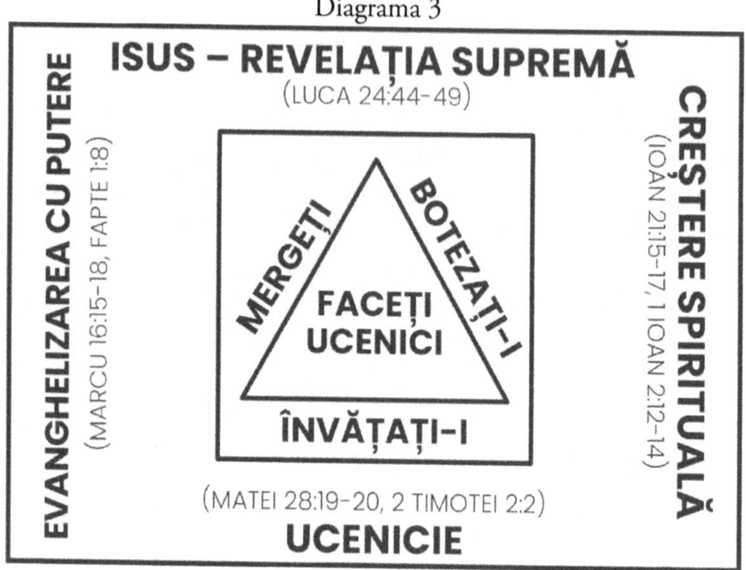

Fără să intru în detaliile acestui important pasaj din Scriptură, îl aud pe Ioan spunând că o parte din Marea Trimitere constă în asigurarea creșterii spirituale pentru toate categoriile de credincioși din biserica locală. Pentru mine, pasajul din Ioan 21:15-17 este versiunea lui Ioan a Marii Trimiteri – ea privește asigurarea creșterii spirituale pentru toate categoriile de credincioși: copii, tineri și adulți. Vezi diagrama 3.

Ucenicia – Cea mai mare nevoie a Bisericii de astăzi

Rick Knoth, redactorul-șef al *Enrichment Journal*, l-a vizitat pe Reggie McNeal[16] pentru a discuta despre perspectivele privind revitalizarea și transformarea Bisericii, prezentate în cărțile sale *The Present Future* și *Missional Renaissance*. Când a fost întrebat: **„Care a fost eșecul numărul unu al Bisericii din ultimii douăzeci și cinci**

de ani?", Reggie McNeal a răspuns: „**Eșecul de a forma urmași autentici ai lui Isus**".[17]

Putem concluziona că, în general vorbind, Bisericii, în mare parte, îi lipsește ucenicia. Sper că toți cititorii mei vor considera că aceasta este o constatare șocantă! Trebuie să încetăm să ne mai ascundem capul în nisip, ca struțul, pretinzând că totul este bine în bisericile noastre. Dacă ne uităm cu atenție la Marea Trimitere, vom realiza că ucenicia nu poate fi ignorată.

Pe când slujea ca adjunct al supraintendentului general al Assemblies of God, Charles Crabtree[18] spunea: „Cred că ucenicia pe care o facem chiar acum este ineficientă".[19] Un alt lider din cadrul aceleiași organizații a declarat: „Nu există o nevoie mai mare în Assemblies of God astăzi decât cea a uceniciei penticostale personale și continue a credincioșilor".[20]

Mai mult, iată ce scrie Assemblies of God News Service: „Dacă noi, ca adunare în părtășie, nu urmărim cu pasiune ucenicia, Assemblies of God vor continua să piardă milioane de convertiți și, în cele din urmă, moștenirea noastră penticostală unică.[21]

Avem nevoie de un alt avertisment mult mai clar și mai direct decât acesta?

Mai mult, Crabtree a declarat:

> Mă rog ca Domnul să trezească păstorii și bisericile în criză... Putem oferi cele mai bune resurse posibile, dar fără o înțelegere spirituală a circumstanțelor actuale și fără dorința de a asculta de porunca Domnului din **Marea Trimitere**... fără ucenici de calitate, pur și simplu nu vom avea biserici de calitate... *Bisericile trebuie să fie pregătite pentru* ***bebelușii spirituali*** *prin formarea unor* ***mame și tați spirituali****, care să înțeleagă semnificația angajamentului lor.*[22]

Amin, frate Crabtree! Susțin această rugăciune din toată inima mea. Dar tu?

David Platt ne provoacă să îmbrățișăm cu toată inima viziunea uceniciei:

Vreau să fac parte dintr-un popor care a renunțat la orice ambiție pământească în favoarea unei singure aspirații veșnice, aceea de a vedea ucenici pregătiți și biserici înmulțite din casă în casă, în comunitățile noastre, în orașele noastre și în alte țări... Acesta este planul lui Dumnezeu pentru Biserica Sa, iar ucenicii lui Isus nu trebuie să se mulțumească cu mai puțin.[23]

Ucenici maturi, nu doar programe mai bune

Se pare că, în urmă cu treizeci sau patruzeci de ani, prioritatea liderilor creștini s-a mutat de la creșterea spirituală prin intermediul uceniciei la crearea unor programe mai bune. Procedând astfel, accentul s-a mutat de pe transformarea interioară a membrilor pe *„spectacolul”* pregătit de biserică. Această situație a făcut ca viziunea uceniciei, enunțată atât de clar în Marea Trimitere, să devină *„elefantul”*[2] bisericii locale. În majoritatea acestora, cele mai mari eforturi, energii și bugete sunt investite nu în transformarea spirituală interioară autentică a credincioșilor, ci în crearea celor mai bune programe pentru slujba de duminică dimineața. Winfield Bevins, în eseul său *The Discipleship Challenge* (*Provocarea uceniciei*), scrie: „Există o lipsă de ucenicie biblică în Biserica nord-americană. Dallas Willard o numește: «*Non-ucenicia, elefantul bisericii*»”.[24]

Bănuiesc că majoritatea bisericilor locale sunt conștiente că elefantul se află în cameră, dar, indiferent de motiv, nu sunt dispuse să își schimbe radical viziunea asupra Marii Trimiteri. În schimb, multe continuă să perpetueze aceleași modele.

Mai mult, Knoth l-a întrebat pe McNeal: „Afirmați că liderii bisericii pun întrebările greșite pentru a rezolva problemele bisericii de astăzi. Ce ar trebui să întrebe ei?”. McNeal a răspuns: „Liderii bisericii se întreabă: «*Cum putem face ca oamenii să vină la biserică?*»”

---

[2] Expresia „elefantul din cameră” este un idiom metaforic în limba engleză pentru un subiect semnificativ, o întrebare importantă sau o problemă controversată care este evidentă sau despre care toată lumea știe, dar pe care nimeni nu o menționează sau nu vrea să o discute pentru că îi face pe unii dintre ei să se simtă inconfortabil, n.tr.

El continuă:

> Pentru mine, cele mai importante întrebări sunt: Cum putem crea urmași ai lui Isus mai buni, mai degrabă decât să ne gândim la simpla creare de biserici mai bune? Cum putem avea comunități mai bune, mai degrabă decât să ne gândim pur și simplu la crearea unor biserici mai bune? Ne-am redus noțiunea a ceea ce face Dumnezeu în lume prin evaluarea calității adunării. A mers bine închinarea? Câți au venit? Și-a făcut corul treaba? Formația muzicală s-a descurcat bine? A fost bună prezentarea PowerPoint? Predica a fost bună? Ne comportăm ca și cum aceste lucruri ar avea un impact asupra sănătății Împărăției și a lucrării lui Dumnezeu în lume.[25]

Bănuiesc că multe dintre aspectele ridicate de McNeal sunt tipice pentru majoritatea bisericilor.

Glenn McDonald, autorul cărții *The Disciple Making Church: From Dry Bones to Vitality (Biserica ce face ucenici: De la oase uscate la vitalitate)*, explică:

> Majoritatea bisericilor măsoară succesul folosindu-se de formula ABC: A – Attendance = *prezență*, B – Building = *clădiri* și C – Cash = bani[3]. Vă rog, vă implor, nu mă înțelegeți greșit. Avem nevoie de *prezență*, de oameni care să participe în bisericile noastre; avem nevoie de *clădiri* pentru a ne desfășura întâlnirile și avem nevoie de *bani* pentru a ne susține bisericile și slujbele; dar succesul bazat pe „ABC" este *viu* și *bine-mersi* în Statele Unite, dacă ne putem permite să folosim cuvintele „viu" și „bine-mersi". Se poate spune cu certitudine că marea majoritate a congregațiilor protestante au făcut din *prezență, clădire* și *bani* – în schimbul Marii Trimiteri a lui Hristos din Matei 28:18-20, de **a fi** și de **a face ucenici** – *preocuparea organizațională de bază.*

[3] În limba română am putea spune: Audiență, Bani, Clădire (n.tr.).

> Programele sunt înlocuitori slabi pentru viziune şi sunt complet inacceptabile ca raţiune de existenţă a oricărui grup creştin. O a doua trăsătură standard a bisericii ABC este tendinţa de a se baza pe munca grea, ca modalitate de a merge înainte. Dacă programul nu produce roadă, ne intensificăm eforturile. Dacă obiectivele nu sunt atinse, liderii noştri vor trebui pur şi simplu să mai ţină câteva mingi în aer. Bisericile ABC, pe scurt, sunt mai preocupate de:
>
> 1. Probleme organizatorice decât de vitalitatea spirituală,
> 2. Au tendinţa de a căuta soluţii organizatorice la probleme,
> 3. Se bazează pe darurile, energia şi super-talentele unuia sau doar a câtorva lideri cheie,
> 4. Apreciază un mediu de comandă şi control mai mult decât acordarea permisiunii,
> 5. Şi aşteaptă din partea participanţilor la biserică puţin mai mult decât conformarea, în locul transformării personale, care să schimbe lumea.[26]

Aceste observaţii făcute de McDonald ar trebui să ne dea mult de gândit.

David Platt scrie:

> Imaginează-ţi biserica ta. Nu îţi imagina clădirea, sau parcarea, şi nu îţi imagina activităţile şi programele. Doar oamenii. Fie că sunt cincizeci, o sută, cinci sute sau cinci mii, imaginează-ţi pur şi simplu oamenii care alcătuiesc biserica ta. Aşadar, dacă nu ai avea nimic altceva în afară de oameni – fără clădiri, fără programe, fără personal şi fără activităţi – şi ai fi însărcinat cu răspândirea Evangheliei în întreaga lume, de unde ai începe? Ai invita cel mai bun vorbitor, cei mai mari muzicieni şi cei mai talentaţi lucrători pentru a organiza prezentările şi programele care să fie pe placul familiilor şi al copiilor? Ţi-ai dedica resursele pentru ceea ce

este cel mai confortabil, cel mai distractiv și cel mai plăcut pentru tine?
Nu cred că biserica ta ar face aceste lucruri – și nici a mea nu le-ar face. Nu, dacă am crede în totalitate în Cuvântul lui Dumnezeu și am privi cu onestitate la lumea lui Dumnezeu.[27]

Greg Hawkins, unul dintre pastorii asistenți seniori ai lui Bill Hybels, a devenit conștient de faptul că **eficacitatea serviciului religios era deficitară** și că Willow Creek Community Church [Willow] devenise mai mult *locul unde să stai pe o bancă,* decât *locul în care să-L urmezi pe Hristos.* El l-a abordat pe Bill Hybels (pastorul principal al Willow) și a cerut fonduri pentru realizarea unui studiu aprofundat al membrilor, cu scopul de a afla:

a. Nivelul lor de maturitate
b. Satisfacția lor cu învățătura și programele avute
c. Sentimentele lor față de parcursul bisericii în general.

Studiul a fost realizat pe mai mult de 11.000 de persoane care au completat sondajul, credincioși de la Willow Creek și din alte șase biserici de diferite mărimi, din alte locații geografice. Acest studiu a adunat 2,6 milioane de răspunsuri. Am citit undeva că Hybels a spus că acesta a fost: „Cel mai mare semnal de alarmă din viața mea și cea mai proastă zi din viața mea". În vara anului 2007, Willow a publicat rezultatele acelui studiu de autoevaluare sub titlul: *Reveal: Where Are You?* (*Expunere: Unde te afli?*). Pe prima copertă a raportului se menționează că cititorii vor afla „*descoperirile surprinzătoare ale cercetării care au zguduit comunitatea Willow*".

Descoperirile sunt uimitoare! Rezultatele au indicat următoarele:

1. Investiția în programe bisericești, axate pe plan extern și intern, nu a contribuit neapărat la creșterea spirituală a comunității.
2. Creșterea spirituală este despre aprofundarea apropierii în

relația cu Hristos. De ce este așa? Foarte simplu: Pentru că Dumnezeu ne-a „conectat" pentru a fi în primul rând și mai presus de toate într-o relație crescândă cu El, nu cu Biserica.
3. Mai mult de 25 la sută dintre cei chestionați s-au descris ca fiind „împotmoliți" sau „nesatisfăcuți" spiritual de rolul Bisericii în creșterea lor spirituală. (De aceea fiecare pastor și lider al bisericii ar trebui să se gândească profund la tipul de spiritualitate pe care îl promovează!).

Au ieșit la iveală mult mai multe informații, dar aspectele interesante au fost următoarele:

- S-a pus mult prea mult accent pe implicarea în biserică și **mult prea puțin pe încurajarea creșterii personale**, prin intermediul unei relații personale și crescânde cu Isus Hristos. (Îți sună cunoscut acest lucru, este la fel și în biserica ta?)
- Biserica își petrece mult prea mult timp satisfăcându-i pe căutători cu învățăturile și programele lor, ceea ce ei au numit „echivalentul spiritual al schimbării scutecelor", în timp ce îi lasă pe „adolescenții spirituali" să se descurce singuri.
- Ne-am înșelat. Trebuie să regândim îndrumarea pe care o oferim în procesul de creștere spirituală.[28]

Iată rezumatul meu, bazat pe cercetarea lor publicată în *Reveal*:

Ar trebui să-i acordăm lui Hybels credit pentru sinceritatea sa. El a fost de acord că accentul pus pe programe și activități nu a format ucenici. Desigur, studiul nu abordează nevoia considerabilă de creștere spirituală și de maturitate în Hristos în toate bisericile. Dar Willow a dat dovadă de multă umilință pentru a întreprinde un studiu propriu, și de o vulnerabilitate autentică pentru a face publice rezultatele. Însă acest lucru ar trebui să ne provoace pe toți să ne gândim mai profund la ce înseamnă *Biserica*. Este admirabil faptul că Hybels a recunoscut că, în timp ce „*au remodelat închinarea, au îmbunătățit predicile și au devenit grozavi în organizare*", **nu au reușit**

să formeze ucenici. Adevărata întrebare este: Oare există mai multe congregații cu o asemenea pasiune și smerenie? Mă rog și sper ca bisericile din America și din lume să se trezească și să se reconecteze la viziunea inițială a lui Hristos: *Mergeți, deci, și faceți ucenici.*[29]

Fie ca viziunea lui Isus, exprimată în Matei 28:19-20, să se răspândească, precum un foc de paie, de la ucenic la ucenic, de la biserică la biserică, de la țară la țară, până la revenirea lui Hristos. Fie ca promisiunea lui Hristos, că **El este** (prezent continuu în Matei 28:20) **cu noi** în procesul de îndeplinire a Marii Trimiteri, să ne dea mult curaj să continuăm să mergem înainte: *mergeți, botezați, învățați* – **faceți ucenici.**

Ucenicia radicală și ascultarea, care duc la maturitate

Sunt încurajat să văd că tot mai mulți lideri ai bisericilor, directori de școli biblice și seminarii, precum și organizații de slujire creștină recunosc deschis că, în ultimele decenii, Biserica în general nu a făcut din **Marea Trimitere** – *facerea de ucenici* – prioritatea ei numărul unu. Nu numai atât, dar, în ultimii ani, tot mai mulți lideri ai bisericilor și organizaților de slujire creștină îi cheamă pe toți membrii înapoi la *ucenicie* și la viziunea și strategia *facerii de ucenici.* Acest lucru ar trebui să se facă foarte simplu și direct, așa cum a scris Dallas Willard:

> Când Isus a umblat printre oameni, exista o anumită simplitate în a fi ucenicul Său. În primul rând, aceasta însemna să mergi cu El, într-o atitudine de studiu, ascultare și imitare. **Nu existau cursuri prin corespondență.** Fiecare știa ce trebuie să facă și cât îl va costa.[30]

Ucenicia creștină (facerea de ucenici) nu a fost niciodată sarcina programelor și a marketingului bisericesc. Ucenicia autentică este relațională; este rezultatul ucenicilor maturi – mentori spirituali, care își investesc viața în formarea altora. Îmi place modul în care George

Barna subliniază problema Bisericii contemporane. El a scris: *„Ucenicia nu este un program. Nu este o slujbă. Este un angajament pe viață față de un stil de viață"*.[31]

Permite-mi să îți împărtășesc concluziile celui de-al treilea Congres de la Lausanne privind evanghelizarea mondială, care a avut loc la Cape Town, în perioada 16-25 octombrie 2010. Acest prestigios eveniment al creștinătății a reunit 4.200 de lideri evanghelici din 198 de țări și s-a extins la alte sute de mii de persoane, care au participat la întâlniri în întreaga lume, dar și online. Care a fost scopul acestui Congres? Scopul a fost acela de a lansa o nouă provocare Bisericii universale privind *Marea Trimitere* – **de a-L mărturisi pe Isus Hristos și învățăturile Sale**, *în fiecare națiune, în fiecare sferă a societății și pe tărâmul ideilor.*

Concluziile sunt următoarele:

> Dumnezeu a fost în Hristos, împăcând lumea cu Sine. Duhul lui Dumnezeu era în Cape Town, chemând Biserica lui Hristos să fie o comunitate de ambasadori ai iubirii împăciuitoare a lui Dumnezeu pentru lume. Dumnezeu Și-a ținut promisiunea din Cuvântul Său, pentru poporul care se întâlnea în Numele lui Hristos, pentru că Domnul Isus Hristos Însuși a locuit între noi și a umblat printre noi (2 Corinteni 10:4-5). Am căutat să ascultăm vocea Domnului Isus Hristos. Și, în mila Sa, prin Duhul Său Cel Sfânt, Hristos a vorbit poporului Său care asculta. Prin numeroasele voci ale expunerii biblice, ale discursurilor în plen și ale discuțiilor de grup, s-au auzit în mod repetat două teme:
>
> - Nevoia unei ucenicizări radicale și a ascultării, care să ducă la maturitate, la creștere atât în profunzime, cât și numeric.
> - Nevoia de reconciliere radicală axată pe cruce, care să ducă la unitate, pentru a crește atât în dragoste, cât și în credință și nădejde.

Așteaptă, mai este ceva: Ești pregătit pentru aceasta?

Ucenicia și reconcilierea sunt indispensabile pentru misiunea noastră. Deplângem scandalul superficialității noastre și al lipsei de ucenicie și scandalul dezbinării și al lipsei de iubire. Pentru că ambele dăunează grav mărturiei noastre în vestirea Evangheliei.[32]

În opinia mea, concluziile celui de-al treilea Congres de la Lausanne privind evanghelizarea mondială sunt monumentale!

Concluzia mea finală este:

În ucenicie creștină, totul este despre Isus și Isus este în totalitate despre ucenicie. Marea Trimitere ne provoacă încă o dată pe toți să gândim dincolo de „*doar evanghelizare*" și „*doar misiuni*"; în schimb, să ne gândim la „*ucenicia radicală* " și la „*transformarea spirituală*"; să ne gândim la „*creștere și maturizare spirituală*"; să ne gândim la „*înmulțire și multiplicare spirituală*". Așa cum a scris David Platt: „Aceasta este o chemare pentru care merită să mori. Aceasta este o chemare pentru care merită să trăiești".[33]

Te invit din toată inima să te rogi ca noi toți cei care ne numim creștini, în întreaga lume, să ieșim din zona noastră de confort a religiei călduțe și să devenim ucenici, să ne echipăm în mod adecvat și să începem *să facem ucenici.* Sunt fascinat de îndrăzneala și credincioșia lui Pavel, înainte de martiriul său, de a transfera dumnezeiasca lui chemare fiului său în credință, *Timotei*: „Și ce-ai auzit de la mine, în fața multor marturi, încredințează la oameni de încredere, cari să fie în stare să învețe și pe alții." (2 Timotei 2:2). Ne permitem noi să facem mai puțin decât atât? Judecă singur.

Întrebări de discuții:

Vă rog să reflectați la următoarele întrebări, apoi să vă împărtășiți gândurile cu un prieten sau cu grupul de studiu din care faci parte.

1. Care este părerea ta despre Marea Trimitere?

2. Cum consideră comunitatea ta locală de credincioși Marea Trimitere? Opțională? Obligatorie? Te rog să detaliezi.

3. Ai fost surprins să descoperi că fiecare Evanghelie are propria versiune a Marii Trimiteri?

4. Ce îți cere modelul de ucenicie al lui Hristos să faci tu personal? Iei în serios ucenicia? Ce pași specifici faci pentru a crește ca ucenic al lui Hristos?

5. Ce planuri ai pentru a îndeplini Marea Trimitere? Ești echipat corespunzător pentru a face ucenici? Te rog să detaliezi.

Note:

1. O examinare mai atentă a Marii Trimiteri

[1] Erasmus of Rotterdam, (27 octombrie 1466 – 12 iulie 1536), sau pur și simplu Erasmus, un mare erudit al Renașterii, se crede că a scris despre Arhanghelul Mihail vorbind cu Domnul Isus despre planul Său de salvare a lumii.

[2] L. Alton Garrison, *Transforming a Church — the Acts 2 Way*, accesat pe 29 aprilie, 2013, la http://enrichmentjournal.ag.org/.

[3] David Platt, *Follow Me: A Call to Die, A Call to Live*, Tyndale House Publishers, Carol Streams, IL, 2013, p. 207.

[4] David Platt, op.cit., p. 226.

[5] Walter A. Henrichsen, *Ucenicii se fac, nu se nasc*, Carmel Print, Arad, 2017, p. 7.

[6] David Platt, op.cit., p. 222.

[7] Proselitismul (pron.: / ˈprɒsəlɪtɪzəm /) este încercarea de a converti oamenii la o altă religie sau opinie. Din punct de vedere istoric, în greaca Koine din Septuaginta și în Noul Testament, cuvântul „proselit" desemna un străin făcând parte dintre neamuri care decidea să se convertească la iudaism. http://en.wikipedia.org/, accesat pe 29 aprilie 2013.

[8] A converti: a trece de la o credință, opinie sau partid la o altă înțelegere. www.merriam-webster.com/, accesat pe 29 aprilie 2013.

[9] David Platt, op.cit., p. 15

[10] Richard Foster, *Devotional Classics*, ed. de Richard Foster și James Bryan Smith, Harper San Francisco, 1993, p. 18.

[11] Dallas Willard, *The Great Omission: Reclaiming the Essential Teachings on Discipleship*, New York, NY: Harper Collins Publishers, 2006, Verso coperta din față.

[12] David Platt, op.cit., p. 179.

[13] Robert E. Coleman, *The Master Plan of Evangelism*, Ravell, Old Tappan, NJ, 2006, pp. 108-109.

[14] Karl Heinrich Rengstorf (1903-1992), teolog german.

[15] Scott Hildreth, *Contextualization and Great Commission Faithfulness*, publicat în secțiunea Contemporary Practice, octombrie 2010. Accesat pe 1 mai 2013, www.globalmissiology.org.

[16] Reggie McNeal, Ph.D., este specialist în leadership misionar pentru Leadership Network, Dallas, Texas. Timp de peste un deceniu, McNeal a fost director confesional, instructor de dezvoltare a conducerii și a fost pastorul fondator al unei biserici.

[17] Reggie McNeal a fost intervievat în *Engaging the Church in God's Redemptive Mission*, Enrichment Journal, iarna 2010. http://enrichmentjournal.ag.org/, accesat pe 29 aprilie 2013.

[18] Charles Crabtree este președintele Colegiului Biblic Northpoint (NBC), cunoscut anterior sub numele de Colegiul Biblic Zion, din Haverhill, Massachusetts. Crabtree a slujit AG ca supraintendent general adjunct timp de 14 ani (1993 - 2007).
[19] „Pentecostal Discipleship" – între 18 și 21 de ani, aceeași nevoie disperată în Assemblies of God, vineri, 08 septembrie 2006. Accesat pe 1 mai 2013, http://ag.org/.
[20] Thomas E. a fost ales superintendent general al Assemblies of God în august 1993. În prezent, Trask face parte din consiliile de administrație ale Assemblies of God Theological Seminary, Central Bible College și Evangel University. http://leadershipblog.blogspot.com, accesat pe 1 mai 2013.
[21] Assemblies of God Makes Desperate Changes for Pentecostal Discipleship (Assemblies of God face schimbări disperate pentru ucenicia penticostală). http://www.christianpost.com/news, septembrie 11, 2006. Postat: 08:18 AM EDT. Accesat pe 19 aprilie 2011.
[22] Pentecostal Discipleship - o nevoie disperată în Assemblies of God. http://ag.org/ (Fri, 08 Sep 2006 - 4:53 PM CST). Accesat pe 1 mai 2013.
[23] David Platt, op.cit., 180.
[24] Winfield Bevins, *The Discipleship Challenge*, (2008). http://www.acts29network.org/ (Accesat pe 25 Aprilie, 2010).
[25] *Engaging the Church in God's Redemption Mission*. http://enrichmentjournal.ag.org/, accesat pe 29 aprilie, 2013.
[26] Glenn McDonald, *The Disciple Making Church: From Dry Bones to Vitality*, Faith Walk Publishing, Grand Rapids, MI, 2004, pp. 4, 5, 6, 13.
[27] David Platt, op.cit., p.176
[28] Greg Hawkins și Cally Parkinson, *REVEAL: Where are You?*, Willow Creek Resources, Barrington, IL, 2007.
[29] Valy Vaduva, *Lack of Spiritual Maturity among Christians*, MSFL: Spiritual Formation Research Program Paper, Spring Arbor University (SAU), Spring Arbor, MI: 2011.
[30] Dallas Willard, *Discipleship: For Super-Christians Only?*, Christianity Today, 10 octombrie, 1980.
[31] George Barna, *Growing True Disciples: New Strategies for Producing Genuine Followers of Christ*, Colorado Springs, CO: Water Brooks Press, 2001, p. 19.
[32] "The Cape Town Commitment," © 2011 The Lausanne Movement. http://www.lausanne.org/en/documents/ctcommitment.html. Accesat pe 1 mai 2013.
[33] David Platt, op.cit., p. 226.

CAPITOLUL 2

Ucenicia – Cea mai mare nevoie a Bisericii de astăzi

Apoi a zis tuturor: ,Dacă voiește cineva să vină după Mine, să se lepede de sine, să-și ia crucea în fiecare zi și să Mă urmeze".
Luca 9:23

În 1883, Corpul Pușcașilor Marini al SUA a adoptat această deviză: „Semper Fidelis – *Întotdeauna credincios*". De atunci, ei au trăit potrivit acestui motto: „Nu a existat nicio revoltă, nici măcar gândul unei revolte, în rândul pușcașilor marini americani".[34]

Folosind un clip video de 30 de secunde care descrie procesul de fabricare a unei săbii, de la oțelul brut până la produsul final finisat cu laser, spotul publicitar al pușcașilor marini încearcă să atragă noi candidați în programul lor. Naratorul încheie cu aceste cuvinte celebre: *„Suntem în căutarea unor Oameni buni”.*[35]

Îndrăznește să fii ucenic

Hristos cel Înviat caută în continuare bărbați și femei credincioși, care să-L urmeze în calitate de ucenici. Aceasta este cea mai înaltă chemare în viața cuiva. În Luca 9:23, scriitorul Evangheliei formulează această chemare: „Apoi a zis tuturor: «Dacă voiește cineva să vină după Mine, să se lepede de sine, să-și ia crucea în fiecare zi și să Mă urmeze»” (Luca 9:23).

Să ne uităm cu atenție la acest verset: „Apoi a zis tuturor”. Cu alte cuvinte, Hristos adresează această chemare tuturor credincioșilor născuți din nou. Aceasta sugerează că ucenicii nu sunt născuți; ei sunt făcuți. „Dacă **voiește** cineva” – exprimă o dorință interioară puternică.

Dă-mi voie să îți pun două întrebări:

- Îl dorești pe Isus mai mult decât orice altceva în această lume?
- Îți dorești să fii cu El mai mult decât cu oricine altcineva?

Cred că este clar că cineva devine un ucenic al lui Hristos dintr-o dorință sinceră și arzătoare a inimii sale. „Să vină după Mine”: Chemarea de a fi ucenic oferă cea mai bună **cale** – *pășirea pe urmele lui Isus.* Acest lucru nu înseamnă că trebuie să aparții unei anumite religii, să faci parte dintr-o anumită confesiune sau să urmezi o persoană celebră. Nici vorbă de așa ceva! Se referă la a-L urma pe Hristos și numai pe El. „Să se lepede de sine”: Este evident că acest verset include cea mai **provocatoare condiție** – *lepădarea de sine.* Ucenicia cere abandonarea totală a sinelui. S-o recunoaștem: acesta este lucru cel mai greu, mai ales în vremurile noastre. Să nu mai urmăresc vreo ambiție personală? Să nu mai urmăresc succesul? Să nu mai caut faima? Să căutăm să-L înălțăm pe Isus și numai pe El? Cine ar vrea să facă acest lucru în secolul al XXI-lea? Să considerăm totul ca pe o pierdere de dragul lui Hristos? Să fim serioși! Este greu! Chemarea la ucenicie este extraordinară, în ciuda dificultăților sale! Numai un ucenic adevărat ar face așa ceva.

Apostolul Pavel declară:

> Măcar că eu aș avea pricină de încredere chiar în lucrurile pământești. Dacă altul crede că se poate încrede în lucrurile pământești, eu și mai mult; eu, care sunt tăiat împrejur a opta zi, din neamul lui Israel, din seminția lui Beniamin, evreu din evrei; în ceea ce privește Legea, fariseu; în ceea ce privește râvna, prigonitor al Bisericii; cu privire la neprihănirea pe care o dă Legea, fără prihană. Dar lucrurile care pentru mine erau câștiguri le-am socotit ca o pierdere din pricina lui Hristos. (Filipeni 3:4-7)

Crucea

„Să-și ia crucea în fiecare zi”: Ucenicia implică cea mai **austeră disciplină**. În Luca 9:23 este menționat pentru prima dată cuvântul *cruce*. Consider că acest fapt este important. În timpul lui Isus, crucea era foarte bine cunoscută ca un instrument al morții. Îmi place ce scrie despre cruce cunoscutul autor A. W. Tozer:

> [Crucea] este un simbol al morții. Ea reprezintă moartea bruscă și violentă a unei ființe umane. Pe vremea romanilor, omul care își lua crucea și pornea la drum își luase deja rămas bun de la prietenii săi. Nu avea să se mai întoarcă. Pleca, pentru a i se pune capăt vieții lui. Crucea nu permitea niciun compromis, nu modifica nimic, nu cruța nimic; îl ucide pe om, complet și pentru totdeauna. Nu încearcă să rămână în relații bune cu victima sa. Lovea crunt și dur, iar când își termina treaba, omul nu mai era.[36]

Sper să înțelegem cu toții aceasta! Atunci când Hristos Și-a adresat chemarea, El nu a trebuit să explice sau să definească semnificația crucii, deoarece toți fuseseră martori sau auziseră de răstignirile făcute de romani. Exemplul nostru suprem de acceptare a crucii nu este nimeni altul decât Isus. Pavel scrie: „La înfățișare a fost găsit ca un om, S-a smerit și S-a făcut ascultător până la moarte, și încă moarte de cruce." (Filipeni 2:8). Cu alte cuvinte, crucea reprezintă un model de **renunțare** și de **predare** motivată de dragoste pură. Mântuitorul nostru ne-a întrupat acest tip de predare – supunerea absolută față de voia Tatălui (vezi Filipeni 2:5-11). Cei mai mulți dintre noi nu vor muri pe o cruce fizică, dar acesta nu este nici măcar punctul principal al versetului. Ideea este că ucenicia implică o înțelegere deplină a **conceptului de răstignire** – *predare totală, angajament total* și *ascultare de bunăvoie.* Haideți să înțelegem bine acest lucru: Domnul Isus ne cere, ție și mie, să ne supunem până la moarte și, dacă este nevoie, să acceptăm martiriul. Este esențial să înțelegem că nu există ucenic fără cruce. Prin urmare, a ne dărui lui Dumnezeu înseamnă a lua crucea în mod **voluntar** și **consecvent.** Exact acesta este contextul în care Domnul Isus Hristos a făcut această măreață chemare. Un ucenic trebuie să accepte de bunăvoie orice suferință, greutăți, persecuție, pierdere, denigrare și așa mai departe, motivat de dragostea și devotamentul său pentru Hristos.

Ideea este că ucenicia implică o înțelegere deplină a conceptului de răstignire – predare totală, angajament total și ascultare de bunăvoie.

Credincioșii din prima biserică au înțeles clar acest concept: că, în cele din urmă, urmarea lui Isus îi poate costa chiar și viața. Dietrich Bonhoeffer a scris: „Când Hristos îl cheamă pe un om, îi poruncește să vină și să moară". Pentru ucenicii din primul secol, de cele mai multe ori, crucea presupunea sacrificiul suprem pentru cauza lui Isus. Tradiția bisericească ne spune că toți ucenicii lui Hristos au murit ca martiri. Ei au înțeles secretul tuturor secretelor. Atunci când oamenii acceptă crucea, ei descoperă biruința spirituală și viața din abundență. Walter A. Henrichsen scrie: „În niciun caz nu poate cineva să primească fără să dea, sau să trăiască cu adevărat fără să moară". Domnul Isus Hristos este exemplul nostru perfect.

Când dragostea Lui ne motivează, și noi putem trăi pentru Dumnezeu, gata să ne dăm viața pentru El.

Pavel scrie:

> Căci dragostea lui Hristos ne strânge, fiindcă socotim că, dacă Unul singur a murit pentru toți, toți deci au murit. Și El a murit pentru toți, pentru ca cei ce trăiesc să nu mai trăiască pentru ei înșiși, ci pentru Cel ce a murit și a înviat pentru ei. (2 Corinteni 5:14-15)

Umblarea ucenicilor necesită cea mai precisă direcție – Isus le spune: *Urmați-Mă.*

În versetul 24, Hristos explică faptul că urmarea Lui este mai prețioasă decât viața însăși. Luca scrie: „Fiindcă oricine va voi să-și scape viața o va pierde, dar oricine își va pierde viața pentru Mine o va mântui" (Luca 9:24). În legătură directă cu conceptul exprimat în acest verset, Jim Elliot scrie în jurnalul său, pe 28 octombrie 1949, una dintre cele mai faimoase afirmații ale sale: „Nu este nebun cel care dă ceea ce nu poate păstra pentru a câștiga ceea ce nu poate pierde".[37] Acest lucru îmi amintește de un verset interesant din Psalmi: „Fiindcă bunătatea Ta prețuiește mai mult decât viața, de aceea buzele mele cântă laudele Tale" (Psalmul 63:3).

În cartea sa, *Ucenicii nu se fac, se nasc,* Walter A. Henrichsen scrie:

> Soluția pentru a fi primul este să fii ultimul. Pentru a trăi, trebuie să mori. Secretul pentru a fi liber este să fii robul lui Hristos. Secretul de a primi constă în a da. Pentru a conduce trebuie să slujești. Pentru a fi înălțat trebuie să trăiești în smerenie.
>
> Toți vrem să trăim, dar nimeni nu vrea să moară. Toți vrem să fim liberi, dar nimeni nu vrea să fie rob. Toți vrem să

primim, dar nimeni nu vrea să dea. Şi aşa ajungem în conflict cu Dumnezeu.[38]

După cum putem vedea în declarația de mai sus, Henrichsen ne oferă o imagine destul de bună a uceniciei creştine.

Ucenicii se fac, nu se nasc

În Matei 28:19-20, Domnul Isus spune: „Duceţi-vă şi faceţi ucenici din toate neamurile, botezându-i în Numele Tatălui şi al Fiului şi al Sfântului Duh. Şi învăţaţi-i să păzească tot ce v-am poruncit. Şi iată că Eu sunt cu voi în toate zilele, până la sfârşitul veacului". Ştim cu toţii, cel puţin teoretic, că aceasta este *Marea Trimitere*. Vă rog să observaţi că, în Matei 28:19, Hristos nu i-a însărcinat pe apostoli să convertească naţiunile, ci le-a spus în mod specific **să facă ucenici**. Cu alte cuvinte, ucenicii nu apar din senin. Ucenicii se **fac**, nu se **nasc**. Ucenicii sunt rodul procesului de ucenicie condus de mentori spirituali, călăuziţi de Duhul Sfânt.

Există o diferenţă între cineva care este **convertit** la Numele lui Isus Hristos şi cineva care este un **ucenic** al lui Hristos. În Faptele Apostolilor 11:26b, este scris: „Pentru întâiaşi dată, ucenicilor li s-a dat numele de creştini în Antiohia". Dacă ucenicii au fost numiţi creştini în Antiohia, aceasta nu înseamnă că toţi credincioşii care se identifică astăzi ca fiind creştini sunt şi ucenici. Trebuie să fim atenţi să nu facem această presupunere incorectă. Repet: ucenicii se **fac**, nu se **nasc**.

Ucenicii autentici

La scurt timp după ce Isus Şi-a început misiunea pe acest pământ, a ales doisprezece bărbaţi. I-a instruit în tainele Împărăţiei lui Dumnezeu şi i-a trimis să propovăduiască Evanghelia. Unul dintre scriitorii Evangheliilor a consemnat acest lucru în felul următor:

În urmă, Isus S-a suit pe munte, a chemat la El pe cine a vrut și ei au venit la El. A rânduit dintre ei doisprezece, ca să-i aibă cu Sine și să-i trimită să propovăduiască. Le-a dat și putere să vindece bolile și să scoată dracii. (Marcu 3:13-15)

Isus dorește să fim cu El (Marcu 3:14), să petrecem timp cu El (1 Corinteni 1:9) și să-L cunoaștem îndeaproape (Ioan 17:3, Filipeni 3:10). **Acest lucru este esențial în ucenicie.** Acesta este modul în care Isus Și-a început lucrarea de ucenicizare. Cuvântul „ucenic" traduce termenul latin *„discipulus"* și grecescul *„mathetes"*. În esență, se referă la un elev care studiază la picioarele unui profesor sau un adept al unei mișcări religioase. Dicționarul englez Cambridge definește ucenicul după cum urmează: „o persoană care crede în ideile unui lider, în special unul religios sau politic, și care încearcă să trăiască în conformitate cu aceste idei".[39] Definițiile anterioare nu ne oferă semnificația completă a termenului ucenic. Mie îmi place definiția dată de Spiros Zodhiates, un cercetător al Bibliei în limba greacă și editor al *Hebrew-Greek Key Word Study Bible*. Potrivit lui Zodhiates, *mathetes* înseamnă: „mai mult decât un simplu elev sau curant. Înseamnă un adept care acceptă învățătura primită și face din ea regula sa de conduită".[40] *International Standard Bible Encyclopedia* oferă o altă definiție bună. Ea îl prezintă pe ucenicul lui Hristos ca fiind „cel care crede în învățăturile Sale, se sprijină pe jertfa Lui, se lasă pătruns de duhul Său și îi urmează exemplul".[41]

Când mi-am propus să studiez mai adânc tema uceniciei, mi s-a părut interesant să descopăr că acest concept de ucenic-mentor este prezent și în Vechiul Testament. Pentru prima dată în Biblie găsim cuvântul **ucenic** în Isaia 8:16: „Învelește această mărturie, pecetluiește această descoperire între ucenicii Mei!". Mai mult, în Isaia 54:13, Biblia ne spune: „Toți fiii tăi vor fi ucenici ai Domnului și mare va fi propășirea fiilor tăi". Nu este uimitor că Isaia a profețit că fiii lui Dumnezeu vor fi învățați de Domnul? Tot în Isaia există o referire mai directă la ucenici: „Domnul Dumnezeu Mi-a dat o limbă iscusită, ca să știu să înviorez cu vorba pe cel doborât de întristare. El Îmi trezește în fiecare dimineață, El Îmi trezește urechea, să ascult cum ascultă niște ucenici" (Isaia 50:4). Mi-am dat seama că procesul de ucenicie implică o *minte binevoitoare*, o *ureche deschisă* și o *inimă ascultătoare*.

Domnul Isus nu a scris nicio carte cu mâna Sa, dar, în timpul celor trei ani și jumătate de slujire, a „scris" în inimile ucenicilor Săi. „Scrisul" Său le-a lăsat urme adânci în suflete pentru tot restul vieții, fiind gata să moară pentru Hristos. Acest lucru este uimitor! Aceasta este cea mai semnificativă mărturie pentru procesul de ucenicie. Domnul nostru ne-a lăsat o singură metodă prin care vom putea influența întreaga lume, toate generațiile, toate culturile și toate grupurile etnice. Această metodă este ucenicia. **Ucenicia este Planul A al lui Isus.** Hristos nu ne-a lăsat un alt plan.

Un ucenic al lui Hristos este o persoană chemată să-L cunoască pe Isus, să-L urmeze și să facă ucenici din toate grupurile etnice. În procesul de cunoaștere intimă a lui Hristos, Duhul Sfânt ne transformă din ce în ce mai mult în asemănarea Sa (2 Corinteni 3:18). Pe măsură ce creștem în ucenicie, gândirea, sentimentele și trăirea noastră se schimbă progresiv, pentru a semăna tot mai mult cu Hristos.

Ucenicia este o relație cu scop, în care un ucenic mai matur și mentor spiritual merge alături de un alt credincios-ucenic, încurajându-l să umble în dragoste și să crească spre maturitatea în Hristos, și echipându-l pentru a-i învăța la rândul lui pe alții. Nu pot sublinia suficient de mult acest lucru: *Procesul de ucenicie nu este eficient dacă nu este personal.*

Multiplicare

Ucenicia – ucenicii care fac ucenici – este metoda corectă de multiplicare spirituală. Procesul de multiplicare, cel puțin la început, este mai lent decât procesul de adunare. De exemplu, un evanghelist priceput ar putea contribui la convertirea a 1.000 de persoane pe zi. Aceasta înseamnă foarte mult! Într-un an, el ar putea converti 365.000 de persoane. Ce lucrare măreață! Ce minunat!

Pe de altă parte, munca unui mentor spiritual priceput poate ajuta semnificativ la maturizarea unui ucenic pe an. Noul ucenic a fost învățat să facă același lucru ca și mentorul său – să îi ucenicească pe alții. Acesta este un lucru extraordinar! Cu toate acestea, nu se poate face nicio comparație între mentorat și evanghelizare. Există o diferență enormă între o persoană și 365.000 de oameni. Rețineți că, la sfârșitul primului an, două persoane pot face lucrarea de ucenicie. La sfârșitul celui de-al doilea an, există încă patru astfel de oameni. Dacă facem calculele, descoperim că va fi nevoie de douăzeci și patru de ani de slujire a uceniciei pentru a egala rezultatele slujbei de evanghelizare. Cu toate acestea, în al douăzeci și patrulea an și în următorii, slujirea de ucenicizare ia un avânt exponențial și depășește slujirea de evanghelizare. Nu-i așa că este uimitor?

Imaginați-vă ce s-ar întâmpla în lume dacă biserica și-ar reseta strategia în așa fel încât orice suflet salvat, prin orice formă de evanghelizare, să treacă imediat printr-un proces adecvat de ucenicie creștină? La propriu, în treizeci sau patruzeci de ani, întreaga lume ar putea fi evanghelizată, iar toți convertiții bisericilor locale ar putea fi ucenici. Gândiți-vă care ar fi rezultatul acestui lucru. **Hristos ar trebui să revină.** Acest lucru înseamnă enorm de mult! Iată promisiunea Sa: „Evanghelia aceasta a Împărăției va fi propovăduită în toată lumea, ca să slujească de mărturie tuturor neamurilor. Atunci va veni sfârșitul" (Matei 24:14). Dragă cititorule, dacă punem la inimă conceptul de ucenicie, sfârșitul promis de Domnul nostru ar putea avea loc în generația noastră. Este acest lucru posibil? Da, este. Biserica poate grăbi revenirea lui Isus.

Petru ne îndeamnă pe noi toți:

> Deci, fiindcă toate aceste lucruri au să se strice, ce fel de oameni ar trebui să fiți voi, printr-o purtare sfântă și evlavioasă, așteptând și grăbind venirea zilei lui Dumnezeu, în care cerurile aprinse vor pieri și trupurile cerești se vor topi de căldura focului? (2 Petru 3:11-12)

Știu că este greu de crezut, dar este adevărat. Faceți calculele și vă veți convinge. Permiteți-mi să încerc să ilustrez cât de repede cresc secvențele exponențiale. Să luăm în calcul un exercițiu simplu. Imaginați-vă că vă aflați în fața unei table de șah. Pe fiecare pătrățel sunt așezate boabe de orez, dublând numărul acestora pe pătrățel următor: un bob pe primul pătrățel, două boabe pe al doilea, patru pe al treilea, până la pătrățelul al șaizeci și patrulea. Pot să vă întreb ceva? Câte boabe de orez credeți că vor fi la final pe tabla de șah? Numărul total de boabe este egal cu: 18.446.744.073.709.551.615. De necrezut! Acest număr este suficient pentru a acoperi întreg teritoriul Indiei cu un strat de orez de un metru grosime.[42] Este greu de crezut, dar este adevărat. Însemnătatea spirituală a acestei ilustrații este enormă. Isus ne spune: „Adevărat, adevărat vă spun că, dacă grăuntele de grâu care a căzut pe pământ nu moare, rămâne singur, dar dacă moare, aduce multă roadă" (Ioan 12:24).

Să luăm în considerare un alt exemplu din domeniul finanțelor. Imaginați-vă că un om de afaceri bogat dorește să te angajeze pentru un an și îți face o ofertă. Antreprenorul te întreabă: „Ai prefera să fii plătit cu un milion de dolari într-o sumă forfetară sau un penny care se dublează în fiecare zi, timp de un an?". Ce opțiune ai fi tentat să accepți? Un milion de dolari? Sau un penny, care se dublează în fiecare zi, timp de un an? Ei bine, datorită puterii dobânzii compuse, cea de-a doua opțiune îți va aduce la o sumă astronomică.

Sper că am arătat clar că există o diferență enormă între cele două slujbe. Cea de evanghelizare este doar un adaos. Slujba uceniciei este o înmulțire reală, care duce la o creștere exponențială.

Ucenicia în înțelegerea câtorva oameni cunoscuți

Apostolul Pavel

Marele apostol Pavel a avut o viziune corectă asupra lucrării lui Dumnezeu; el a luat în serios ucenicia. Când a ajuns în Efes, apostolul a predicat Împărăția lui Dumnezeu. Apoi, din cauza opoziției venite din partea iudeilor, i-a luat cu sine pe credincioși și i-a ucenicit în școala lui Tiran. Impactul slujbei sale a fost semnificativ. În doi ani, „toți cei ce locuiau în Asia, iudei și greci, au auzit Cuvântul Domnului" (Faptele Apostolilor 19:10). Uimitor! Spre sfârșitul vieții sale, Pavel l-a instruit pe fiul său spiritual, Timotei, să pună în practică slujirea uceniciei creștine.

El a scris:

> Tu dar, copilul meu, întărește-te în harul care este în Hristos Isus. Și ce-ai auzit de la mine în fața multor martori încredințează la oameni de încredere, care să fie în stare să învețe și pe alții. (2 Timotei 2:1-2)

Te rog să observi înmulțirea exponențială:

- Pavel,
- Timotei,
- Oameni de încredere și alții.

Aplicați această informație la ilustrația cu bobul de orez și tabla de șah. Acesta este singurul mod în care putem explica faptul că, în primele trei secole, Biserica a ajuns cu Evanghelia la întreaga populație a Imperiului Roman.

Billy Graham

Într-un interviu acordat în exclusivitate revistei *Christianity Today* (Vol. III, Nr. 1, 13 octombrie 1985, pag. 5), evanghelistul Billy Graham a fost întrebat:

> La întrebarea: „Dacă ați fi pastor într-o biserică mare dintr-un oraș important, care ar fi planul dumneavoastră de acțiune?", Billy Graham a răspuns: „Cred că primul lucru pe care l-aș face ar fi să-mi adun pe lângă mine un grup de vreo opt, zece sau doisprezece oameni cu care să ne întâlnim câteva ore pe săptămână. Este drept că îi va costa timp și efort. Aș împărtăși cu ei tot ce am, timp de câțiva ani. Apoi,

aş avea doisprezece evanghelişti care la rândul lor vor aduna alţi opt, zece sau doisprezece pe care să-i înveţe. Ştiu vreo câteva Biserici care fac acest lucru, revoluţionând astfel Biserica. Hristos este Cel ce a dat modelul. El Şi-a petrecut cea mai mare parte a timpului Său cu cei doisprezece oameni şi nu cu norodul. De fapt, ori de câte ori avea în jurul Său o mulţime prea mare, se pare că rezultatele nu erau prea multe. Rezultatele cele mai mari le-a avut în părtăşia Sa personală cu Tatăl şi în timpul petrecut cu cei doisprezece".[43]

Domnul Graham se face ecoul înţelepciunii metodei lui Isus: *ucenicia creştină*. Putem fi cu toţii de acord că Billy Graham, chiar dacă nu a fost implicat direct în ucenicie, a avut un impact considerabil asupra Împărăţiei lui Dumnezeu.

Robert Coleman

Robert Coleman, fost profesor de evanghelizare la Trinity College, a spus odată următoarele:

> Aceasta este o problemă de metodologie a zilelor noastre. Ceremonii, programe, organizaţii, comisii şi cruciade bine intenţionate ale ingeniozităţii umane încearcă cu curaj să facă o treabă, care poate fi făcută doar de oameni plini de puterea Duhului Sfânt. **Aceasta nu înseamnă că nu apreciem aceste eforturi nobile, căci fără ele biserica nu ar putea funcţiona aşa cum o face.**
>
> Cu toate acestea, dacă misiunea personală a Domnului nu este încorporată în mod vital în politica şi structura tuturor acestor planuri, Biserica nu poate funcţiona aşa cum ar trebui.
>
> Când vom realiza că evanghelizarea nu se face prin ceva, ci prin cineva? Că este o expresie a **iubirii lui Dumnezeu**, iar Dumnezeu este o Persoană? Natura Sa, fiind personală, este exprimată doar prin personalitatea Lui, mai întâi revelată pe

> deplin în Hristos, iar acum exprimată prin Duhul Său în viețile celor care I se predau...
> Aceasta este noua evanghelizare de care avem nevoie. Nu este vorba de metode mai bune, ci de oameni mai buni – oameni care Îl cunosc pe Răscumpărătorul lor mai mult decât din auzite, oameni care înțeleg viziunea Sa și simt pasiunea Sa pentru lume, oameni care sunt dispuși să nu fie nimic pentru ca El să fie totul, oameni care vor doar ca El să producă **viața Sa** în și prin ei, după bunul Său plac.[44]

De fapt, ceea ce recomandă profesorul Coleman nu este altceva decât metoda uceniciei creștine.

Dificultățile uceniciei creștine

Te invit să lași deoparte această carte, să iei Biblia și să citești Luca 9:57-62. În acest pasaj, există trei aspecte, care sunt evidente atunci când discutăm despre dificultățile uceniciei creștine. Să aruncăm o privire asupra lor.

1. Siguranța ucenicului

Un ucenic al lui Hristos nu ar trebui să-și găsească siguranța în bunurile materiale oferite de această lume, ci într-o relație personală cu Isus.

În Luca 9:57, citim următoarele: „un om I-a zis: «Doamne, Te voi urma oriunde vei merge.»". Cu alte cuvinte, acest om face o promisiune: „Oriunde mă vei trimite, mă voi supune chemării Tale". Acest lucru sună destul de impresionant. Dar haideți să ascultăm cu atenție răspunsul lui Isus: „Isus i-a răspuns: «Vulpile au vizuini și păsările cerului au cuiburi, dar Fiul omului n-are unde-Și odihni capul»" (Luca 9:58). Chiar și unele găuri în pământ se dovedesc a fi adăposturi sigure pentru vulpi. Câteva crenguțe puse laolaltă primitiv și căptușite cu puțin fân și pene constituie un loc stabil pentru păsări.

Oare Domnul Isus le cere ucenicilor Săi să trăiască săraci și fără adăpost? Oare El le cere creștinilor să nu caute să obțină o educație bună? Ne cere Domnul să nu urmărim obținerea unei slujbe bune? Bineînțeles că nu. Totuși, El ne cere să nu ne punem încrederea în lucrurile acestei lumi și să nu alergăm cu disperare după bogăția lumească. Matei scrie: „Nimeni nu poate sluji la doi stăpâni. Căci sau va urî pe unul și va iubi pe celălalt; sau va ține la unul și va nesocoti pe celălalt: Nu puteți sluji lui Dumnezeu și lui Mamona" (Matei 6:24). Și Pavel scrie: „Căci cei tăiați împrejur suntem noi, care slujim lui Dumnezeu prin Duhul lui Dumnezeu, care ne lăudăm în Hristos Isus și care nu ne punem încrederea în lucrurile pământești" (Filipeni 3:3).

2. Moștenirea ucenicului

Lărgirea Împărăției lui Dumnezeu valorează mai mult decât moștenirea primită de la părinții noștri

Luca notează: „«Doamne», I-a răspuns el, «lasă-mă să mă duc întâi să îngrop pe tatăl meu»" (Luca 9:59). Putem spune că cea mai nobilă obligație pe care o avem în calitate de copii este aceea de a avea grijă de părinții noștri atunci când îmbătrânesc, și de a le oferi o înmormântare decentă. Este Isus împotriva unei astfel de practici? Nu, deloc. Atunci, ce spune El în acest pasaj? Trebuie să înțelegem că, în cultura Noului Testament, fiul care își îngropa tatăl moștenea cea mai mare parte din averea sa. Putem deduce că acest om a vrut să obțină ce este mai bun din ambele lumi: să-L urmeze pe Hristos și în același timp să primească averea tatălui său. Răspunsul pe care l-a primit de la Isus pare dur: „Lasă morții să-și îngroape morții, și tu du-te de vestește Împărăția lui Dumnezeu" (Luca 9:60). Ceea ce a vrut să spună Isus a fost: „Nu, nu, nu! Lasă moștenirea ta celor care sunt și ei la fel de morți ca tatăl tău". La început, ne părea o replică dură; dar acum, când înțelegem contextul, pricepem că Domnul Isus nu a greșit. El știe mai bine ce este cu adevărat în inimile oamenilor.

3. Cea mai mare prioritate a ucenicului

Urmarea lui Hristos implică faptul că Împărăția lui Dumnezeu merită prioritate maximă.

Mai mult, Luca scrie: „Un altul a zis: «Doamne, Te voi urma, dar lasă-mă întâi să mă duc să-mi iau rămas-bun de la ai mei.»" (Luca 9:61). Vă rog să observați că acest om îi promite lui Isus: „Doamne, Te voi urma; dar..." – ceea ce înseamnă: „Te voi urma cândva în viitor, dar nu imediat". Acest verset afirmă prioritatea omului: „mai întâi lasă-mă", ceea ce înseamnă că prioritatea lui numărul unu în acel moment era altceva, nu Împărăția lui Dumnezeu.

În mod similar, prioritățile noastre ar putea fi exprimate în felul următor:

- Mai întâi, lasă-mă să mă căsătoresc, și apoi mă voi gândi la ucenicie.
- Mai întâi, lasă-mă să-mi termin studiile universitare, apoi mă voi concentra asupra Împărăției lui Dumnezeu.
- Mai întâi, permite-mi să-mi căsătoresc copiii, apoi voi avea mai mult timp pentru Isus.
- Mai întâi, lasă-mă să dezvolt afacerea pe care tocmai am început-o, apoi Îl voi sluji pe Hristos.
- Lasă-mă să mă pensionez mai întâi, apoi Îl voi urma pe Isus și mă voi concentra asupra Împărăției lui Dumnezeu.
- Întâi lasă-mă să rezolv problema X, Y și Z, iar după ce scap de ele, îmi voi dedica viața lui Hristos.

Isus i-a răspuns: „Oricine pune mâna pe plug și se uită înapoi nu este destoinic pentru Împărăția lui Dumnezeu" (Luca 9:62). Este clar că Domnul Isus Hristos este categoric atunci când vine vorba de loialitatea noastră față de El. El vrea toată inima noastră, tot devotamentul nostru. Nu putem sluji lumii și Împărăției lui Dumnezeu în același timp. Nu putem să-L slujim pe Dumnezeu și totodată să adunăm bogății. (vezi Matei 6:24)

Sper că putem înțelege clar că adevărata criză de astăzi nu este cea a energiei, a benzinei, a alimentelor, a apei sau a aerului curat. Adevărata criză de astăzi este cea a ucenicilor cu adevărat consacrați lui Hristos, care Îl cunosc în mod real și personal pe Isus, care sunt gata să moară pentru El și pentru cauza Marii Trimiteri; oameni care, la fel ca primii ucenici, sunt pregătiți să răstoarne această lume cu susul în jos (Fapte 17:6). Doar atunci este legitim să ne punem și alte întrebări, care ne macină.

Dacă suntem sinceri cu noi înșine, răspunsul la aceste întrebări ne descoperă dacă suntem într-adevăr ucenici ai lui Hristos. Să ne rugăm ca biserica contemporană să înțeleagă adevărata valoare a Marii Trimiteri. Să sperăm că nu se va mai limita la convertirea oamenilor, ci va continua cu adevărat un proces eficient de ucenicie și formare spirituală a tuturor credincioșilor născuți din nou. Desigur, numai viitorul ne va arăta dacă creștinii care trăiesc în cultura contemporană vor accepta chemarea lui Hristos (Luca 9:23) și cerințele Sale de ucenicie (Luca 9:57-62). Rugăciunea mea este ca ei să o facă.

Întrebări de discuții:

Vă rog să reflectați la următoarele întrebări, apoi să vă împărtășiți gândurile cu un prieten sau cu grupul de studiu din care faci parte.

1. Ți-ai schimbat răspunsurile la întrebările puse după capitolul 1, după citirea acestui capitol?

2. Ești un ucenic al lui Hristos? Cine este „Pavel" pentru tine? Cine este „Timotei" pentru tine?

3. Pentru *viața* cui te lupți? Al cui *caracter* îl oglindești? Al cui *nume* îl aperi? Pentru a cui *împărăție* te sacrifici? Îți construiești, în secret, *mica ta împărăție*?

4 Ești gata să accepți chemarea lui Hristos și condițiile Sale de ucenicie creștină? Dacă nu, de ce nu? Te rog să detaliezi.

5. Ești pregătit să renunți la tot pentru dragostea lui Isus? Dacă nu, de ce nu? Te rog să detaliezi. Care sunt cele mai importante bariere care te împiedică să fii un urmaș devotat al Lui?

Note:

2. Ucenicia – Cea mai mare nevoie a Bisericii de astăzi

[34] Motto-ul Corpului Puşcaşilor Marini. Accesat pe 15 aprilie 2019. https://www.military.com/marine-corps-birthday/the-marine-corps-motto.html

[35] 1985 Marines commercial: "We're Looking for a Few Good Men." Accessed on October 12, 2018. https://www.youtube.com/watch?v=YC82SwuDrcE.

[36] A. W. Tozer, *The Old Cross and the New*, citat de Anita M. Bailey, *Man: The Dwelling Place of God*, Camp Hill, Pennsylvania: Christian Publications, 1966, pp. 43-44.

[37] Jim Elliot, *Journal.* Notă: Acest citat poate fi găsit în însemnarea din 28 octombrie 1949, la pagina 174 (capitolul 4) din ediţia cartonată din 1978 a Jurnalului şi la pagina 108 (capitolul 11) din ediţia cartonată din 1958 a cărţii *Shadow of the Almighty*. Citatul este, de asemenea, folosit în prologul cărţii *Shadow*, la pagina 15. Accesat pe 12 octombrie 2018. https://www2.wheaton.edu/bgc/archives/faq/20.htm. Ca o notă secundară: la câţiva ani după această însemnare, la 8 ianuarie 1956, Jim Elliot şi alţi patru misionari au fost martirizaţi în Ecuador.

[38] Walter A. Henrichsen, *Ucenicii se fac, nu se nasc,* Logos, Cluj-Napoca, 1992. Citatul este preluat din versiunea online, p. 16.

[39] *Disciple*. Accesat pe 11 octombrie 2018. https://dictionary.cambridge.org/us/dictionary/english/disciple.

[40] *Mathetes*. Spiros Zodhiates, *The Complete Word Study Dictionary: New Testament*, AMG International, Chattanooga, TN, 37422, 1993.

[41] *International Standard Bible Encyclopedia* (1998). PC Study Bible (Version 3.0). Computer Software. USA: Biblesoft.

[42] *Exponential Growth and the Legend of Paal Paysam*. Accesat pe 11 aprilie 2019. http://www.singularitysymposium.com/exponential-growth.html

[43] Robert E. Coleman, *Planul de evanghelizare al învăţătorului,* Carmel Print Arad, 2017. Citatele sunt preluate din prima ediţie, carte online, p. 46.

[44] Coleman, op.cit., pp. 112-114

CAPITOLUL 3

Trei feluri de ucenici – Prima parte

Ajunge ucenicului să fie ca învățătorul lui, și robului să fie ca domnul lui.

- Matei 10:25a

Cu ceva timp în urmă, pe când pregătcam o serie de cursuri despre ucenicie, mi s-a întâmplat ceva interesant, în timp ce citeam din Evanghelia după Marcu. Când am ajuns la textul din 2:18 – *„Pentru ce ucenicii lui Ioan și ai fariseilor postesc, iar ucenicii Tăi nu postesc?"*– am simțim cum dintr-o dată m-am luminat. Citindu-l, mi-am dat seama că, pe vremea lui Isus, existau trei tipuri de ucenici. Categoriile acestea sunt menționate în versetul de mai sus.

Cine au fost ucenicii mai cunoscuți în timpul lui Isus? Potrivit celor patru evanghelii, principalii ucenici din timpul lui Isus și a apostolilor au fost:

A. Ucenicii fariseilor
B. Ucenicii lui Ioan Botezătorul
C. Ucenicii lui Isus

Deoarece „nu este nimic nou sub soare" (cf. Eclesiastul 1:9), acest tip de ucenici, care erau prezenţi în sinagogi în timpul slujbei lui Isus, sunt prezenţi şi astăzi în adunările creştine. În timp ce meditam la aceste lucruri, mi-a trecut prin minte un gând:

> Uimitor! Putem beneficia în mod semnificativ în urma studierii trăsăturilor acestora. Fiecare categorie de „ucenici" se bazează pe o ideologie specifică; prin urmare, cunoaşterea particularităţilor lor ne permite să ne evaluăm şi să descoperim unde ne aflăm în călătoria noastră spirituală.

Am ştiut imediat că Duhul Sfânt mă conducea în această direcţie. I-am urmat îndemnul. În următoarele paragrafe, vreau să vă împărtăşesc concluziile mele. Să ne uităm, pe scurt, la cele trei categorii de ucenici din vremea lui Isus.

A. Ucenicii fariseilor

Cine erau aceşti oameni? Ei bine, ei erau cei mai pioşi evrei din acea epocă. Potrivit *Vine's Complete Expository Dictionary of Old and New Testament Words,* cuvântul fariseu provine din grecescul Φαρισαῖος (*Strong's Greek Lexicon, Number G5330*) şi dintr-un cuvânt aramaic, *peras* (întâlnit în Daniel 5:28), care înseamnă „a separa", datorită unui mod de viaţă diferit de cel al publicului larg.

În zelul lor pentru Lege, aproape că au divinizat-o, şi atitudinea lor a devenit pur şi simplu exterioară, formală şi mecanică. Ei puneau accentul nu pe dreptatea unei fapte, ci pe corectitudinea ei formală. În consecinţă, opoziţia lor faţă de Hristos era inevitabilă; modul Său de viaţă şi de învăţătură erau în esenţă o condamnare a lor; de aici şi denunțarea lor de către El, de exemplu în Matei 6:2, Matei 6:5, Matei 6:16; Matei 15:7 și capitolul 23.[45]

De cine s-au separat fariseii? Biblia oferă suficientă lumină în acest sens. Cuvântul „farisei" apare de aproape 90 de ori în Evanghelii. Acești oameni erau hotărâți să evite sau să se separe „de orice tip de impuritate interzisă de Legea levitică – sau, mai precis, de interpretarea lor strictă a acesteia"[46]. Nu este de mirare că se mâniau de fiecare dată când Îl vedeau pe Isus interacționând cu vameșii și cu păcătoșii. Încercați să vă imaginați cât de insultați s-au simțit ei, când Isus le-a spus: „Adevărat vă spun că vameșii și curvele merg înaintea voastră în Împărăția lui Dumnezeu" (Matei 21:31). Înțeleg de ce Saul din Tars – care era unul dintre ei – a vrut, în zelul său, să-i extermine pe toți adepții lui Hristos.

Ce verset credeți că descrie cel mai precis viața fariseilor? Probabil că aș alege Matei 23:26: „Fariseu orb! Curăță întâi partea dinăuntru a paharului și a blidului, pentru ca și partea de afară să fie curată". Isus le aplică cuvintele profetului Isaia: „Când se apropie de Mine poporul acesta, Mă cinstește cu gura și cu buzele, dar inima lui este departe de Mine și frica pe care o are de Mine nu este decât o învățătură de datină omenească" (Isaia 29:13). Ce descriere exactă a fariseilor și a ucenicilor lor!

Acum, haideți să ne uităm la câteva caracteristici specifice fariseilor și ucenicilor lor.

1. Fariseii și ucenicii lor și-au format tradiții proprii.

În Vechiul Testament există aproximativ 613 porunci. Cu toate acestea, începând din ultima parte a perioadei celui de-al doilea Templu (de la 515 î.Hr. încoace), fariseii au adăugat alte restricții la multe dintre poruncile inițiale.

Iată ce găsim despre ei la My Jewish Learning.com:

> În mod tradițional, evreii sunt obligați să se spele pe mâini și să spună o binecuvântare înainte de orice masă care include pâine sau azimi ... Unele pasaje din Talmud ne

spun că refuzul de a se spăla pe mâini înainte de masă reprezintă o abatere semnificativă ... La întoarcerea dintr-un cimitir, această practică (spălarea) este susținută de diverse motive, printre care nevoia de a îndepărta spiritele rele asociate cu locurile de înmormântare și dorința de a trasa o graniță simbolică între cei vii și cei morți.[47]

În Marcu citim:

Fariseii însă și toți iudeii nu mănâncă fără să-și spele cu mare băgare de seamă mâinile, după datina bătrânilor. Și, când se întorc din piață, nu mănâncă decât după ce s-au scăldat. Sunt multe alte obiceiuri pe care au apucat ei să le țină, precum spălarea paharelor, a urcioarelor, a căldărilor și a paturilor. (Marcu 7:3-4)

Hristos și ucenicii Săi au avut multe conflicte religioase cu fariseii. De exemplu, când ucenicii nu și-au spălat ceremonial mâinile înainte de a mânca pâine, fariseii s-au mâniat foarte tare. Marcu scrie: „Și fariseii, și cărturarii L-au întrebat: «Pentru ce nu se țin ucenicii Tăi de datina bătrânilor, ci prânzesc cu mâinile nespălate?»" (Marcu 7:5). Era Isus împotriva spălării mâinilor, sau a curățeniei, sau a îngrijirii trupului? Bineînțeles că nu. Totuși, atunci când oamenii religioși, precum fariseii, pun tradițiile lor de origine umană mai presus de Cuvântul lui Dumnezeu, Domnul este, fără îndoială, nemulțumit. Isus nu trecut cu le vederea acest lucru. El i-a confruntat aspru pe farisei.

Marcu scrie:

Isus le-a răspuns: „Fățarnicilor, bine a prorocit Isaia despre voi, după cum este scris: „Norodul acesta Mă cinstește cu buzele, dar inima lui este departe de Mine. Degeaba Mă cinstesc ei, dând învățături care nu sunt decât niște porunci omenești." Voi lăsați porunca lui Dumnezeu și țineți datina așezată de oameni, precum spălarea urcioarelor și a

> paharelor, și faceți multe alte lucruri de acestea." El le-a mai zis: „Ați desființat frumos porunca lui Dumnezeu ca să țineți datina voastră". (Marcu 7:6-9)

Saul din Tars a învățat la picioarele lui Gamaliel – un fariseu foarte cunoscut. După ce s-a convertit, el a devenit apostolul Pavel. Cunoștea foarte bine pericolul pe care îl reprezintă tradițiile lor. Într-una dintre epistolele sale, el a avertizat biserica din Colose despre acest pericol: „Luați seama ca nimeni să nu vă fure cu filozofia și cu o amăgire deșartă după datina oamenilor, după învățăturile începătoare ale lumii, și nu după Hristos" (Coloseni 2:8).

Mai mult:

> Nimeni dar să nu vă judece cu privire la mâncare sau băutură, cu privire la o zi de sărbătoare, cu privire la o lună nouă sau cu privire la o zi de Sabat, care sunt umbra lucrurilor viitoare, dar trupul este al lui Hristos. (Coloseni 2:16-17)

2. Fariseii și ucenicii lor se concentrează asupra aspectelor exterioare, conform interpretării pe care ei o dau Legii.

Fariseii au fost atât de absorbiți de partea exterioară a cerințelor stipulate în Pentateuh, încât au ignorat complet cerințele mai profunde și mai importante ale lui Dumnezeu: *dreptatea, mila* și *credincioșia.* Din cauza acestei grave interpretări greșite a Legii lui Moise, Domnul Isus i-a mustrat cu severitate! Matei scrie: „Vai de voi, cărturari și farisei fățarnici! Pentru că voi dați zeciuială din izmă, din mărar și din chimen și lăsați nefăcute cele mai însemnate lucruri din Lege: *dreptatea, mila* și *credincioșia*; pe acestea trebuie să le faceți, și pe acelea să nu le lăsați nefăcute" (Matei 23:23). Pentru a le transmite punctul Său de vedere, Domnul le-a reamintit ce le-a spus Mica oamenilor din generația sa: „Ți s-a arătat, omule, ce este bine! Și ce alta cere Domnul de la tine decât să faci dreptate, să iubești mila şi să umbli smerit cu Dumnezeul tău?" (Mica 6:8).

3. Fariseii şi ucenicii lor ţin la litera Legii, dar nu o cred.

Fariseii şi ucenicii lor, care ştiau să citească foarte bine Legea, le cereau oamenilor să se conformeze la multe lucruri, dar (cf. Matei 23:1-7) ei nu credeau Legea şi nici nu o împlineau. Acesta a fost motivul principal pentru care Isus i-a mustrat şi le-a spus-o direct: „Tot aşa şi voi, pe dinafară vă arătaţi neprihăniţi oamenilor, dar pe dinăuntru sunteţi plini de făţărnicie şi de fărădelege" (Matei 23:28). Fără îndoială, acestea sunt cuvinte destul de dure. Totuşi, să fim siguri că Hristos nu i-a urât. Dimpotrivă, El le-a spus aceste lucruri pentru că îi iubea, dorea ca ei să se pocăiască şi să creadă în El. Cu toate acestea, cunoaştem istoria, potrivit căreia cei mai mulţi dintre ei nu s-au pocăit şi nici nu au crezut în El; în schimb, L-au condamnat la moarte prin răstignire.

4. Fariseii şi ucenicii lor sunt oameni mândri.

Lipsa lor de smerenie era evidentă, pentru că ei umblau după „scaunele dintâi în sinagogi şi după locurile dintâi la ospeţe" (Marcu 12:39, Matei 23:6-7). Ei doreau să fie remarcaţi în locurile publice, aşa că purtau haine lungi. În plus, le plăcea „să le facă lumea plecăciuni prin pieţe" (Marcu 12:38). Fariseii şi ucenicii lor păreau atât de pioşi şi spirituali. Pentru a-şi menţine imaginea, ei ofereau rugăciuni lungi „de ochii lumii", pentru a-i impresiona pe oameni cu spiritualitatea lor ieşită din comun. Toate acestea aduc o mai mare condamnare (Marcu 12:40).

5. Fariseii şi ucenicii lor au doar o formă de evlavie, dar îi neagă puterea.

Religia de faţadă este foarte dăunătoare sufletului. Apostolul

Pavel l-a avertizat pe Timotei cu privire la vremurile primejdioase ale zilelor de pe urmă. Dacă acest lucru era adevărat în generația lui Timotei, cu atât mai mult este adevărat astăzi. Acest tip de ucenici erau prezenți printre creștinii de atunci și sunt prezenți și în bisericile de astăzi. Fariseii și ucenicii lor, în ciuda învățăturii lor consecvente, nu au ajuns niciodată la „deplina cunoștință a adevărului" (2 Timotei 3:7).

> Religia de fațadă este foarte dăunătoare sufletului.

Mai mult, în scrisoarea sa către Tit, Pavel avertizează:

> În adevăr, mai ales printre cei tăiați împrejur, sunt mulți nesupuși, flecari și amăgitori, cărora trebuie să li se astupe gura. Ei buimăcesc familii întregi, învățând pe oameni, pentru un câștig urât, lucruri pe care nu trebuie să le învețe. (Tit 1:10-11)

Cu acest tip de persoane, nu poți fi pur și simplu amabil sperând că vor înțelege. O, nu. Pavel îl instruiește pe Tit să îi „mustre aspru", pentru ca ei să se pocăiască și să fie „sănătoși în credință" (Tit 1:13).

Cele cinci „vai-uri" pe care Isus le-a adresat fariseilor.

După ce a analizat starea religioasă a fariseilor și a susținătorilor lor, Isus a rostit câteva avertismente sau acuzații severe. Să analizăm pe scurt cinci dintre acestea.

1. Primul „vai": Fariseii și ucenicii lor nu vor intra în Împărăția lui Dumnezeu din cauza încăpățânării lor.

Matei ne spune: „Vai de voi, cărturari și farisei fățarnici! Pentru că voi închideți oamenilor Împărăția cerurilor: nici voi nu intrați în ea, și nici pe cei ce vor să intre nu-i lăsați să intre" (Matei 23:13).

După întemeierea unei tradiții religioase, liderii ei luptă din greu pentru a-i ține pe oameni sub control. Cu o ocazie, preoții cei mai de seamă și fariseii au adunat soborul pentru a discuta despre Isus și slujirea Sa. Preocuparea lor nu era pentru bunăstarea spirituală a oamenilor. Ei erau îngrijorați de poziția lor de conducere și de statutul privilegiat în societatea aflată sub dominația romană. Fariseii nu voiau să își piardă pozițiile confortabile în conducerea religioasă.

Ioan scrie:

> Atunci, preoții cei mai de seamă și fariseii au adunat soborul și au zis: „Ce vom face? Omul acesta face multe minuni. Dacă-L lăsăm așa, toți vor crede în El și vor veni romanii și ne vor nimici și locul nostru, și neamul." (Ioan 11:47-48)

Isus, care urma să moară pentru oameni, le cunoștea motivația ascunsă și i-a avertizat direct despre pericolul în care se aflau și despre influența negativă pe care o aveau asupra oamenilor.

2. Al doilea „vai": Fariseii și ucenicii lor vor primi o condamnare mai mare.

Dumnezeu îi iubește pe toți oamenii. David scrie: „Lăudați-L pe Domnul! Lăudați pe Domnul, căci este bun, căci îndurarea Lui ține în veci" (Psalmul 106:1). Cu toate acestea, Dumnezeu este și un judecător drept. Atunci când oamenii care cunosc Legea continuă să se împotrivească invitației Sale la pocăință, nu pot evita judecata Sa. Psalmistul scrie: „Spuneți printre neamuri: «Domnul împărățește! De aceea lumea este tare și nu se clatină.» Domnul judecă popoarele cu dreptate" (Psalmul 96:10). Vă rog să nu mă înțelegeți greșit: dacă oamenii se vor întoarce de la căile lor rele și vor veni la Hristos pentru a primi mântuirea, Dumnezeu va acționa în consecință. Isus a spus: „Oricine crede în El nu este judecat, dar cine nu crede a și fost judecat, pentru că n-a crezut în Numele singurului Fiu al lui Dumnezeu" (Ioan 3:18). Nu există păcat prea mare pe care sângele lui Isus să nu-l poată spăla! Cel mai mare păcat nu este adulterul, furtul, homosexualitatea sau chiar crima. Cel mai mare păcat este păcatul necredinței în Fiul lui Dumnezeu, singurul în stare să salveze.

După ce Isus l-a vindecat pe orbul din naștere, a spus ceva de o importanță crucială: „Eu am venit în lumea aceasta pentru judecată: ca cei ce nu văd să vadă și cei ce văd să ajungă orbi" (Ioan 9:39). Fariseii care erau acolo i-au răspuns lui Isus: „Doar n-om fi și noi orbi?" (Ioan 9:40). Răspunsul pe care Isus li l-a dat este esențial: „Dacă ați fi orbi, le-a răspuns Isus, n-ați avea păcat, dar acum ziceți: «Vedem». Tocmai de aceea păcatul vostru rămâne" (Ioan 9:41).

Înțelegeți acest lucru? Ei au văzut o minune nemaiauzită până atunci: un orb din naștere și-a primit complet vederea, ceea ce înseamnă că structura nervoasă responsabilă de funcția de vedere a creierului a fost complet recreată. În ciuda tuturor acestor lucruri, ei tot nu au crezut. Acesta este motivul pentru care fariseii vor primi o condamnare mai mare.

3. Al treilea „vai": Rezultatul prozelitismului lor este de două ori mai rău decât fariseii înșiși.

Pentru mine, acesta este aspectul cel mai deprimant al tuturor acuzațiilor pe care le-a rostit Isus. Hristos i-a arătat cu degetul: „Vai de voi, cărturari și farisei fățarnici! Pentru că voi înconjurați marea și pământul ca să faceți un tovarăș de credință și, după ce a ajuns tovarăș de credință, faceți din el un fiu al gheenei, de două ori mai rău decât sunteți voi înșivă" (Matei 23:15). Închipuiți-vă așa ceva! Tot acest efort. Toate cheltuielile procesului de ucenicie. Și pentru ce? Un fiu al gheenei. Vai! Ce risipă de resurse.

4. Al patrulea „vai": Fariseii și ucenicii lor practică o religie formală, care nu duce la o transformare reală a inimii.

Este un lucru greu de înghițit. Imaginați-vă o persoană care este exagerat de preocupată de aspectul exterior, dar care nu acordă niciun fel de atenție la ceea ce se întâmplă în interior, în inima sa. Acesta este exact modul în care fariseii trăiau. Nu există libertate sau bucurie în acest tip de viață.

Isus li s-a adresat cu severitate:

> Vai de voi, cărturari și farisei fățarnici! Pentru că voi curățiți partea de afară a paharului și a blidului, dar înăuntru sunt pline de răpire și de necumpătare. Fariseu orb! Curăță întâi partea dinăuntru a paharului și a blidului, pentru ca și partea de afară să fie curată. Vai de voi, cărturari și farisei fățarnici! Pentru că voi sunteți ca mormintele văruite, care pe dinafară se arată frumoase, iar pe dinăuntru sunt pline de oasele morților și de orice fel de necurăție. Tot așa și voi, pe dinafară vă arătați neprihăniți oamenilor, dar pe dinăuntru sunteți plini de fățărnicie și de fărădelege. (Matei 23:25-28)

5. Al cincilea „vai": Actele lor filantropice și faptele religioase exterioare nu-i vor salva pe farisei și pe ucenicii lor de la condamnarea finală.

Este greu pentru noi să explicăm cum este posibil așa ceva. Cum se face că faptele religioase exterioare nu îi vor salva? Numai Dumnezeu cunoaște inimile oamenilor și motivația lor.

Isus le-a spus fariseilor:

> Vai de voi, cărturari și farisei fățarnici! Pentru că voi zidiți mormintele prorocilor, împodobiți gropile celor neprihăniți și ziceți: „Dacă am fi trăit noi în zilele părinților noștri, nu ne-am fi unit cu ei la vărsarea sângelui prorocilor". Prin aceasta mărturisiți despre voi înșivă că sunteți fiii celor ce i-au omorât pe proroci. Voi dar umpleți măsura părinților voștri! Șerpi, pui de năpârci! Cum veți scăpa de pedeapsa gheenei? (Matei 23:29-33)

Concluzie

Am vorbit mult despre farisei și ucenicii lor. Ce am învățat? Care este lecția principală de aici? Care este principala concluzie? Cel mai important: Ce le-a spus Isus ucenicilor Săi? Care este avertismentul Său?

Domnul Isus, potrivit cu Matei 16:6, le-a spus în mod expres ucenicilor Săi următoarele: *„Luați seama și păziți-vă de aluatul fariseilor și al saducheilor”.* La început, ucenicii nu au știut despre ce vorbea El. Ei au crezut că Isus face referire la faptul uitaseră să cumpere pâine pentru călătorie. Apoi Domnul le-a amintit de „minunea celor cinci pâini și doi pești”. În cele din urmă, s-au luminat. Și-au dat seama că Isus îi avertiza să fie atenți și să se ferească *„de învățătura fariseilor și a saducheilor”* (Matei 16:12).

Recomandarea lui Hristos este pentru noi toți. Vă îndemn să țineți minte principalele caracteristici despre care am discutat în acest capitol, astfel încât să fim capabili să depistăm învățătura fariseilor și a saducheilor de la distanță de o poștă.

Întrebări de discuții:

Vă rog să reflectați la următoarele întrebări, apoi să vă împărtășiți gândurile cu un prieten sau cu grupul de studiu din care faci parte.

1. Ce concepte sau idei ți-au rămas în minte după citirea acestui capitol?

2. Ai fost surprins să afli că în timpul lui Isus existau, în principal, trei feluri de ucenici?

3. Ce verset crezi că descrie cel mai bine viața fariseilor? Citește Matei 23. Crezi că Isus a fost prea aspru cu fariseii?

4. Crezi că respectarea unei anumite tradiții este mai importantă decât o relație intimă cu Hristos? Te rog să detaliezi.

5. Ce părere ai despre ucenicie în general? Crezi că biserica ta locală face o treabă destul de bună în promovarea uceniciei? Te rog să detaliezi.

Note:

3. Trei feluri de ucenici - Prima parte

[45] W.E. Vine, *Vine's Complete Expository Dictionary of Old and New Testament Words* (Dicționarul complet al cuvintelor din Vechiul și Noul Testament), Nashville, TN, Thomas Nelson Publishers, 1996, p. 470.
[46] *Pharisees.*Accesat pe 24 iunie 2019. https://www.biblestudytools.com/dictionaries/bakers-evangelical-dictionary/pharisees.html.
[47] *Ritual Hand Washing Before Meals* (*Ritualul spălării mâinilor înainte de masă*), myjewishlearning.com. https://www.myjewishlearning.com/article/hand-washing/, accesat pe 1 iulie 2019.

CAPITOLUL 4

Trei feluri de ucenici – Partea a doua

Legea și prorocii au ținut până la Ioan; de atunci încoace, Evanghelia Împărăției lui Dumnezeu se propovăduiește: și fiecare, ca să intre în ea, dă năvală.

- Luca 16:16

Așa cum am spus, în timp ce pregăteam o serie de învățături despre ucenicie, mi-am dat seama că, pe vremea lui Isus, existau trei feluri de ucenici:

A. Ucenicii fariseilor
B. Ucenicii lui Ioan Botezătorul
C. Ucenicii lui Isus

Acest tip de ucenici, care erau prezenţi în sinagogi în timpul slujirii lui Isus, sunt prezenţi și printre creștinii de astăzi. Recomand cu tărie studierea caracteristicilor lor, pentru a ne putea evalua umblarea spirituală.

În capitolul precedent, am discutat despre farisei și ucenicii lor. În această secţiune, vom învăţa despre ucenicii lui Ioan Botezătorul.

B. Ucenicii lui Ioan Botezătorul

Oricine citește Evangheliile descoperă acest erou biblic unic: Ioan Botezătorul. Luca ni-l prezintă în primul capitol al Evangheliei sale. Înainte de nașterea lui Isus, exista o familie de oameni evlavioși, „un preot numit Zaharia, din ceata lui Abia. Nevasta lui era din fetele lui Aaron, și se chema Elisabeta" (Luca 1:5). Erau înaintaţi în vârstă și nu aveau copii. În acea cultură, spre deosebire de a noastră, a nu avea copii era o rușine. Se pare că sau rugat de mult timp pentru un copil, dar până la acel moment nu se întâmplase nimic. Cu toate acestea, atunci când vine timpul lui Dumnezeu, nimic nu-i poate împiedica planurile.

Pe când Zaharia își îndeplinea serviciul preoţesc în Templu, un înger a apărut înaintea lui și i-a spus că Dumnezeu le-a ascultat rugăciunile și i le va îndeplini, dăruindu-le un copil. Nu numai atât, dar acest copil avea să fie cel mai mare profet al Vechiului Testament – cel care va merge înaintea lui Hristos și va acţiona în duhul și puterea lui Ilie (cf. Luca 1:17).

Odată cu Ioan Botezătorul, lucrarea profeţilor din perioada Vechiului Testament avea să se încheie și urma să se deschidă o nouă eră a lucrării Duhului Sfânt în vieţile și inimile oamenilor. Îngerul a citat Maleahi 4:5, ultimele cuvinte din Vechiul Testament.

Luca scrie:

> Dar îngerul i-a zis: „Nu te teme, Zahario; fiindcă rugăciunea ta a fost ascultată. Nevastă-ta, Elisabeta, îţi va naște un fiu, căruia îi vei pune numele Ioan. El va fi pentru tine o pricină de bucurie și veselie, și mulţi se vor bucura de nașterea lui.

> Căci va fi mare înaintea Domnului. Nu va bea nici vin, nici băutură ameţitoare, şi se va umple de Duhul Sfânt încă din pântecele maicii sale. El va întoarce pe mulţi din fiii lui Israel la Domnul Dumnezeul lor. Va merge înaintea lui Dumnezeu, în duhul şi puterea lui Ilie, CA SĂ ÎNTOARCĂ INIMILE PĂRINŢILOR LA COPII şi pe cei neascultători, la umblarea în înţelepciunea celor neprihăniţi, ca să gătească Domnului un norod bine pregătit pentru El." (Luca 1:13-17)

Chiar dacă acest bărbat a primit atâtea detalii despre viitorul său fiu, logica umană şi-a spus cuvântul. Şi astfel, ca orice bărbat raţional care se cunoaşte pe sine, s-a trezit spunând: „eu sunt bătrân, şi nevastă-mea este înaintată în vârstă"; şi, având mari îndoieli privind promisiunea lui Dumnezeu, l-a întrebat pe înger: „Din ce voi cunoaşte lucrul acesta?" (Luca 1:18). Zaharia a învăţat foarte repede că nu este o idee bună să argumentezi cu mesagerul lui Dumnezeu. Pentru că imediat îngerul şi-a dezvăluit identitatea: „Eu sunt Gavril, care stau înaintea lui Dumnezeu; am fost trimis să-ţi vorbesc, şi să-ţi aduc această veste bună" (Luca 1:19). Dându-i un semn, îngerul i-a spus: „Iată că vei fi mut şi nu vei putea vorbi, până în ziua când se vor întâmpla aceste lucruri, pentru că n-ai crezut cuvintele mele, care se vor împlini la vremea lor" (Luca 1:20). De ce? „Căci niciun cuvânt de la Dumnezeu nu este lipsit de putere" (Luca 1:37).

Şi iată că, după ce Zaharia şi-a îndeplinit îndatoririle preoţeşti la Ierusalim, s-a întors acasă, şi cunoaştem ce s-a întâmplat mai departe. Luca ne spune astfel:

> Peste câtva timp, Elisabeta, nevasta lui, a rămas însărcinată şi s-a ţinut ascunsă de tot cinci luni. „Căci", zicea ea, „iată ce mi-a făcut Domnul, când Şi-a aruncat ochii spre mine, ca să-mi ia ocara dintre oameni." (Luca 1:24-25)

Povestea lui Ioan Botezătorul este esenţială, deoarece sarcina Elisabetei este legată de cea a Mariei, mama lui Isus. Luca ne-a informează că, pe când Elisabeta era în luna a șasea, Maria L-a conceput pe Isus, prin puterea Duhului Sfânt. (vezi Luca 1:24-27).

De la „Dumnezeu Își amintește" la „Dumnezeu este milostiv"

Dumnezeu este credincios tuturor promisiunilor Sale. Nici măcar un singur cuvânt care vine de la Dumnezeu nu va rămâne vreodată fără rod. La nouă luni după aceasta, Elisabeta a ținut în brațe un băiețel. Oamenii se așteptau să-l numească Zaharia, după numele tatălui său. Dar părinții trebuiau să asculte de instrucțiunile lui Dumnezeu și, spre surprinderea tuturor, l-au numit Ioan (vezi Luca 1:59-64). Numele sunt importante în Biblie. Ele au semnificații speciale și, de multe ori, comunică lucruri profunde despre Dumnezeu. Conform *Behind the Name* (*În spatele numelui*), Zekharyah înseamnă „YAHWEH își amintește". Vine de la „zakhar", care înseamnă „a ține minte", și „yah", care este numele Dumnezeului evreilor.[48] Pe de altă parte, conform aceleiași surse, Ioan este forma românizată a lui Iohannes, din latină, și Ioannes, din greacă, derivate din numele ebraic „Yochanan", care înseamnă „YAHWEH este milostiv"; cuvântul s-a format din rădăcinile „yo", care se referă la Dumnezeul evreilor, și „chanan", care înseamnă „a fi milostiv".[49] Uimitor, nu-i așa? De la „Dumnezeu își amintește" la „Dumnezeu este milostiv". În propria Sa guvernare a timpului și a spațiului, Dumnezeu Și-a amintit de toate promisiunile Sale, din scrierile Vechiului Testament, despre trimiterea harului Său întrupat în Persoana singurului Fiu născut, Isus.

Trebuie să ținem reținem faptul că urmașii lui Aaron (cf. 1 Cronici 24) au fost împărțiți, de către Împăratul David, în 24 de cete sau ordine preoțești. Aceste cete se roteau pe parcursul anului, slujind la templu anual, timp de două săptămâni. În plus, toți trebuiau să ajute în timpul marilor sărbători. Ceea ce mi se pare foarte interesant este că Dumnezeu știa exact când urma să slujească la Templu ceata lui Abia. Acest lucru a avut loc cu exact șase luni înainte de întruparea singurului Său Fiu. Nu sunt interesante aceste mici detalii? Sunt fascinat de acest lucru!

De la „preoția veche" la „preoția nouă"

În timpul Vechiului Testament, nu era neobișnuit ca preoții să slujească și ca profeți. Ieremia, Ezechiel și Zaharia făceau parte din familii de preoți. Un aspect important de reținut este că Zaharia era descendent al lui Aaron, Marele Preot. Acest fapt îl plasează pe Ioan în categoria importantă a preoției Vechiului Legământ, ceea ce are o semnificație spirituală extraordinară! Când Ioan Botezătorul a murit, preoția Vechiului Testament „a murit" sau „a încetat" să mai existe din punct de vedere spiritual.

În economia lui Dumnezeu, odată cu venirea Fiului Său, o nouă preoție, după rânduială lui Melhisedec, a înlocuit vechea preoție, după rânduiala lui Aaron. Aceste aspecte sunt explicate în detaliu în cartea Evrei (A se vedea Evrei 5:1, 6, 6, 10, 6:20, 7:1, 17).

Slujba lui Ioan Botezătorul

Pentru a înțelege mai bine caracteristicile ucenicilor lui Ioan Botezătorul, trebuie să cunoaștem componentele esențiale ale slujbei lui Ioan.

1. Ioan Botezătorul a pregătit calea pentru Domnul Isus și pentru slujirea Sa mesianică.

Esența mesajului lui Ioan a fost *pocăința.* Matei ne spune: „În vremea aceea a venit Ioan Botezătorul și propovăduia în pustia Iudeii. El zicea: «Pocăiți-vă, căci Împărăția cerurilor este aproape»" (Matei 3:1-2). Scriitorul Evangheliei explică faptul că aceasta a fost împlinirea cuvintelor lui Isaia: „Iată glasul celui ce strigă în pustie: «Pregătiți calea Domnului, neteziți-I cărările»", rostite cu mai bine de 700 de ani înainte de Hristos. **Pocăința ține de responsabilitatea**

omului înaintea lui Dumnezeu. Ea este îndreptată către oameni. Pe scurt, aceasta a fost misiunea lui Ioan. Dumnezeu l-a trimis să împlinească mai multe profeții din Vechiul Testament, cum ar fi: Isaia 40:1-5, Maleahi 3:1 și 4:5-6.

În cazul în care sunteți curioși, cuvintele exacte ale lui Isaia sunt:

> „Mângâiați, mângâiați pe poporul Meu!", zice Dumnezeul vostru. „Vorbiți bine Ierusalimului și strigați-i că robia lui s-a sfârșit, că nelegiuirea lui este ispășită, căci a primit din mâna Domnului de două ori cât toate păcatele lui." Un glas strigă: „Pregătiți în pustie calea Domnului, neteziți în locurile uscate un drum pentru Dumnezeul nostru! Orice vale să fie înălțată, orice munte și orice deal să fie plecate, coastele să se prefacă în câmpii și strâmtorile, în vâlcele! Atunci se va descoperi slava Domnului, și în clipa aceea orice făptură o va vedea, căci gura Domnului a vorbit." (Isaia 40:1-5)

Uimitor! Ce promisiune măreață! Frumoase și mângâietoare cuvinte veneau de la Dumnezeu și Tatăl nostru iubitor! Isus Însuși confirmă că Ioan a împlinit cuvintele profetice rostite de Maleahi în 3:1: „el este acela despre care s-a scris: «Iată, trimit înaintea Feței Tale pe solul Meu, care Îți va pregăti calea înaintea Ta»" (Matei 11:10).

2. Ioan Botezătorul introduce actul botezului în apă.

Toată lumea este de acord că Ioan Botezătorul a fost cel care a folosit botezul în apă ca sacrament central al slujbei sale. Acesta este motivul pentru care este numit Botezătorul, și nu pentru că ar fi fost baptist[4]. Ramura baptistă a creștinismului s-a format la începutul anilor 1600. Potrivit Wikipedia, „Istoricii atestă că prima biserică

[4] În limba engleză, Botezătorul sună la fel cu Baptistul, de aceea necesitatea acestei delimitări (n.tr.).

«baptistă» a existat în anul 1609, în Amsterdam, Republica Olandeză, având-ul ca pastor pe separatistul englez John Smyth"[50].

În timpul slujbei sale, Ioan Botezătorul a fost foarte precaut să nu atragă oamenii la el însuși, ci să îi îndrepte spre Mielul lui Dumnezeu (Ioan 1:36). Matei scrie: „Cât despre mine, eu vă botez cu apă, spre pocăință; dar Cel ce vine după mine este mai puternic decât mine, și eu nu sunt vrednic să-I duc încălțămintea. El vă va boteza cu Duhul Sfânt și cu foc" (Matei 3:11).

3. Ioan Botezătorul a predicat cu claritate despre necesitatea botezului cu Duhul Sfânt.

În calitate de precursor al lui Hristos, Ioan Botezătorul le-a spus în mod explicit adepților săi despre diferența uriașă dintre slujba sa și cea a lui Hristos: „Eu vă botez cu apă, spre pocăință" față de „El vă va boteza cu Duh Sfânt și cu foc". Acest detaliu are o importanță enormă în viața Bisericii și, de aceea, toate Evangheliile îl includ:

> Cât despre mine, eu vă botez cu apă, spre pocăință; dar Cel ce vine după mine este mai puternic decât mine, și eu nu sunt vrednic să-I duc încălțămintea. El vă va boteza cu Duhul Sfânt și cu foc. (Matei 3:11)
>
> Eu, da, v-am botezat cu apă, dar El vă va boteza cu Duhul Sfânt. (Marcu 1:8)
>
> Ioan, drept răspuns, a zis tuturor: „Cât despre mine, eu vă botez cu apă; dar vine Acela care este mai puternic decât mine și Căruia eu nu sunt vrednic să-I dezleg cureaua încălțămintei. El vă va boteza cu Duhul Sfânt și cu foc. (Luca 3:16)
>
> Drept răspuns, Ioan le-a zis: „Eu botez cu apă, dar în mijlocul vostru stă Unul pe care voi nu-L cunoașteți... Eu nu-L

> cunoșteam, dar Cel ce m-a trimis să botez cu apă mi-a zis: „Acela peste care vei vedea Duhul coborându-Se și oprindu-Se este Cel ce botează cu Duhul Sfânt". (Ioan 1:26, 33)

Să nu uităm niciodată acest detaliu.

4. Ioan Botezătorul a proclamat supremația lui Hristos și a slujbei Sale.

Slujba lui Ioan Botezătorul s-a răspândit ca un incendiu în toată Iudeea și a atras mulțimi de oameni la râul Iordan, unde boteza. Acest lucru a născut multe îngrijorări în rândul liderilor religioși ai acelor zile. L-au examinat în mai multe rânduri. În Evanghelia după Ioan, citim:

> Iată mărturisirea făcută de Ioan când iudeii au trimis din Ierusalim pe niște preoți și leviți să-l întrebe: „Tu cine ești?" El a mărturisit și n-a tăgăduit: a mărturisit că nu este el Hristosul. și ei l-au întrebat: „Dar cine ești? Ești Ilie?" și el a zis: „Nu sunt!" „Ești prorocul?" și el a răspuns: „Nu!" Atunci i-au zis: „Dar cine ești? Ca să dăm un răspuns celor ce ne-au trimis. Ce zici tu despre tine însuți?" „Eu", a zis el, „sunt glasul celui ce strigă în pustie: «Neteziți calea Domnului», cum a zis prorocul Isaia." (Ioan 1:19-23)

Ioan a fost doar un glas în pustie. El nu a vrut să-și asume niciun merit. El le-a spus tuturor că în curând vor avea parte de adevărata „manifestare" – Hristos – a lui Dumnezeu, care își va începe slujba unică și incredibilă. Isus este Cel care a declarat: „Legea și prorocii au ținut până la Ioan; de atunci încoace, Evanghelia Împărăției lui Dumnezeu se propovăduiește: și fiecare, ca să intre în ea, dă năvală" (Luca 16:16). Cu alte cuvinte, lucrarea și slujba lui Ioan Botezătorul au fost doar pregătitoare pentru slujba lui Hristos și pentru lucrarea Sa de mântuire, împăcare și regenerare, așa cum au prezis unii dintre profeți. Îmi place modul în care Petru explică această situație para-

-doxală. El scrie:

> Prorocii, care au prorocit despre harul care vă era păstrat vouă, au făcut din mântuirea aceasta ținta cercetărilor și căutării lor stăruitoare. Ei cercetau să vadă ce vreme și ce împrejurări avea în vedere Duhul lui Hristos, care era în ei, când vestea mai dinainte patimile lui Hristos și slava de care aveau să fie urmate. Lor le-a fost descoperit că nu pentru ei înșiși, ci pentru voi spuneau ei aceste lucruri pe care vi le-au vestit acum cei ce v-au propovăduit Evanghelia prin Duhul Sfânt trimis din cer și în care chiar îngerii doresc să privească. (1 Petru 1:10-12)

Dumnezeu nu a intenționat niciodată ca lucrarea și slujba lui Ioan Botezătorul să devină o mișcare și învățătura lui o doctrină separată. Domnul nu a planificat ca ucenicii lui Ioan să-i continue lucrarea; în schimb, ei urmau să devină ucenici ai lui Hristos, conform Marii Trimiteri. Sunt destul de sigur că Ioan Botezătorul nu dorea ca lucrarea sa să fie dusă mai departe. De îndată ce adevărata descoperire a ajuns în cetate, dorința profetului a fost ca el să se micșoreze, pentru ca Hristos să crească. În Evanghelia lui Ioan ne spune ceva foarte frumos:

> Voi înșivă îmi sunteți martori că am zis: Nu sunt eu Hristosul, ci sunt trimis înaintea Lui. Cine are mireasă este mire, dar prietenul mirelui, care stă și-l ascultă, se bucură foarte mult când aude glasul mirelui: și această bucurie, care este a mea, este deplină. Trebuie ca El să crească, iar eu să mă micșorez. (Ioan 3:28-30)

5. Ioan Botezătorul avea unele îndoieli cu privire la Isus.

Ioan era cu șase luni mai în vârstă decât vărul său, Isus. Probabil cât slujirea sa a început cu cel mult șase luni înainte ca Isus să-și înceapă lucrarea. La scurt timp după botezul lui Isus, Ioan Botezătorul a fost arestat și decapitat, la porunca lui Irod Antipa. În timp ce se afla în închisoare, în așteptarea morții sale, Ioan s-a interesat de Isus. El i-a trimis pe câțiva dintre ucenicii săi să Îl întrebe direct pe Isus dacă El este Acela. Matei scrie: „Tu ești Acela care are să vină sau să așteptăm pe altul?" (Matei 11:3).

Chiar dacă, spre sfârșitul vieții sale, Ioan Botezătorul a avut unele îndoieli în privința lui Isus, misiunea sa a fost una extraordinară. Nu este de mirare că ucenici săi continuă să existe și astăzi, peste tot în lume. Desigur, ei nu se văd pe ei ca fiind ucenici ai lui Ioan Botezătorul, dar seamănă în multe privințe cu aceștia.

Ucenicii lui Ioan Botezătorul

După înălțarea lui Hristos, în ziua Cincizecimii, Duhul Sfânt S-a revărsat peste cei o sută douăzeci de ucenici adunați în camera de sus. Toți au fost umpluți de Duhul lui Dumnezeu. Acest lucru marchează nașterea Bisericii Noului Testament. Să trecem rapid peste câteva decenii. Biserica se extinde. Apostolul Pavel duce Evanghelia în Asia Mică. În timpul celei de-a doua sale călătorii misionare, aproximativ anul 52 d.Hr., Pavel ajunge la Efes – un oraș important de pe coasta de vest a Asiei Mici (Turcia de astăzi) – și predică Evanghelia acolo. De data aceasta, Pavel rămâne cu ei doar pentru scurt timp și îi lasă pe tovarășii săi de slujire, Aquila și Priscila, să continue lucrarea în acel oraș.

Spre surprinderea noastră, ucenicii lui Ioan Botezătorul se aflau deja în Efes. După cum putem vedea, influența și slujirea lui Ioan a luat amploare și a trecut granițele Iudeii. Potrivit unor surse, distanța în linie dreaptă dintre Ierusalim și Efes este de 991 km sau 613,3 mile. Timpul de călătorie pentru a ajunge în oraș este de aproximativ 37 de ore și 44 de minute. Dacă Domnul a fost răstignit și a înviat în anul 33 d.Hr. înseamnă că, după 20 de ani, în Efes deja erau oameni care se identificau ca ucenici ai lui Ioan Botezătorul. În acest oraș, Aquila și Priscila l-au întâlnit pe Apolo, un iudeu născut în Alexandria: „un iudeu numit Apolo tare în Scripturi" (Fapte 18:24).

Luca ne spune că: „El era învăţat în ce priveşte Calea Domnului, avea un duh înfocat şi vorbea şi învăţa amănunţit pe oameni despre Isus, măcar că nu cunoştea decât botezul lui Ioan" (Faptele Apostolilor 18:25). Aquila şi Priscila au ascultat cu atenţie predicile lui Apolo. Ei au observat că ceva lipseşte din mesajul său. Aşa cum ar face orice bun lider creştin, „l-au luat la ei şi i-au arătat mai cu de-amănuntul Calea lui Dumnezeu" (Faptele Apostolilor 18:26). Probabil că i-au explicat lui Apolo în detaliu învăţătura lui Hristos, minunile, moartea, învierea şi înălţarea Sa la dreapta Tatălui şi, cel mai important, i-au spus ce s-a întâmplat la Cincizecime. Poate că l-au învăţat că fiecărui credincios i se cere să fie, nu doar botezat în apă, aşa cum a predicat Ioan (Matei 3:11), ci şi să fie botezat cu Duhul Sfânt, aşa cum le-a spus Isus ucenicilor Săi (Fapte 1:8). Ca urmare a scurtei lor ucenicii, Apolo a devenit un mare apologet creştin, care mai târziu a sprijinit slujirea lui Pavel în Corint. Luca scrie:

> Fiindcă el voia să treacă în Ahaia, fraţii l-au îmbărbătat să se ducă şi au scris ucenicilor să-l primească bine. Când a ajuns, a ajutat mult, prin harul lui Dumnezeu, pe cei ce crezuseră, căci înfrunta cu putere pe iudei înaintea norodului şi le dovedea din Scripturi că Isus este Hristosul. (18:27-28)

Atunci când am studiat acest subiect, ceea ce m-a frapat a fost înţelegerea faptului că este posibil ca o persoană bine educată să aibă un duh înfocat, să-i înveţe pe oameni despre Isus şi totuşi să omită detalii importante cu privire la lucrarea harului şi la slujirea Duhului Sfânt. Vă rog să observaţi că doctorul Luca, autorul care de obicei acordă o atenţie deosebită detaliilor despre oameni, a scris că Apolo avea un duh înfocat, dar nu a spus că era plin de Duhul Sfânt. Cel mai probabil, era o personalitate de tip A şi foarte bine educat în Şcoala din Alexandria. Din nou, o persoană cu o personalitate puternică şi în plus cu o educaţie foarte bună poate fi un predicator plin de putere. Dar acest lucru nu înseamnă că este încă plin de Duhul Sfânt.

În anii 53-58 d.Hr., Pavel a plecat în a treia sa călătorie misionară. De data aceasta, din echipa sa făceau parte Gaius și Aristarh (Fapte 19:29). Au ajuns la Efes, unde au rămas mai mult de doi ani. Acest lucru s-a întâmplat în timp ce Apolo era deja în Corint. Când Pavel și tovarășii săi de călătorie din Macedonia au intrat în acest mare oraș, au găsit acolo câțiva ucenici (Fapte 19:1). Nu este clar dacă Pavel avea o cunoaștere profundă cu privire la starea spirituală a acestor ucenici. Cel mai probabil, el a aflat de la Aquila și Priscila despre experiența pe care au avut-o cu Apolo. Pe ei, Pavel i-a întrebat direct: „«Ați primit voi Duhul Sfânt când ați crezut?» Ei i-au răspuns: «Nici n-am auzit măcar că a fost dat un Duh Sfânt»" (Faptele Apostolilor 19:2). În mod evident, acești ucenici nu au primit Duhul Sfânt, atunci când au crezut. Biblia ne spune că ei nici măcar nu au auzit despre acest tip de botez. Oamenii nu sunt conștienți de ceea ce nu știu. Prin urmare, este crucial să nu fim ignoranți în ceea ce privește întregul adevăr al Evangheliei. Dicționarul Meriam-Webster definește verbul „a cunoaște" astfel: „a pricepe direct, a avea o cunoaștere directă, a avea înțelegere, a fi familiar sau familiarizat cu, a avea experiență în acest sens".[51] Pe de altă parte, substantivul „ignoranță" poate fi definit astfel: „starea sau faptul de a fi ignorant, lipsa de cunoștințe, de educație sau de conștientizare".[52] În sfârșit, substantivul „adevăr" înseamnă: „ansamblul lucrurilor, al evenimentelor și al faptelor reale, o realitate fundamentală sau spirituală transcendentă, fidelitatea față de un original sau față de un standard, sinceritatea în acțiune, caracter și exprimare".[53] Cunoașterea adevărului duce la libertate și victorie.

În acest moment, Pavel i-a întrebat „cu ce botez" au fost botezați. Ei au răspuns că au fost botezați cu botezul lui Ioan. Apoi, Pavel le-a explicat că botezul lui Ioan a fost spre pocăință, dar Ioan le-a spus oamenilor să creadă în Cel care urma să vină după el: Isus Hristos. Ei au fost foarte receptivi și, după ce au auzit explicația lui Pavel, toți – aproximativ doisprezece bărbați – au fost botezați în Numele Domnului Isus.

Acest pasaj indică două lucruri:

- Ucenicii lui Ioan, nu numai că aveau o problemă doctrinară în ceea ce privește botezul în apă,
- dar aveau și o problemă spirituală enormă: nevoia acută de a fi botezați cu Duhul Sfânt.

Zece sau doisprezece ani mai târziu, marele apostol a scris epistola către Efeseni. În Efeseni 1:13 citim: „Și voi, după ce ați auzit cuvântul adevărului (Evanghelia mântuirii voastre), ați crezut în El și ați fost pecetluiți cu Duhul Sfânt, care fusese făgăduit". Sunt sigur că acest lucru se bazează pe experiența despre care citim în Fapte 19. Acest pasaj este unul foarte interesant. Atunci când acest verset este interpretat în afara contextului său istoric, poate duce la o înțelegere eronată. Una dintre cele mai cunoscute și mai frecvent întâlnite erori este: „Oamenii sunt botezați automat cu Duhul Sfânt în momentul în care cred". Scurta analiză de mai sus arată clar că acest lucru pur și simplu nu este adevărat. Credincioșii trebuie să fie învățați în mod corespunzător despre aceste lucruri. **Paradoxul este că, în zilele noastre, mulți creștini, bazându-se pe Efeseni 1:13, cred în mod eronat că au fost botezați cu Duhul Sfânt în momentul în care au crezut. Dar trista realitate este că nu au fost botezați și nici nu au dovezi care să argumenteze contrariul (vezi Fapte 19:1-7).**

Permiteți-mi să vă împărtășesc o experiență de acum mai bine de patruzeci de ani. Am devenit creștin în 1976. Nu fusesem crescut într-o familie creștină, așa că multe lucruri – în special aspecte legate de botezul cu Duhul Sfânt, darurile spirituale și manifestările Duhului Sfânt în biserică – îmi erau neclare. În mod firesc, având în vedere personalitatea mea, după o scurtă perioadă am început să investighez acest subiect. Am început prin a-i pune tot felul de întrebări celui mai bun prieten creștin și chiar pastorului bisericii din care făceam parte. Majoritatea acelor întrebări erau legate de Duhul Sfânt, cum ar fi: vorbirea în alte limbi, profeția, vindecarea supranaturală, scoaterea demonilor și altele asemenea.

Cel mai bun prieten al meu m-a asigurat spunându-mi:

> Valy, nu te îngrijora prea mult de aceste chestiuni, pentru că ai primit Duhul Sfânt atunci când ai crezut. Acest lucru este scris în Efeseni 1:13.

> Păstorul meu mi-a explicat:

> Valy, darurile Duhului Sfânt nu mai sunt necesare astăzi, deoarece acum avem întreg canonul al revelației, Biblia. Aceste manifestări erau necesare în primul secol pentru a dovedi apostolatul, iar vorbirea în limbi era necesară pentru ca oamenii să audă mesajul Evangheliei în limbile și dialectele lor. Dar în zilele noastre acest lucru nu mai este necesar.

Devenisem mai confuz decât înainte. Ceea ce mi-au spus nu m-a ajutat deloc. Explicația lor era în contradicție cu ceea ce citisem în Biblie despre evenimentele care avuseseră loc la Cincizecime. Petru declarase atunci foarte clar:

> „Pocăiți-vă", le-a zis Petru, „și fiecare din voi să fie botezat în Numele lui Isus Hristos, spre iertarea păcatelor voastre; apoi veți primi darul Sfântului Duh. Căci făgăduința aceasta este pentru voi, pentru copiii voștri și pentru toți cei ce sunt departe acum, în oricât de mare număr îi va chema Domnul Dumnezeul nostru." (Faptele Apostolilor 2:38-39)

La un moment dat, i-am spus prietenului meu:

> Hai să participăm la câteva întâlniri de rugăciune ținute de credincioși care cred că Duhul Sfânt lucrează și astăzi așa cum a făcut-o acum două mii de ani. Am auzit că ei vorbesc în limbi și au vedenii. Aș vrea să văd cu ochii mei și să aud cu urechile mele dacă aceste lucruri sunt adevărate. Iar dacă nu sunt, nu avem de ce să ne facem griji pe viitor. Ce avem de pierdut? Vreau să-mi scot acest lucru din minte.

El a fost de acord. Am mers la câteva dintre acele întâlniri de rugăciune. Într-adevăr, oamenii aceştia vorbeau în alte limbi şi profeţeau. Acest lucru m-a intrigat şi mai mult!

I-am spus prietenului meu: *„Dacă Duhul Sfânt lucrează şi astăzi ca în primul secol, vreau şi eu să fiu botezat cu Duhul Sfânt".*

Prietenul meu mi-a răspuns: *„Ai deja tot ce-ţi trebuie. Nu te voi auzi niciodată vorbind în alte limbi!"*

Aceasta a fost ca o „profeţie" venită din partea lui! După ce mi-am terminat serviciul militar, m-am întors la acele întâlniri de rugăciune.

După o vreme de rugăciuni fervente, am primit Duhul Sfânt. De unde am ştiut aceasta? Simplu: *am vorbit în alte limbi*. Prietenul meu, însă, se mutase din Bucureşti şi, timp de câteva decenii, nu ne-am mai întâlnit. Ce interesant! Nu m-a auzit niciodată vorbind în alte limbi exact aşa cum „profeţise" despre sine însuşi.

Să ne uităm acum la câteva caracteristici specifice ucenicilor lui Ioan.

1. Ucenicii lui Ioan Botezătorul sunt oameni bine intenționați și sinceri. Cu toate acestea, le lipsește o înțelegere completă a lucrării lui Hristos și a Duhului Sfânt trimis de Dumnezeu. (vezi Faptele Apostolilor 19:1-7)

Oamenii pot fi sinceri şi, în acelaşi timp, greşiţi. În ciuda sincerităţii lor, ei se bazează prea mult pe eforturile proprii, în loc să se bazeze pe puterea Duhului Sfânt. Ioan Botezătorul le-a spus oamenilor: „Eu botez cu apă, dar în mijlocul vostru stă Unul pe care voi nu-L cunoaşteţi" (Ioan 1:26).

2. Ucenicii lui Ioan Botezătorul trebuie să fie botezați cu Duhul Sfânt și transformați în omul lăuntric. (vezi Faptele Apostolilor 19:6)

Ucenicii lui Ioan Botezătorul sunt fie ignoranți, fie resping de bună voie revelația lui Dumnezeu. Vestea bună este că, atunci când sunt deschiși, ei pot experimenta prezența Duhului Sfânt în viața lor, așa cum au experimentat-o ucenicii din Efes. Luca scrie: „Când și-a pus Pavel mâinile peste ei, Duhul Sfânt S-a coborât peste ei și vorbeau în alte limbi și proroceau" (Fapte 19:6). Există putere în a crede întregul mesaj al Evangheliei.

3. Ucenicii lui Ioan Botezătorul au nevoie de mentori spirituali maturi, care să îi învețe cu acuratețe calea lui Dumnezeu. (vezi Faptele Apostolilor 18:25)

Am văzut deja că Apolo, chiar dacă avea un duh înfocat și era foarte priceput în Scripturi, avea nevoie să fie învățat mai exact calea lui Dumnezeu. Mulțumim Domnului pentru mentorii maturi și evlavioși, precum Aquila și Priscila, care au fost foarte atenți la mesajul lui Apolo. Când și-au dat seama că Apolo avea unele „lipsuri" în înțelegerea întregii Evanghelii a lui Hristos, ei l-au îndrumat cum se cuvine pe acest om bun al lui Dumnezeu (vezi Fapte 18:26). Mulți dintre noi ar ignora acest lucru; nu și Aquila și Priscila.

Știu din experiența personală că este greu să îi ucenicizezi pe niște oameni care sunt atât de înrădăcinați în interpretarea proprie a Bibliei. Adesea, este chiar mai greu dacă sunt oameni inteligenți și bine educați. Este mai ușor să faci ucenicie cu o persoană care nu are deloc cunoștințe biblice, decât să faci ucenicie cu cei care cred că știu foarte bine Scripturile.

4. Ucenicii lui Ioan Botezătorul, în cele din urmă, ar trebui să se despartă de cei care persistă în neascultare și în împietrirea inimii. (Vezi Fapte 19:9)

Doctorul Luca își continuă povestea din Efes astfel: Pavel a intrat în sinagogă și a predicat Evanghelia lui Hristos timp de trei luni. Cu toate acestea, nu toată lumea îi împărtășea entuziasmul pentru Împărăția lui Dumnezeu. Unii dintre ei „rămâneau împietriți și necredincioși". Și nu numai atât: ei au început „să vorbească de rău Calea Domnului înaintea norodului". Pavel a considerat că este prea mult, deci „a plecat de la ei, a despărțit pe ucenici de ei și a învățat în fiecare zi pe norod în școala unuia numit Tiran" (Luca 19:9).

5. Ucenicii lui Ioan Botezătorul trebuie să experimenteze Duhul Sfânt și manifestarea darurilor Duhului în viața lor.

Poate vă întrebați ce s-a întâmplat cu mine după ce am fost umplut cu Duhul Sfânt. Ei bine, când conducerea bisericii mele a aflat despre experiența pe care am avut-o, a decis să mă excludă din acea biserică. Nu vă puteți imagina cât de traumatic a fost pentru mine acest lucru. Dar Dumnezeu mi-a călăuzit pașii spre o biserică plină de Duh. Privind acum în urmă, pot declara că „toate lucrurile lucrează împreună spre binele celor ce iubesc pe Dumnezeu, și anume al celor chemați după planul Său" (Romani 8:28). Am văzut atât de multe minuni și am crescut atât de mult în credință. A meritat toată durerea și respingerea de atunci.

Luca ne povestește că, după ce Pavel a plecat de sinagogă, Dumnezeu a început să facă minuni extraordinare prin mâinile lui. El scrie:

> Și Dumnezeu făcea minuni nemaipomenite prin mâinile lui Pavel, până acolo că peste cei bolnavi se puneau basmale sau șorțuri care fuseseră atinse de trupul lui și-i lăsau bolile și ieșeau din ei duhurile rele. (Faptele Apostolilor 19:11-12)

Pot să mărturisesc cu îndrăzneală că prezența Duhului Sfânt și darurile Sale au fost atât de reale în viața mea. Datorită puterii lui Dumnezeu, mi-a fost mai ușor să rezist presiunii și persecuției pe care am îndurat-o în perioada când locuiam în România. Altfel, sunt sigur că ar fi fost mult mai greu să îndur astfel de greutăți.

Întrebări de discuții:

Vă rog să reflectați la următoarele întrebări, apoi să vă împărtășiți gândurile cu un prieten sau cu grupul de studiu din care faci parte.

1. După ce ai citit acest capitol, ce caracteristici specifice ucenicilor lui Ioan ai observat în biserica locală?

2. Ce aspect te-a impresionat cel mai mult în privința slujirii lui Ioan Botezătorul? Te rog să detaliezi.

3. Dacă Pavel ar vizita grupul de studiu din care faci parte și te-ar întreba: „Ai primit Duhul Sfânt când ai crezut?" (Fapte 19:2), care ar fi răspunsul tău?

4. Ce părere ai despre Persoana și puterea Duhului Sfânt? Te rog să detaliezi.

5. Care este expunerea ta la lucrarea Duhului Sfânt? Dar manifestarea darurilor Duhului?

Note:

4. Trei feluri de ucenici – Partea a doua

[48] *Zaharia, Behind the Name*, https://www.behindthename.com/name/john. Accesat pe 12 iulie 2019. A se vedea și: http://www.abarim-publications.com/Meaning/Zechariah.html#.XSjRcOhKg2w.

[49] *John, Behind the Name*, https://www.behindthename.com/name/john. Accesat pe 12 iulie 2019. A se vedea și: http://www.abarim-publications.com/Meaning/John.html#.XSjQ8uhKg2w.

[50] *Baptists*. Accesat pe 12 iulie 2019. https://en.wikipedia.org/wiki/Baptists.

[51] *Know*. Accesat pe 15 iulie 2019. https://www.merriam-webster.com/dictionary/know.

[52] *Ignorance*. Accesat pe 15 iulie 2019. https://www.merriam-webster.com/dictionary/ignorance.

[53] *Truth*. Accesat pe 15 iulie 2019. https://www.merriam-webster.com/dictionary/truth.

CAPITOLUL 5

Trei feluri de ucenici – Partea a treia

Prin aceasta vor cunoaște toți că sunteți ucenicii Mei, dacă veți avea dragoste unii pentru alții.
- Ioan 13:35

Mă iertați că repet aspectul acesta! În timpul pregătirii unei serii de cursuri despre ucenicie, mi-am dat seama că, pe vremea lui Isus, existau trei feluri de ucenici:

A. Ucenicii fariseilor
B. Ucenicii lui Ioan Botezătorul
C. Ucenicii lui Isus

Anterior ne-am uitat la ucenicii fariseilor și la cei ai lui Ioan Botezătorul. Acum ne vom uita la ucenicii lui Isus.

O definiție simplă a unui ucenic

Am analizat Luca 9:23, fiecare adevăr în parte. Pe baza acestui verset, am ajuns la o definiție de lucru simplă a ucenicului:

> Un adevărat ucenic este un credincios născut din nou, care Îl urmează pe Isus de bună voie și în mod consecvent. El sau ea acceptă crucea și caută să se lepede zilnic de sine. Motivat de dragostea și devotamentul pentru Hristos, ucenicul acceptă cu bucurie greutățile vieții, cu suferințele și pierderile sale de tot felul. Dacă este necesar, ucenicul își sacrifică literalmente viața pentru Isus.

> Desigur, există și alte definiții:

> Un ucenic al lui Hristos este o persoană care: 1. crede doctrina Sa, 2. se bazează pe jertfa Sa, 3. Se lasă pătruns de Duhul Său și 4. urmează exemplul Său (Matei 10:24; Luca 14:26 Luca 14:27 Luca 14:33; Ioan 6:69).[54]

> A fi un adevărat ucenic al lui Hristos înseamnă a învăța de la Dumnezeu și a pune în aplicare Cuvântul Său.[55]

> Un ucenic este pur și simplu o persoană care crede în Isus și caută să-L urmeze în viața de zi cu zi.[56]

> Un ucenic este un învățăcel și un urmaș al Domnului Isus. El este cel care a făcut din Isus modelul său și caută să-și conformeze viața la cea a Învățătorului său, în toate modurile posibile.[57]

> Un ucenic este o persoană care învață să trăiască viața pe care o trăiește învățătorul său. Și, treptat, îi învață și pe alții să trăiască viața pe care o trăiește el.[58]

Un ucenic este o persoană care: Îl urmează pe Hristos (*capul*); este schimbat de Hristos (*inima*); este angajat în misiunea lui Hristos (*mâinile*).[59]

Și lista poate continua...

C. Ucenicii lui Isus

Viața creștină este o călătorie împreună cu Hristos. De-a lungul acestei călătorii, fiecare primește diferite chemări. Felul în care răspundem acestor chemări produce o diferență în această viață, prin impactul pe care îl putem avea pe pământ, precum și în viața viitoare, prin răsplățile pe care le vom primi în cer.

Cele trei chemări majore pe care Hristos ni le adresează sunt:

1. Chemarea la mântuire
2. Chemarea la sfințire
3. Chemarea la slujire

Să analizăm pe scurt aceste chemări.

1. Chemarea la mântuire

Un ucenic autentic al lui Isus este un credincios născut din nou.

Oamenii nu pot vedea și nici nu pot înțelege Împărăția lui Dumnezeu, dacă nu sunt născuți din nou. Acceptarea lui Hristos prin credință le dă dreptul de a deveni copii ai lui Dumnezeu (cf. Ioan 1:12, 13, 3:3, 6). Ucenicia creștină este numai pentru cei care au fost mântuiți.

Într-o zi Nicodim, un cunoscut lider religios evreu, a avut o întrevedere cu Isus. El a rămas uimit când Hristos i-a vorbit despre necesitatea nașterii din nou, pentru intrarea în Împărăția lui Dumnezeu. Chiar dacă el era un învățător al lui Israel, acesta se dovedise a fi un concept radical pentru el: „ Cum se poate naște un om bătrân? Poate el să intre a doua oară în pântecele maicii sale și să se nască?" (Ioan 3:4) Nicodim, la fel ca noi toți la un moment dat în viață, a încercat să dea sens cuvintelor lui Isus în termeni naturali. Dar nașterea din nou este un lucru supranatural, nu este ceva ce poate face o ființă umană. Renașterea spirituală este un lucru dumnezeiesc, ceva ce numai Duhul Sfânt poate face.

2. Chemarea la sfințire

În cadrul chemării la sfințire, există câteva chemări importante:

2.1 Chemarea la ucenicie
2.2 Chemarea la intimitate cu Hristos
2.3 Chemarea la transformare
2.4 Chemarea la onestitate emoțională
2.5 Chemarea la maturitate spirituală

2.1 Chemarea la ucenicie

Ucenicia este vehiculul Noului Testament pentru sfințirea progresivă a credincioșilor născuți din nou. Acest lucru ar putea să-i șocheze pe unii, dar un credincios născut din nou nu devine automat un ucenic al lui Hristos. **Este important să înțelegem că ucenicii se fac, nu se nasc.** După ce oamenii sunt născuți din nou, ei fac parte din familia lui Dumnezeu, dar nu sunt încă ucenici. După un timp, credincioșilor le este prezentată invitația de a îmbrățișa crucea (vezi Matei 10:38-39, Luca 9:23-24). Pentru unii oameni, acest lucru se întâmplă la scurt timp după ce s-au născut din nou. Pentru alții, chemarea la ucenicie poate avea loc mulți ani mai târziu. Totul depinde de răspunsul conștient al fiecărui creștin la chemarea Duhului.

Chemarea la mântuire se adresează păcătoșilor. Chemarea la ucenicie se adresează sfinților. Mântuirea este un dar – *nu costă nimic* (cf. Efeseni 2:8-9). Ucenicia cere purtarea crucii – *îi costă pe creștini totul* (cf. Luca 9:23-24). Mântuirea deschide ușa spre viața veșnică.

Ucenicia deschide ușa către răsplățile cerești (cf. 1 Corinteni 3:11-15, Daniel 12:3). Sper că puteți înțelege diferența.

2.2 Chemarea la intimitatea cu Isus

Un ucenic autentic al lui Isus își cultivă intimitatea cu Hristos. Când Isus a slujit pe pământ, El Și-a chemat ucenicii să fie cu El (cf. Marcu 3:1315-). Intimitatea cu Dumnezeu nu apare peste noapte: ea **necesită efort conștient susținut din partea noastră.** O caracteristică importantă a ucenicilor lui Hristos este că ei își cultivă progresiv intimitatea cu Dumnezeu Tatăl, Fiul și Duhul Sfânt (cf. Ioan 17:3). Aceasta este însăși esența creștinismului. Isus ne spune: „Și viața veșnică este aceasta: să Te cunoască pe Tine, singurul Dumnezeu adevărat, și pe Isus Hristos, pe care L-ai trimis Tu" (Ioan 17:3). Ucenicia este o călătorie de cunoaștere intimă a lui Hristos. Pentru mai multe informații pe această temă, vă recomand cu căldură să citiți capitolul intitulat „Puterea intimității cu Isus", din cartea mea, intitulată *Plinătatea lui Cristos.*[60]

Îmi place refrenul imnului de închinare al lui Alexander Pappas, „More of You":

Vreau să cunosc dragostea Ta, dragostea Ta
Am nevoie de mai mult din Tine, și mai puțin din mine
Vreau să cunosc mai mult din inima Ta
Fă-mă cine vrei Tu să fiu!

Doamne, aceasta este rugăciunea mea
Fă-mă mai conștient de Tine
Vreau să Te cunosc
Vreau să Te cunosc

Isus, Isus!
Am nevoie de mai mult din Tine
Mai mult din Tine, mai puțin din mine.

Creştinismul nu este o religie, care se află în competiţie cu alte religii. Realitatea este că creştinismul este o relaţie cu Tatăl, Fiul şi Duhul Sfânt. Ucenicia se referă la o relaţie autentică. Isus nu doreşte ca ucenicii Săi să Îl urmeze cu strângere de inimă sau cu părere de rău, ci mai degrabă din dragoste şi devotament pentru El. Tot ceea ce fac creştinii pentru Dumnezeu şi pentru oameni, de la exercitarea darurilor spirituale, fapte de credinţă, slujirea săracilor, până la martiriu (cf. 1 Corinteni 13:1-3), ar trebui să fie făcute din dragoste. Dacă ucenicia noastră nu izvorăşte din intimitatea noastră cu Isus, nu ne foloseşte la nimic.

2.3 Chemarea la transformare

Ucenicia are ca scop *înnoirea minţii* (cf. Romani 12:2), *transformarea supranaturală* (cf. 2 Corinteni 3:18) şi *roada Duhului* (Galateni 5:22-23). Atunci când petrecem timp de calitate în Cuvântul lui Dumnezeu (cf. Ioan 8:3-32), Cuvântul viu ne înnoieşte mintea. Autorul cărţii Evrei afirmă următoarele: „Căci Cuvântul lui Dumnezeu este viu şi lucrător, mai tăietor decât orice sabie cu două tăişuri: pătrunde până acolo că desparte sufletul şi duhul, încheieturile şi măduva, judecă simţirile şi gândurile inimii" (Evrei 4:12). Atunci când petrecem timp de calitate în Biblie, Dumnezeu ne vorbeşte, ne influenţează şi ne schimbă caracterul. Când Îl urmăm îndeaproape pe Hristos, persoana noastră interioară este transformată în mod supranatural în asemănarea Sa şi, când ne supunem lui Dumnezeu, Duhul produce în noi roada Sa. Înnoirea minţii, transformarea omului interior şi rodirea spirituală nu sunt de origine umană: **ele sunt supranaturale.**

Ucenicia este despre transformare, nu despre informare. Duhul lui Dumnezeu este Cel care ne-a regenerat în momentul mântuirii. Duhul Sfânt este, de asemenea, Cel care ne transformă în mod supranatural în timpul călătoriei noastre pământeşti, şi ne pregăteşte pentru eternitate.

2.4 Chemarea la onestitate emoțională

Mulți creștini nu acordă atenție felului în care se simt, ci mai degrabă își ignoră emoțiile și neagă ceea ce se întâmplă în sufletul lor. Lipsa de conștientizare emoțională îi face pe credincioși să rămână imaturi din punct de vedere emoțional. Dar, așa cum afirmă Peter Scazzero, „Nu este posibil să fii matur din punct de vedere spiritual și în același timp să rămâi imatur din punct de vedere emoțional".[61] Prin urmare, calea spre creșterea spirituală include onestitatea emoțională, implică asumarea responsabilității pentru emoțiile noastre, necesită rezolvarea tuturor experiențelor emoționale negative legate de vechiul eu (cf. Efeseni 4:20-32). Onestitatea emoțională este crucială în procesul de sfințire a fiecărui ucenic.

Duhul Sfânt dorește să aibă acces la toate încăperile inimii noastre, inclusiv la camera specială în care ne depozităm rănile, dezamăgirile, amărăciunea, respingerile, trădările, traumele și așa mai departe. Trebuie să știm că Duhul lui Dumnezeu intră în acele zone doar pe bază de invitație. Având în vedere aceste adevăruri, putem spune că ucenicii lui Isus:

- Doresc vindecarea de rănile emoționale din trecut (Efeseni 4:31).
- Trăiesc o viață caracterizată de o atitudine iertătoare (Efeseni 4:32).
- Gestionează mânia în mod sănătos și biblic (Efeseni 4:26-27).
- Sunt căutătorii adevăratei păci cu toți oamenii (Romani 12:18, Evrei 12:14).

Și lista ar putea continua.

2.5 Chemarea la maturitate spirituală

Ucenicia are ca scop creșterea și maturizarea spirituală (cf. 1 Petru 2:1-3, Evrei 5:11-14, 6:1-3, Efeseni 4:11-16). Creșterea spirituală este un proces. Nimeni nu s-a născut adult din punct de vedere biologic. În mod similar, noi ne-am născut din nou ca prunci din punct de vedere spiritual. Dorința tuturor părinților pentru copiii lor este ca ei să crească, să se dezvolte corespunzător și să devină adulți bine adaptați și bine educați.

Tatăl ceresc nu dorește ca vreunul dintre noi să rămână copil spiritual până la moarte, sau până la revenirea lui Hristos. În calitate de ucenici ai lui Hristos, trebuie să urmărim să creștem până la vârsta adultă spiritual. Pentru mai multe informații despre subiectul creșterii spirituale, vă recomand cu căldură să citiți capitolul intitulat „Creșterea spirituală în Hristos", din cartea mea *Plinătatea lui Hristos.*[5]

Petru îi îndeamnă pe noii credincioși născuți din nou să crească „spre mântuire" (1 Petru 2:1-3). Autorul cărții Evrei îi încurajează pe creștini să meargă „spre cele desăvârșite". Acest lucru nu vine în mod natural pentru creștini. Creșterea spirituală necesită părăsirea (cf. Evrei 6:1-3) învățăturilor elementare ale lui Hristos – *laptele* – și trecerea la lucrurile mai profunde ale lui Dumnezeu – *hrana solidă.*

Noi aparținem lui Hristos. Isus este Capul nostru spiritual, iar Dumnezeu dorește ca toți copiii Săi (cf. Efeseni 4:11-16) să ajungă la plinătatea lui Hristos. Cu toate acestea, „chiar dacă plinătatea lui Hristos este exact ceea ce dorește Dumnezeu Însuși pentru noi; noi nu o vom dobândi în mod automat".[62] Așa că haideți să depunem efort în toate aceste aspecte. Concluzia este că ucenicii autentici se maturizează progresiv spre plinătatea asemănării cu Hristos.

3. Chemarea la slujire

Cea mai importantă chemare a lui Hristos este la multiplicare spirituală. Multiplicarea spirituală este inima Marii Trimiteri. Un ucenic autentic, odată ajuns la maturitate, aduce pe alții la credință, conform aceluiași model de ucenicie creștină conceput de Isus și modelat de apostolii Săi (cf. Matei 28:19-20, 2 Timotei 2:2).

---

[5] Dacă dorești să cumperi carte mergi aici: https://bit.ly/3HumdlI.

Rezultatul fiecărei biserici locale (cf. 2 Timotei 2:2) ar trebui să fie același: *ucenici care fac ucenici, care la rândul lor fac ucenici.* Isus ne-a arătat cum să-i ucenicizăm pe alții. Acesta este unul dintre motivele pentru care au fost scrise Evangheliile. Apostolii au pus în aplicare modelul lui Hristos. Acesta este unul dintre motivele pentru care doctorul Luca a scris cartea Faptele Apostolilor. Într-un anumit sens, trăim în Fapte 29. Acum este rândul nostru să călcăm pe urmele fondatorilor spirituali ai Bisericii și să continuăm Marea Trimitere, făcând ucenici. Acesta este motivul pentru care au fost scrise epistolele. Ucenicia este încă în vigoare și va rămâne până la revenirea lui Isus. Frumusețea acestui lucru este că nu suntem singuri în această călătorie. Isus a promis că va fi cu noi, de la început până la sfârșit: „Și iată că Eu sunt cu voi în toate zilele, până la sfârșitul veacului" (Matei 28:20). Prezența lui Hristos face parte din Marea Trimitere.

Caracteristicile ucenicilor lui Hristos

Să ne uităm acum la câteva versete cheie și să cartografiem câteva aspecte importante referitoare la ucenicii lui Hristos. Dintre toți scriitorii Evangheliilor, doctorul Luca a scris cel mai mult despre ucenicie. Iată câteva dintre caracteristicile cheie ale ucenicilor lui Isus:

1. Hristos – cel mai mare devotament

Un ucenic manifestă cel mai mare devotament și cea mai mare loialitate față de Hristos, și aceasta mai presus de părinți, frați și chiar de propria-i viață. Luca scrie: „Dacă vine cineva la Mine și nu urăște pe tatăl său, pe mama sa, pe nevastă-sa, pe copiii săi, pe frații săi, pe surorile sale, ba chiar însăși viața sa, nu poate fi ucenicul Meu" (Luca 14:26). Spune Hristos că ar trebui să ne „urâm" părinții? Bineînțeles că nu. Ar trebui să îi onorăm și să îi respectăm (cf. Efeseni 6:1-3). Ar trebui să ne neglijăm copiii? Nicidecum. Ar trebui să-i creștem în învățătura Domnului (cf. Efeseni 6:4). Cu toate acestea, Isus dorește cea mai mare loialitate. Relația noastră cu El este pe primul loc, și apoi familia noastră, slujbele noastre și orice altceva.

2. Crucea

Ucenicii lui Hristos își cunosc crucea și, fără nicio rezervă, o poartă zilnic și cu credință. Potrivit lui Luca, „oricine nu-și poartă crucea și nu vine după Mine nu poate fi ucenicul Meu" (Luca 14:27). Ucenicia este costisitoare. Un ucenic (cf. Luca 14:28-30) este o persoană care a calculat costul uceniciei și l-a acceptat, pentru ca voia lui Dumnezeu să se împlinească în viața lui sau a ei. Crucea este locul în care voia noastră se intersectează cu voia lui Dumnezeu. Pentru mai multe informații despre cruce, vă recomand cu căldură să citiți capitolul intitulat „Puterea crucii", din cartea mea *Plinătatea lui Hristos*. Crucea este răscrucea de drumuri în care negăm voia firii pământești și acceptăm voia lui Dumnezeu (vezi diagrama 4). Acesta este un proces zilnic și o procedură zilnică. Fiecare zi este o nouă zi, în care începem cu decizia de a renunța la voia noastră înaintea lui Dumnezeu și de a ne lua crucea.

Diagrama 4

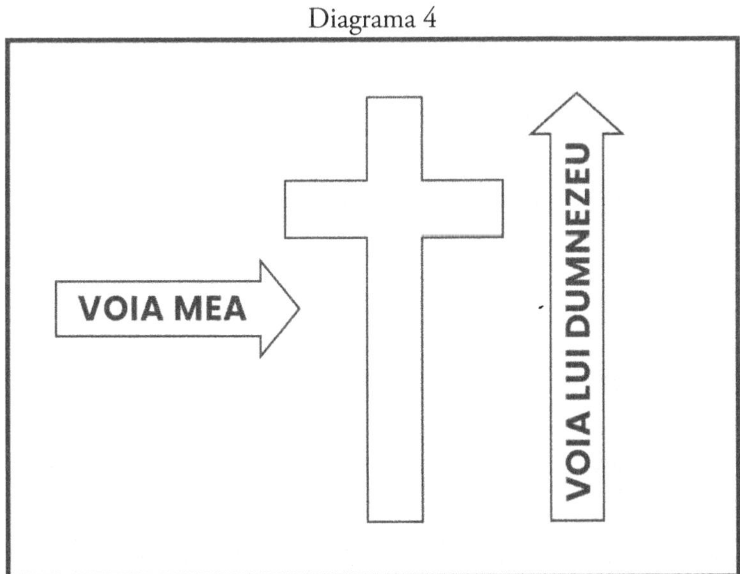

3. Războiul spiritual

Ucenicii lui Hristos înțeleg că se află într-o luptă spirituală. În Luca 14:31 și 32, autorul folosește imaginea unei bătălii. Ne place sau nu, de îndată ce am acceptat domnia lui Hristos, am devenit dușmanii lui Satana. În calitate de ucenici, suntem într-un război continuu cu domeniul întunericului. Trebuie să acceptăm să purtăm acest război până la revenirea Căpitanului nostru, Isus. Fie că atacăm domeniul întunericului, provocându-i pierderi masive, fie că suntem atacați, experimentând pierderi și înfrângeri. A face pace cu domeniul întunericului este o opțiune dezastruoasă. Îmi place modul în care Walter E. Henrichsen interpretează Luca 14:31-32:

> „Dacă nu ești dispus să plătești prețul", spune Domnul, „trimite o solie să ceară pace". Ca și credincios, poți spune diavolului: „Ascultă, Satan, eu sunt acum creștin și mă găsesc pe calea către cer, dar vreau să fac un târg cu tine. Dacă mă lași în pace, te voi lăsa și eu în pace. Nu voi fi un adevărat ucenic al lui Hristos și nu voi lupta contra lanțurilor cu care ții legate viețile oamenilor, nici nu-ți voi invada împărăția. În schimb, nu mă tulbura. Lasă-mă să trăiesc liniștit și în pace."
> Diavolul îți va spune: „Prietene, facem târgul!"
> Dar amintește-ți că Satan este mincinos și tatăl mincinoșilor; Nu ai nici o garanție că nu te va înșela. Prețul pe care-l vei plăti pentru că nu ai fost un ucenic este infinit mai mare decât cel pe care-l plătești ca ucenic adevărat.[63]

La un moment dat, în timpul lucrării Sale, Isus a analizat părerea ucenicilor Săi despre El. El i-a întrebat: „Dar voi cine ziceți că sunt?" (Matei 16:15). Isus nu trecea printr-o criză de identitate; El nu căuta confirmarea oamenilor Săi. Întrebarea era pentru ei, în folosul lor. El a considerat că era timpul ca ucenicii să primească o revelație mai profundă din partea lui Dumnezeu. Petru a răspuns: „Tu ești Hristosul, Fiul Dumnezeului celui viu" (Matei 16:16). Această revelație venea direct de la Dumnezeu. Apoi, Hristos a declarat că „pe această piatră" – Hristos, Fiul Dumnezeului celui viu – „voi zidi Biserica Mea și porțile Locuinței morților nu o vor birui" (Matei 16:18). Ce înseamnă aceasta? Cred că înseamnă că Biserica se află într-o opoziție continuă cu Satana, până la revenirea lui Hristos.

Ucenicii lui Isus știu foarte bine că lupta nu este „împotriva cărnii și sângelui, ci împotriva căpeteniilor, împotriva domniilor, împotriva stăpânitorilor întunericului acestui veac, împotriva duhurilor răutății care sunt în locurile cerești" (Efeseni 6:12). Ca ucenici, având în minte această perspectivă spirituală, ne angajăm să purtăm armura spirituală a lui Dumnezeu: „ca să vă puteți împotrivi în ziua cea rea și să rămâneți în picioare după ce veți fi biruit totul" (Efeseni 6:11, 13).

O biserică înfrântă este o contradicție în termeni și o reclamă negativă pentru Împărăția lui Dumnezeu, care ar suna cam așa: „Veniți cu noi, ca să fiți și voi înfrânți".

4. Dumnezeu versus mamona

Ucenicii lui Isus consideră că toate bunurile lor îi aparțin lui Dumnezeu. Luca scrie: „Tot așa, oricine dintre voi care nu se leapădă de tot ce are nu poate fi ucenicul Meu" (Luca 14:33). Nu există nicio îndoială că aceasta este o afirmație care dă de gândit. Cu toate acestea, Dumnezeu S-a asigurat că va fi inclusă în Biblie.

Dumnezeu ne-a creat ca făpturi pasionate. Prin urmare, ucenicia este o problemă a inimii. Dacă prețuim Împărăția lui Dumnezeu, ne vom sacrifica pentru ea; dacă prețuim bunurile pământești, ne vom sacrifica pentru ele. Nu putem fi ucenicii lui Hristos cu o inimă împărțită. Trebuie să Îl urmăm pe Isus fără să ne încurcăm cu treburile vieții.

Întâi Timotei 6:10 spune: „Căci iubirea de bani este rădăcina tuturor relelor". În limba română, există această vorbă: „Banul este ochiul dracului". În Predica de pe Munte, Isus folosește cuvântul „mamona", cu referire la bogăție. „Mammon" este un termen caldeean sau siriac care înseamnă „bogăție" sau „avuție" (Luca 16:9-

11); de asemenea, prin personificare, zeul bogăţiilor (Matei 6:24; Luca 16:9-11.[64]

Realitatea este că nu putem avea doi stăpâni și nu le putem face pe plac amândurora. Isus spune: „Nimeni nu poate sluji la doi stăpân. Căci sau va urî pe unul şi va iubi pe celălalt; sau va ţine la unul şi va nesocoti pe celălalt: Nu puteţi sluji lui Dumnezeu şi lui Mamona" (Matei 6:24). Dacă creştinii cred că pot fi devotaţi lui Hristos şi lui Mamona în acelaşi timp, deja au fost înşelaţi de Satana.

Înseamnă toate acestea că Dumnezeu vrea ca cei care sunt copiii Săi să fie săraci, să doarmă în cutii de carton sau sub poduri, și să cerşească pentru mâncare, îmbrăcăminte şi alte lucruri necesare în viaţă? Categoric nu! Dumnezeu Îşi iubeşte copiii. Tatăl ştie că avem nevoie de toate aceste lucruri. Hristos vorbeşte despre a avea priorităţi corecte. Realitatea tristă este că mulţi dintre noi, creştinii, suntem la fel de neliniştiţi de aceste lucruri ca şi vecinii noştri necredincioşi (vezi Matei 6:31-32). Hristos vrea ca noi să căutăm „mai întâi Împărăţia Lui şi neprihănirea Lui, şi toate aceste lucruri vi se vor da pe deasupra" (Matei 6:33).

5. Dragostea de Dumnezeu și de semeni

Ucenicii lui Hristos Îl iubesc pe Dumnezeu și îi iubesc pe ceilalţi ca pe ei înşişi. Acesta este un principiu fundamental: „Noi iubim, pentru că El ne-a iubit întâi" (1 Ioan 4:19). Mai mult, Ioan 14:15 afirmă: „Dacă Mă iubiţi, veţi păzi poruncile Mele". **Motivaţia corectă pentru ascultare este dragostea.** Aceasta este ceea ce Domnul aşteaptă de la noi. Vă rog să observaţi că accentul nu este pus pe *porunci*, ci pe *relaţie*: „Dacă Mă iubiţi". Aceasta este o distincţie importantă. Dacă dragostea sinceră, respectul și reverenţa lipsesc din relaţia noastră cu Hristos, „lucrurile" pe care le facem nu mai fac parte din procesul de ucenicie; este vorba doar de o religie. Poate că aţi auzit sau aţi citit această afirmaţie: *Regulile fără relaţie duc la rebeliune.* Dumnezeu nu vrea ca noi să-L slujim fără să avem mai întâi o relaţie bună cu El. A-I sluji din obligaţie seamănă cu sarcinile pe care copiii le împlinesc din silă pentru părinţii lor, fără pic de dragoste sau respect. Acest tip de relație cu Dumnezeu se numește legalism și el va duce, mai devreme sau mai târziu, la rebeliune.

Fațeta opusă lui Ioan 14:15 este Ioan 14:21: „Cine are poruncile Mele și le păzește, acela Mă iubește și cine Mă iubește pe Mine va fi iubit de Tatăl Meu. Eu îl voi iubi și Mă voi arăta lui". La prima vedere, acesta pare a fi un argument circular, dar nu este așa. Isus ne spune că adevărata dragoste pentru El este demonstrată prin ascultarea noastră sinceră față de El. Adevărata ascultare nu înseamnă doar auzirea poruncile Sale, ci și respectarea lor în totalitate. Cu alte cuvinte, nu putem să colindăm lumea spunând: „O, cât de mult Îl iubesc pe Isus!", și să nu facem nimic pentru a respecta toate poruncile Sale. Aceasta ar fi o contradicție în termeni.

În prima sa epistolă, Ioan reiterează ideea de a respecta poruncile lui Hristos: „Căci dragostea de Dumnezeu stă în păzirea poruncilor Lui. Și poruncile Lui nu sunt grele" (1 Ioan 5:3). Cred că observați aceeași ordine: „dragostea lui Dumnezeu" și „păzirea poruncilor Lui". Realitatea este că păzirea tuturor poruncilor Sale cu motivația potrivită nu este o povară; ea ne dă bucurie și un sentiment de mare împlinire. Păzirea tuturor poruncilor lui Dumnezeu nu este ceea ce trebuie să facem, ca ucenici maturi ai lui Hristos; este ceea ce vrem și ajungem să facem. Concluzia este că ucenicii lui Hristos caută cu sârguință mai întâi Împărăția lui Dumnezeu. Ei sunt pasionați de lucrarea de slujire. Ucenicii lui Isus, motivați de dragostea și devotamentul lor față de Dumnezeu, slujesc oamenilor care nu-L cunosc pe Hristos.

Dragostea lui Dumnezeu este adevăratul combustibil pentru pasiunea noastră. A fi pasionat de Împărăția lui Dumnezeu presupune implicarea în lucrarea Împărăției, dăruire, sacrificarea timpului, a talentelor și a avuției pentru Marea Trimitere. Nu înseamnă doar a vorbi despre Împărăție, sau doar a ne gândi la ea. Slujirea noastră în Împărăție nu este pentru a câștiga dragostea lui Dumnezeu; suntem iubiți, de aceea lucrăm pentru El. Adevărata ucenicie constă în a-L iubi pe Dumnezeu și în a-i iubi pe alții ca pe noi înșine.

Când am fost născuți din nou, Dumnezeu a revărsat iubirea agape în inimile noastre. Pavel scrie: „dragostea lui Dumnezeu a fost turnată în inimile noastre prin Duhul Sfânt, care ne-a fost dat" (Romani 5:5). Pentru mai multe informații despre semnificația iubirii, vă recomand cu căldură să citiți capitolul intitulat „O cale mult mai bună", din cartea mea, *Plinătatea lui Hristos*. Dragostea agape este esența naturii lui Dumnezeu (cf. 1 Ioan 4:8). Adevăratul semn că aparținem familiei lui Dumnezeu este capacitatea de a iubi cu genul Său de iubire. Ioan scrie: „Prin aceasta vor cunoaște toți că sunteți ucenicii Mei, dacă veți avea dragoste unii pentru alții" (Ioan 13:35). Frecventarea regulată a unei biserici locale, apartenența la o confesiune creștină, botezul în apă, faptul de a avea numele înscris într-un registru al bisericii – pot fi lucruri bune, dar niciunul dintre acestea nu este un indicator adevărat că facem parte din familia lui Dumnezeu. Iubirea agape este adevăratul însemn al uceniciei. Acest însemn nu poate fi imitat; fie îl avem, fie nu.

Iată cum își argumentează Ioan afirmația:

> Dacă zice cineva: „Eu iubesc pe Dumnezeu" și urăște pe fratele său este un mincinos, căci cine nu iubește pe fratele său pe care-l vede cum poate să iubească pe Dumnezeu, pe care nu-L vede? Și aceasta este porunca pe care o avem de la El: cine iubește pe Dumnezeu iubește și pe fratele său. (1 Ioan 4:20-21)

Hristos a rezumat întregul Vechi Testament în două porunci: Iubește-L pe Dumnezeu și iubește-l pe aproapele tău (vezi Marcu 12:29-31).

6. Puterea în rugăciune

Un adevărat ucenic este un luptător în rugăciune. Rugăciunea este respirația sufletului.[65] Corpul uman poate supraviețui fără hrană timp de câteva zile, fără apă ceva mai puține zile, dar fără oxigen ar muri în mai puțin de șapte minute. Nu este de mirare că Pavel îi îndeamnă pe credincioși să se roage neîncetat (cf. 1 Tesaloniceni 5:17).

Pastorul Glenn McDonald scrie:

> Rugăciunea nu este despre îndeplinirea listelor cu dorințe. Rugăciunea este despre unirea inimilor noastre cu inima lui Dumnezeu. Când intrăm în prezența Tatălui, El ne cere să facem ceea ce a făcut Isus. *El ne cere să murim.* Dacă nu renunțăm la strânsoarea ca o menghină în care ne ținem visele, dorințele, afecțiunile și ambițiile noastre – întregul mod în care ne organizăm viața în afara voii lui Dumnezeu pentru noi –, în viața noastră nu poate fi îndeplinită voia Tatălui, a Fiului și a Sfântului Duh.[66]

Ucenicii lui Isus au înțeles importanța rugăciunii și L-au implorat pe Domnul să-i învețe să se roage: „Într-o zi, Isus Se ruga într-un loc anumit. Când a isprăvit rugăciunea, unul din ucenicii Lui I-a zis: «Doamne, învață-ne să ne rugăm, cum a învățat și Ioan pe ucenicii lui»" (Luca 11:1).

Apostolul Pavel a înțeles și el importanța rugăciunii de mijlocire. În scrisoarea sa către Romani, el scrie: „Vă îndemn dar, fraților, pentru Domnul nostru Isus Hristos și pentru dragostea Duhului, să vă luptați împreună cu mine în rugăciunile voastre către Dumnezeu pentru mine" (Romani 15:30).

Oswald Chambers (1874-1917), un renumit pastor și profesor din Scoția, cunoscut pentru cartea sa devoțională plină de putere, *Ce am mai bun pentru cel Preaînalt*, scria: „Rugăciunea nu ne echipează pentru lucrări mai mari – rugăciunea este lucrarea cea mai mare"[67].

Mai mult, E.M. Bounds (1835-1913), un pastor metodist considerat de mulți ca fiind un expert în arta rugăciunii, scrie:

> De ce are nevoie Biserica de astăzi nu este echipament mai mult sau mai bun, nu organizații noi sau metode mai multe și mai noi, ci oameni pe care Duhul Sfânt să îi poată folosi – oameni ai rugăciunii, oameni tari în rugăciune. Duhul

> Sfânt nu Se revarsă prin metode, ci prin oameni. El nu vine în echipamente, ci în oameni. El nu unge planuri, ci oameni – oameni ai rugăciunii.[68]

George Müller (1805-1898) a fost un evanghelist care a coordonat orfelinatele din Bristol, Anglia, în timpul vieții sale îngrijind peste 10.000 de orfani. El s-a putut achita de această slujbă datorită rugăciunii. Müller s-a rugat pentru cinci dintre prietenii săi. După câteva luni, unul dintre ei a fost mântuit. Zece ani mai târziu, alți doi au venit la Isus. A fost nevoie de douăzeci și cinci de ani până când al patrulea prieten a fost mântuit. Deci patru dintre cei cinci prieteni apropiați ai săi au fost mântuiți. Müller ar fi putut spune: „Oh, ei bine, cred că asta e tot. Al cincilea prieten al meu nu se află pe lista lui Dumnezeu". Dar el nu a renunțat. A perseverat în rugăciune pentru ultimul om de pe lista sa, până în ziua morții. Credința lui a fost răsplătită. La scurt timp după trecerea sa la cele veșnice, ultimul său prieten a venit la credința în Hristos.

George Müller a scris:

> Nu este de ajuns ca credinciosul să înceapă să se roage, nici să se roage corect, nici să continue să se roage pentru o vreme. Trebuie să continuăm să ne rugăm cu răbdare, cu credință, până când obținem un răspuns.[69]

Permiteți-mi să vă împărtășesc una dintre experiențele mele legate de puterea rugăciunii. Eu sunt primul care a fost mântuit din familia mea. Am devenit creștin în 1976. La vârsta de 17 ani, am început să predic Evanghelia. Am încercat să le împărtășesc vestea bună părinților mei, dar ei nu au vrut să primească mesajul. După câțiva ani, m-am rugat lui Dumnezeu în mod special pentru ei. Duhul Sfânt m-a îndemnat să nu-mi pierd speranța, ci să perseverez în rugăciunea mea pentru că, după un timp, mama mea va fi mântuită, iar mai apoi, după o perioadă de suferință, și tata. Acest lucru mi-a dat aripi pentru a continua să mă rog pentru mântuirea lor. Știam în inima mea că Dumnezeu rămâne credincios și că Își va ține promisiunile. M-am rugat și m-am rugat pentru mama mea, ca ea să Îl primească pe Isus ca Mântuitor personal. După doisprezece ani, mama mea a fost mântuită. Am continuat să mă rog pentru tatăl meu încă doisprezece ani. După douăzeci și patru de ani, tatăl meu a avut un atac cerebral aproape fatal. A fost în comă timp de aproximativ trei zile. În acea perioadă, Duhul Sfânt a lucrat în inima lui. După ce și-a revenit, tata și-a exprimat dorința de a-L primi pe Hristos ca Mântuitor personal. La scurt timp după ce a fost externat din spital, a fost botezat în apă. Glorie lui Dumnezeu, care răspunde la rugăciuni!

7. Răspândirea evangheliei

Un ucenic se angajează să răspândească vestea bună. Dumnezeu ar fi putut trimite îngerii să propovăduiască Evanghelia, dar nu a făcut-o. Hristos ne-a încredințat nouă sarcina de a răspândi vestea bună. Concluzia este că Evanghelia lui Hristos trebuie să fie proclamată. Isus le-a spus ucenicilor Săi: „Evanghelia aceasta a Împărăției va fi propovăduită în toată lumea, ca să slujească de mărturie tuturor neamurilor. Atunci va veni sfârșitul" (Matei 24:14).

Pe de altă parte, Pavel scrie: „Ce zice ea deci? «CUVÂNTUL ESTE APROAPE DE TINE: ÎN GURA TA ȘI ÎN INIMA TA.» Și cuvântul acesta este cuvântul credinței, pe care-l propovăduim noi" (Romani 10:8). Acest lucru implică faptul că suntem responsabili să predicăm Cuvântul. Mai mult, în prima sa scrisoare către Corinteni, Pavel scrie:

> Vă fac cunoscută, fraților, Evanghelia pe care v-am propovăduit-o, pe care ați primit-o, în care ați rămas și prin care sunteți mântuiți, dacă o țineți așa după cum v-am propovăduit-o; altfel, degeaba ați crezut. (1 Corinteni 15:1, 2)

Dacă Evanghelia lui Isus nu este propovăduită de ucenicii Săi, atunci cine va duce vestea bună lumii nemântuite? Cum pot fi mântuiți alți oameni, dacă noi nu suntem dispuși să-L împărtășim pe Hristos cu vecinii, cu colegii de serviciu și chiar cu străinii din jurul nostru? Ucenicii lui Hristos nu pot rămâne tăcuți. În Romani citim:

> Dar cum vor chema pe Acela în care n-au crezut? Și cum vor crede în Acela despre care n-au auzit? Și cum vor auzi despre El fără propovăduitor? Și cum vor propovădui, dacă nu sunt trimiși? După cum este scris: „CÂT DE FRUMOASE SUNT PICIOARELE CELOR CARE VESTESC PACEA; ALE CELOR CE VESTESC EVANGHELIA!" (Romani 10:14, 15).

Fiecare ucenic al lui Isus are un mesaj puternic: Hristos și Hristos răstignit. Pavel scrie:

> Iudeii, într-adevăr, cer minuni, și grecii caută înțelepciune, dar noi propovăduim pe Hristos cel răstignit, care pentru iudei este o pricină de poticnire, și pentru neamuri o nebunie, dar pentru cei chemați, fie iudei, fie greci, este puterea și înțelepciunea lui Dumnezeu. (1 Corinteni 1:22-24)

Ucenicii lui Hristos (cf. 2 Corinteni 4:5) nu se propovăduiesc pe ei înșiși, ci pe Hristos. Cel mai eficient mod de a predica Evanghelia este o combinație de cuvinte și fapte potrivite. Mesajul creștin este important, dar trebuie să fie susținut de un stil de viață creștin autentic.

Pentru a se asigura că ucenicul său preferat nu va uita niciodată principala sa responsabilitate, aceea de a predica Evanghelia, Pavel, înainte de martiriul său, i-a lăsat lui Timotei aceste cuvinte:

> Te rog fierbinte, înaintea lui Dumnezeu și înaintea lui Hristos Isus, care are să judece viii și morții, și pentru arătarea și Împărăția Sa: propovăduiește Cuvântul, stăruiește

asupra lui la timp și ne la timp, mustră, ceartă, îndeamnă cu toată blândețea și învățătura. (2 Timotei 4:1, 2)

Noi suntem ucenicii lui Hristos și El ne-a însărcinat să predicăm Evanghelia. Marcu scrie: „Apoi le-a zis: «Duceți-vă în toată lumea și propovăduiți Evanghelia la orice făptură»" (Marcu 16:15). Punem cu adevărat la inimă misiunea pe care ne-a dat-o Isus? Ne-am angajat să predicăm Evanghelia întregii creații? Eu chiar sper că da.

8. Smerenia autentică

Un ucenic autentic este smerit și credincios în lucrarea pe care i-a încredințat-o Domnul. Smerenia este cheia, singura cheie pentru orice progres spiritual. Smerenia este încrederea plasată în locul potrivit – Dumnezeu. Mândria este încrederea în noi înșine sau în alte lucruri. Dacă încrederea noastră nu este în Dumnezeu, trăim în mândrie. Atât Petru, cât și Iacov au afirmat că „Dumnezeu stă împotriva celor mândri, dar celor smeriți le dă har" (1 Petru 5:5, Iacov 4:6).

Prin urmare, ca ucenici ai lui Hristos, ar trebui să ne întrebăm: În cine sau în ce ne-am pus încrederea? Un ucenic autentic se încrede doar în Dumnezeu, nu în resursele sale. Pavel scrie: „Căci cei tăiați împrejur suntem noi, care slujim lui Dumnezeu prin Duhul lui Dumnezeu, care ne lăudăm în Hristos Isus și care nu ne punem încrederea în lucrurile pământești" (Filipeni 3:3). În sine și prin noi înșine, nu avem nimic de oferit. Dacă ești un bun comunicator, Dumnezeu ți-a dat această abilitate. Dacă ai o memorie bună, Marele Specialist a pus mai multă memorie RAM în „calculatorul" tău. Dacă poți gestiona o mare bogăție, Proprietarul tuturor bogățiilor (cf. Hagai 2:8) te-a binecuvântat cu aceste abilități.

Indiferent cine credem că suntem sau ce abilități credem că posedăm, suntem doar niște administratori ai resurselor pe care Dumnezeu ni le-a încredințat. Pavel scrie:

Iată cum trebuie să fim priviți noi: ca niște slujitori ai lui

> Hristos şi ca nişte ispravnici ai tainelor lui Dumnezeu. Încolo, ce se cere de la ispravnici este ca fiecare să fie găsit credincios în lucrul încredinţat lui. (1 Corinteni 4:1-2)

Tot ceea ce avem este un dar de la Dumnezeu. Înţelegerea acestui principiu este fundamentală pentru ucenicul lui Hristos. De îndată ce începem să ne lăudăm, să ne comparăm cu alţii, sau poate să-i criticăm sau să-i invidiem pe alţii care sunt mai buni decât noi, am căzut deja pe panta alunecoasă a mândriei. Dacă tot ceea ce avem este un dar de la Dumnezeu, lauda cu abilităţile sau realizările noastre este un indicator clar că suntem înşelaţi. Pavel îi avertizează pe credincioşi: „Căci cine te face deosebit? Ce lucru ai pe care să nu-l fi primit? Şi dacă l-ai primit, de ce te lauzi ca şi cum nu l-ai fi primit?" (1 Corinteni 4:7).

9. Discipline spirituale

Un ucenic autentic a învăţat şi practică disciplinele spirituale. *Discipolul* – un termen sinonim pentru ucenic – şi *disciplina* provin din aceeaşi rădăcină latină: *discipulus.*[70] Un ucenic al lui Hristos este o persoană disciplinată. Dr. Anderson scrie: „Ucenicia reclamă disciplină mentală. Oamenii care nu îşi asumă responsabilitatea pentru gândurile lor nu vor putea fi educaţi"[71]. Sunt de acord. Un ucenic a învăţat şi practică disciplinele spirituale interioare: rugăciunea, postul, meditaţia; de asemenea, disciplinele spirituale exterioare: simplitatea, solitudinea, supunerea şi slujirea.[72]

În prima sa epistolă către credincioşii corinteni, Pavel foloseşte imaginea competiţiilor sportive, în special a Jocurilor Olimpice, care erau foarte familiare grecilor şi romanilor, pentru a-i îndemna să practice disciplina spirituală:

> Nu ştiţi că cei ce aleargă în locul de alergare toţi aleargă, dar numai unul capătă premiul? Alergaţi dar în aşa fel ca să căpătaţi premiul! Toţi cei ce se luptă la jocurile de obşte se supun la tot felul de înfrânări. Şi ei fac lucrul acesta ca să

capete o cunună care se poate veșteji: noi să facem lucrul acesta pentru o cunună care nu se poate veșteji. Eu, deci, alerg, dar nu ca și cum n-aș ști încotro alerg. Mă lupt cu pumnul, dar nu ca unul care lovește în vânt. Ci mă port aspru cu trupul meu și-l țin în stăpânire, ca nu cumva, după ce am propovăduit altora, eu însumi să fiu lepădat. (1 Corinteni 9:24-27)

În ceea ce privește disciplina spirituală și legătura ei cu ucenicia creștină, Henri Nouwen scrie:

> Disciplina este cealaltă fațetă a uceniciei. Ucenicia fără disciplina este ca și cum ai aștepta sa alergi la maraton fără să te antrenezi deloc. Disciplina fără ucenicie este ca și cum te-ai antrena mereu pentru maraton, dar nu ai participa niciodată. Este important, totuși, să realizăm că disciplina în viața spirituală nu este același lucru cu disciplina în sport. Disciplina în sport este efortul concentrat de a-ți stăpâni corpul, pentru ca acesta să poată asculta mai bine de minte. Disciplina în viața spirituală este efortul concentrat de a crea spațiul și timpul în care Dumnezeu poate deveni stăpânul nostru, și în care putem răspunde liber călăuzirii Sale. Astfel, disciplina este crearea unor limite care păstrează timpul și spațiul deschise pentru Dumnezeu. Solitudinea necesită disciplină, închinarea necesită disciplină, grija față de ceilalți necesită disciplină. Toate acestea ne cer să punem deoparte un timp și un loc în care prezența plină de har a lui Dumnezeu poate fi recunoscută și primi răspuns.[73]

Pavel îl încurajează pe ucenicul său preferat, Timotei, și implicit pe noi, cu aceste cuvinte: „Luptă-te lupta cea bună a credinței; apucă viața veșnică la care ai fost chemat și pentru care ai făcut acea frumoasă mărturisire înaintea multor martori” (1 Timotei 6:12).

10. Adevărații închinători

Un ucenic autentic al lui Isus este un adevărat închinător în Duh și adevăr. Hristos a călătorit prin Samaria și a împărtășit mesajul Evangheliei cu o femeie lângă fântâna lui Iacov. Femeia samariteană a adus în discuție subiectul închinării. Conform înțelegerii ei, închinarea era legată de un loc (de exemplu: un anumit munte, *Muntele Garizim*, sau un anumit oraș, *Ierusalimul*). Evident, ea era confuză în privința adevăratei închinări. Isus i-a spus direct că Dumnezeu caută un tip special de închinători: închinători în duh și adevăr.

Ioan scrie:

> Dar vine ceasul, și acum a și venit, când închinătorii adevărați se vor închina Tatălui în duh și în adevăr, fiindcă astfel de închinători dorește și Tatăl. Dumnezeu este Duh; și cine se închină Lui trebuie să I se închine în duh și în adevăr. (Ioan 4:23-24)

Realitatea este că mulți credincioși sunt, de asemenea, confuzi în privința închinării. Ce este închinarea? Este închinarea un cântec liniștit, pe care îl intonăm în biserică duminică dimineața? Este închinarea o rugăciune lungă și plină de emoții? Sau înseamnă să petreci timp în mijlocul creației lui Dumnezeu? Ne închinăm atunci când stăm în tăcere în fața Domnului timp de câteva minute sau ore? Ne închinăm atunci când mergem în călătorii misionare, sau donăm o sumă considerabilă de bani unei organizații de caritate? Toate aceste aspecte sunt lucruri bune, iar noi suntem încurajați să excelăm în fapte bune. Acestea pot fi diverse expresii ale închinării, dar niciunul dintre aceste aspecte, în sine, nu atinge inima închinării.

Conform *Online Etymology Dictionary*, cuvântul „închinare" înseamnă: „starea de a fi vrednic, cu demnitate, glorie, distincție, onoare, renume". Închinare înseamnă: „reverență adusă unei ființe supranaturale sau divine". În engleză, acest cuvânt a fost înregistrat pentru prima dată în jurul anului 1300.[74] Cu alte cuvinte, atunci când ne închinăm lui Dumnezeu, în esență, Îi declarăm vrednicia. Dacă noi nu declarăm vrednicia lui Dumnezeu, El nu pierde nici măcar un gram din valoarea Sa. Dacă ne închinăm lui Dumnezeu, nu adăugăm nici un gram la valoarea Sa. El este vrednic; prin urmare, ne închinăm Lui și Îi declarăm valoarea Sa infinită.

Dacă păstrăm acest adevăr în centrul închinării noastre, atunci toate activitățile pe care le-am enumerat mai sus pot deveni expresii ale închinării noastre înaintea lui Dumnezeu. Atunci când stăm în biserica locală, concentrându-ne asupra valorii lui Dumnezeu și cântăm împreună cu echipa de închinare, noi ne închinăm Lui. Dimineața, când mă rog sau ascult un imn frumos, în timp ce recunosc că Dumnezeu este vrednic de lauda mea, mă închin. Când văd o plantă ce a înflorit, o pasăre ciripind, când mă minunez de o cascadă sau admir orizontul din vârful unui munte – mă închin lui Dumnezeu. Când țin în brațe un bebeluș de o zi și mă minunez de miracolul nașterii, lăudându-l în tăcere pe Creator – mă închin lui Dumnezeu. Când merg peste hotare într-o țară din lumea a treia și văd oameni care sunt mântuiți ascultând mesajul simplu al Evangheliei – mă închin lui Dumnezeu.

Dar Pavel aprofundează și mai mult semnificația închinării. În scrisoarea sa către Romani, după ce și-a încheiat tratatul de teologia sistematică, Pavel ne încurajează cu următoarele cuvinte: „Vă îndemn dar, fraților, pentru îndurarea lui Dumnezeu, să aduceți trupurile voastre ca o jertfă vie, sfântă, plăcută lui Dumnezeu; aceasta va fi din partea voastră o slujbă duhovnicească" (Romani 12:1). Ce vrea să spună Pavel aici? El spune că singurul mod în care putem declara cu adevărat valoarea lui Dumnezeu este să Îi oferim însăși viața noastră ca o jertfă sfântă. Nimic altceva nu este îndeajuns. Aceasta este adevărata noastră închinare. Atât.

Scopul final al lui Hristos

Permiteți-mi să închei acest capitol împărtășindu-vă o experiență minunată, pe care am trăit-o cu mulți ani în urmă, într-o călătorie misionară în străinătate. Mă aflam într-o biserică, gata să încep un seminar de formare spirituală. În timp ce mă aflam în fața congregației, m-am auzit rostind cu voce tare următoarea afirmație:

> Scopul final al Bisericii este un ucenic matur, care Îl cunoaște pe Dumnezeu în mod intim și personal (Ioan 17:3), care a acceptat chemarea la ucenicie și care poartă crucea zilnic (Luca 9:23, Galateni 2:20), a cărui minte și caracter sunt în mod continuu înnoite și transformate de Duhul Sfânt și de Cuvântul lui Dumnezeu (Romani 12:2, 2 Corinteni 3:18, Galateni 5:22-23), care crește și se maturizează spre plinătatea lui Hristos (Efeseni 4:11-16, Evrei 5:11-14, 6:1-3) și care, în cele din urmă, contribuie la multiplicarea ucenicilor, conform modelului de ucenicie al lui Hristos și al apostolilor (Matei 28:19-20, 2 Timotei 2:2).

Una este să citești notițele studiului tău, pregătite de dinainte de începerea seminarului, și altceva este această experiență, când te auzi pe tine însuți pentru prima dată rostind aceste lucruri. Când am terminat de vorbit, am notat acele cuvinte în jurnalul meu, inclusiv versetele biblice corespunzătoare. Am decis ca, după ce mă voi întoarce în Statele Unite, îmi voi scrie aceste concepte pe semn de carte frumos. Și aceasta a fost exact ceea ce am făcut.

Când uit sensul uceniciei, scot din Biblie semnul de carte și îl recitesc. Toată ceața se risipește și înțeleg din nou cu claritatea însemnătatea uceniciei. Pot să vă dau semnul meu de carte? Pentru detalii despre cum să-l obțineți, vizitați www.urfm.org.

Întrebări de discuții:

Vă rog să reflectați la următoarele întrebări, apoi să vă împărtășiți gândurile cu un prieten sau cu grupul de studiu din care faci parte.

1. După ce ai reflectat și meditat asupra temei uceniciei, care este aspectul despre care te-a convins cel mai mult Duhul Sfânt? Te rog să împărtășești.

2. În cadrul chemării la sfințire, există cinci chemări importante. Care dintre ele te-a provocat cel mai mult și de ce?

3. După ce ai citit și ai studiat caracteristicile ucenicilor lui Hristos, pe care dintre ele le-ai pus cel mai mult la inimă? Te rog să detaliezi.

4. Ești de acord că scopul final al Bisericii este un ucenic matur care contribuie la multiplicarea ucenicilor? Dacă nu, de ce nu?

5. Ai în prezent un mentor spiritual? Cum este experiența ta de până acum? Te rog să detaliezi.

Note:

5. Trei feluri de ucenici – Partea a treia

[54] *Disciple.* Accesat pe 19 august 2019. http://eastonsbibledictionary.org/1041-Disciple.php.
[55] Billy Graham, *How to Be a True Disciple of Christ?* Accesat pe 19 august 2019. https://www.christianpost.com/news/billy-graham-how-to-be-a-true-disciple-of-christ.html.
[56] Billy Graham, *How to Be a True Disciple of Christ?* Accesat pe 19 august 2019. https://billygraham.org/story/how-can-i-be-a-true-disciple-of-christ-billy-grahams-answer/.
[57] Zac Poonen, *Practical Discipleship.* Accesat pe 19 august 2019. https://www.cfcindia.com/books/practical-discipleship.
[58] Juan Carlos Ortiz, *Disciple, A Handbook for New Believers*, Orlando, FL: Creation House, Books about Sprit-Led Living, 1995, p. 105
[59] Jim Putman & Bobby Harrington cu Robert Coleman, *DiscipleShift. Five Steps That Help Your Church to Make Disciples who Make Disciples*, Zondervan, Grand Rapids, MI, 2013, p. 51
[60] Valy Văduva, *Plinătatea lui Hristos.* Notă: Dacă dorești să cumpări carte mergi aici: https://bit.ly/3HumdlI.
[61] Peter Scazzero, *Emotionally Healthy Spirituality*, Zondervan, Grand Rapids, MI, 2017, p. 19.
[62] Valy Văduva, *Plinătatea lui Hristos*, p. 211.
[63] Walter A. Henrichsen, *Ucenicii se fac, nu se nasc*, op.cit., p. 18.
[64] *Mamona.* Accesat pe 25 septembrie 2019. http://eastonsbibledictionary.org/2396-Mammon.php.
[65] *Prayer: The Soul's Breath.* Accesat pe 24 septembrie 2019. https://www1.cbn.com/prayer/prayer-the-souls-breath
[66] Glenn MacDonald, *The Disciple Making Church*, FaithWalk Publishing, Grand Haven, MI, 2004, p. 197.
[67] Oswald Chambers, *The Key of the Greater Work.* Accesat pe 25 septembrie 2019. https://utmost.org/the-key-of-the-greater-work/
[68] E.M. Bounds, *Power Through Prayer.* Christian Classics Ethereal Library (CCEL). Accesat pe 24 septembrie 2019. https://www.ccel.org/ccel/bounds/power.http://www.prayerfoundation.org/booktexts/z_embounds_powerthroughprayer_01.htm.
[69] George Muller, *How To Pray Aright.* Accesat pe 24 septembrie 2019. https://www.georgemuller.org/quotes/category/persistence.
[70] Discipline. www.merriam-webster.com. Accesat pe 19 iulie 2023. https://www.merriam-webster.com/dictionary/discipline.

[71] Neil T. Anderson, *Biruință asupra întunericului,* Kerigma, Oradea, 2016. Citatele sunt preluate din versiunea online, p. 91.
[72] Richard Foster, *Disciplinele spirituale. Calea maturității creștine,* Casa Cărții, Oradea, 2020.
[73] Henri Nouwen, *Creating Space for God.* Accesat pe 24 septembrie 2019. https://henrinouwen.org/meditation/creating-space-god/.
[74] *Worship*. Accesat pe 24 septembrie 2019. https://www.etymonline.com/word/worship.

CAPITOLUL 6

Lipsa maturității spirituale

În adevăr, voi, care de mult trebuia să fiți învățători, aveți iarăși trebuință de cineva să vă învețe cele dintâi adevăruri ale cuvintelor lui Dumnezeu și ați ajuns să aveți nevoie de lapte, nu de hrană tare.
- Evrei 5:12

În biserica nord-americană de astăzi se poate observa o lipsă a maturității spirituale. Nimeni nu mai neagă acest lucru. Mulți lideri creștini sunt de acord că credincioșii nu manifestă viața și caracterul lui Hristos în și prin ei, chiar și după mulți ani de participare la serviciile bisericești. Credincioșii din America de Nord au clădiri frumoase pentru adunările lor, multe traduceri ale Bibliei, lideri cu studii teologice și acces la multă literatură religioasă. Cu toate acestea, în ciuda tuturor acestor resurse minunate, credincioșilor le lipsesc maturitatea spirituală și transformarea care să ducă la *plinătatea lui*

Hristos. În urmă cu aproape zece ani, Glenn McDonald, fost pastor principal al Bisericii Prezbiteriene Zionsville din suburbia Indianapolis, a considerat că bisericile se concentrează prea mult pe modelul ABC (în engleză: *Attendance*=prezența, *Building*-clădire, *Cash*-bani), prezentând astfel cel puțin două caracteristici care se dovedesc a fi „pasive în facerea de ucenici".

În primul rând, tendința de a căuta soluții și oportunități programatice. Cu toate acestea, programele nu pot fi și nu vor fi substitute acceptabile pentru viziune. Viziunea lui Dumnezeu pentru Biserica Sa este facerea de ucenici, nu ABC sau mai multe programe.

În al doilea rând, încrederea cu care se muncește din greu și se merge înainte, fără a privi cu adevărat la daunele aduse cauzei lui Hristos, formulate în Matei 28:19-20.

McDonald scrie:

> În mod clasic, congregațiile nord-americane s-au bazat pe o singură persoană pentru realizarea unui progres la nivelul întregii biserici în aducerea oamenilor la maturitatea în Hristos. Acea persoană este păstorul. Timp de aproximativ 300 de ani, păstorii protestanți au fost însărcinați cu creșterea spirituală a tuturor celor care se află în raza de acțiune a bisericii – o misiune care trebuia îndeplinită prin predicare, învățătură, conducerea închinării, consiliere, conducerea comisiilor și comitetelor corespunzătoare, vizite la domiciliu, corespondență, administrație, întreținere, rugăciune la slujbele civice și multe alte *„pălării"* care ar putea fi ținuta cerută de o anumită biserică. Prin urmare, scopul ultim ajunge să fie: „Cum putem expune un număr maxim de oameni la lucrarea păstorului nostru, astfel încât el sau ea să poată beneficia de o cantitate maximă de magie spirituală?"[75]

Aceasta este o sarcină imposibilă. Sper că și cititorii mei realizează acest lucru. Așa ceva nu a funcționat, nu funcționează și nu va funcționa. Conducerea bisericii trebuie să se întoarcă la principiile biblice de împuternicire a întregului Trup al lui Hristos, pentru ca el să crească, să se maturizeze și să slujească, așa cum a scris Pavel în epistola către Efeseni:

> Și El a dat pe unii apostoli, pe alții proroci, pe alții evangheliști, pe alții păstori și învățători pentru desăvârșirea sfinților, în vederea lucrării de slujire, pentru zidirea trupului lui Hristos, până vom ajunge toți la unirea credinței și a cunoștinței Fiului lui Dumnezeu, la starea de om mare, la înălțimea staturii plinătății lui Hristos; ca să nu mai fim copii, plutind încoace și încolo, purtați de orice vânt de învățătură, prin viclenia oamenilor și prin șiretenia lor în mijloacele de amăgire, ci, credincioși adevărului, în dragoste, să creștem în toate privințele, ca să ajungem la Cel ce este Capul, Hristos. Din El, tot trupul, bine închegat și strâns legat prin ceea ce dă fiecare încheietură, își primește creșterea potrivit cu lucrarea fiecărei părți în măsura ei și se zidește în dragoste. (Efeseni 4:11-16)

Sunt de acord cu Pavel că, în planul lui Dumnezeu, întregul Trup al lui Hristos trebuie să fie legat cu fiecare articulație și cu fiecare parte a sa pentru ca, în final, acest organism spiritual viu (nu organizație) să se zidească în dragoste, așa cum scrie în versetul 16.

Evanghelizarea fără facerea de ucenici

Cele mai multe biserici se concentrează pe evanghelizare, dar uită aproape complet de obiectivul lui Hristos de a-i aduce pe membrii bisericii la starea *omului matur*. Referitor la acest aspect, Bill Hull scrie: „Biserica a încercat evanghelizarea mondială, fără facerea de ucenici”[76]. Chiar dacă unele biserici câștigă convertiți, ele nu reușesc să atingă **scopul final** al lui Dumnezeu – „să creștem în toate privințele” (Efeseni 4:15). Potrivit *Westminster Dictionary of Theological Terms*, „un convertit este omul care trece de la o credință la alta”. Oamenii își pot schimba credința, dar numai Dumnezeu, prin Duhul Sfânt, prin Scripturi, le poate transforma ființa. Simplul fapt de a face parte dintr-o anumită biserică a unei anumite confesiuni nu mă face un ucenic al lui Isus Hristos.

În prefața cărții lui, *Ucenicii se fac, nu se nasc*, regretatul Howard G. Hendricks, distins profesor la Dallas Theological Seminary, scrie: „«Faceți ucenici» este mandatul Învățătorului (Matei 28:19-20). Îl putem ignora, dar nu ne putem sustrage lui”[77]. Sunt întru totul de acord cu această afirmație; ea evidențiază foarte bine rolul uceniciei.

Creștinism fără cruce

Se pare că cei mai mulți creștini nu sunt conștienți de modul în care crucea este esențială pentru identitatea lor de urmași ai lui Hristos. D. A. Carson scrie: „Crucea, deci, este respinsă și batjocorită de toată lumea. Și totuși, insistă Pavel, «noi propovăduim pe Hristos cel răstignit»” (1 Cor. 1:23). Mesajul crucii poate fi un nonsens pentru cei care pier, căci „pentru iudei este o pricină de poticnire și pentru neamuri o nebunie” (1 Cor. 1:23), „dar pentru cei chemați, fie iudei, fie greci, este puterea și înțelepciunea lui Dumnezeu” (1 Cor. 1:24). Aceasta este o afirmație uimitoare!

Să nu uităm, de asemenea, ceea ce scrie Rohr despre importanța crucii: „Doctrina crucii este marea cheie interpretativă care clarifică multe lucruri, cel puțin pentru creștini, dar poate și pentru istorie. [...] «*Crux probat omnia*» [...] «crucea înseamnă totul»”.[78] Carson concluzionează că am putea „recunoaște că o slujire centrată pe cruce este caracterizată de puterea Duhului și este justificată prin transformarea vieților”.[79]

Cu toate acestea, pentru mulți creștini din ziua de azi, chemarea la lepădarea de sine, la luarea crucii și urmarea lui Hristos pare a fi lipsită de importanță și neesențială pentru spiritualitatea lor. Acest lucru este foarte îngrijorător! Dietrich Bonhoeffer scrie: „Ucenicia înseamnă aderarea la persoana lui Isus și, prin urmare, supunerea față de legea lui Hristos, care este legea crucii... Când Hristos cheamă un om, El îi cere să moară”.[80]

O „cruce" fără suferință

Adesea, creștinii nu reușesc să-și însușească purtarea cruce în viața de zi cu zi. Acest lucru ar putea fi cauzat de o lipsă de înțelegere clară a învățăturii biblice despre *suferință*, care este calea crucii. Bonhoeffer scrie: „A suferi și a fi tăgăduit sunt expresii care rezumă crucea lui Isus. Moartea pe cruce înseamnă a suferi și a muri respins și izgonit. [...] De aceea, a fost nevoie ca Isus să le arate acum ucenicilor, clar și fără echivoc, că și ei trebuie să sufere. [...] Crucea este pusă pe umărul fiecărui creștin".[81] Cred că este important să ne întoarcem la învățătura lui Isus și a apostolilor și să vedem din nou că Biblia nu exclude suferința din viața copiilor lui Dumnezeu.

„Ucenicia înseamnă aderarea la persoana lui Isus și, prin urmare, supunerea față de legea lui Hristos, care este legea crucii ... Când Hristos cheamă un om, El îi cere să moară."

Ucenicie ieftină

Credincioșii de astăzi presupun, în mod fals, că întregul cost al uceniciei depășește beneficiile stilului de viață al ucenicilor. George Barna scrie: „Ucenicia nu este un program. Nu este o slujbă. Este un angajament permanent față de un stil de viață".[82] Nu ar trebui să uităm niciodată următorul lucru: „Prețul pe care-l vei plăti pentru că nu ai fost un ucenic este infinit mai mare decât cel pe care-l plătești ca ucenic adevărat"[83].

Opoziția spirituală

Mulți dintre cei care susțin că Îl urmează pe Hristos nu sunt conștienți de dinamica forțelor spirituale care se opun progresului lor duhovnicesc.

Pe de-o parte, există opoziția dintre firea pământească și duh. Pavel scrie: „Căci firea pământească poftește împotriva Duhului, și

Duhul, împotriva firii pământești; sunt lucruri potrivnice unele altora, așa că nu puteți face tot ce voiți" (Galateni 5:17).

Pe de altă parte, există lupta împotriva forțelor întunericului. Biblia ne spune: „Căci noi n-avem de luptat împotriva cărnii și sângelui, ci împotriva căpeteniilor, împotriva domniilor, împotriva stăpânitorilor întunericului acestui veac, împotriva duhurilor răutății care sunt în locurile cerești" (Efeseni 6:12).

Jim Peterson scrie:

> Din moment ce Satana domnește peste cei nelegiuiți, nu ar trebui să fie o surpriză faptul că ne va face să suferim, folosindu-se de poporului său. Satana lucrează. El ia inițiativa. El are la dispoziție oameni care îi vor îndeplini ordinele. El are forțe demonice sub comanda sa. Și ne putem aștepta să fim ținta uneltirilor sale.[84]

Este clar că, din cauza imaturității, mulți nu-și pot însuși biruința oferită de Dumnezeu. Pavel explică: „Dar câtă vreme moștenitorul este nevârstnic, eu spun că nu se deosebește cu nimic de un rob, măcar că este stăpân pe tot" (Galateni 4:1). Numai atunci când credincioșii trec printr-un proces de ucenicie adecvat, ei încep să înțeleagă, prin experiență, cine sunt în Hristos, și ajung să fie echipați în mod adecvat pentru *a se lepăda de sine* (Luca 9:23), *a urî lumea* (1 Ioan 2:15), *a se supune lui Dumnezeu* (Iacov 4:7(a) și *a se împotrivi diavolului* (Iacov 4:7b, 1 Petru 5:7).

Acceptarea imaturității spirituale

Un alt aspect important este că mulți creștini nu văd nevoia maturizării spirituale, ci sunt mulțumiți cu o stare de imaturitate (atunci când este măsurată după standardul biblic al uceniciei creștine).

Jim Peterson scrie:

> A fi spiritual înseamnă a fi dependent de Duhul Sfânt.

> Această dependență ar trebui să caracterizeze relația noastră normală cu El, de fiecare zi. [...] Maturitatea vine în timp, dintr-o viață spirituală care este hrănită de o cunoaștere tot mai mare a lui Hristos, prin experiența cu El.[85]

Cred că acest aspect este extrem de important și necesită explicații suplimentare. Haideți să explorăm câteva motive importante pentru care maturitatea spirituală este fie ignorată, fie respinsă!

În primul rând, există o **lipsă de cunoaștere**. Este posibil ca mulți să nu cunoască sensul cuvintelor *„creștin"* și *„creștinism"*. Credincioșii din aproape orice confesiune se raportează superficial la cuvântul *„creștin"*. Este posibil ca mulți să nu știe nici măcar că a fi creștin înseamnă a fi un urmaș al lui Hristos, (gr. mathetes) – un ucenic al lui Isus. Potrivit profesorului Dallas Willard, cuvântul *„ucenic"* apare de 269 de ori în Noul Testament. În schimb, cuvântul *„creștin"* se găsește de numai trei ori. Willard scrie: „Noul Testament este o carte despre ucenici, scrisă de către ucenici și pentru ucenicii lui Isus Hristos".[86] Un ucenic este o persoană care dorește să fie modelată și transformată de Cuvântul lui Dumnezeu, prin puterea Duhului Sfânt, din interior spre exterior, astfel încât, în caracter, inimă și voință, să semene mai mult cu Isus Hristos. George Barna scrie: „Nici unul dintre adulții pe care i-am intervievat nu a spus că scopul lui în viață este să fie un adept angajat al lui Isus Hristos sau să facă ucenici"[87]. Ce tragedie! După cum scrie Willard: „Ultima poruncă pe care Isus a dat-o Bisericii înainte de a se înălța la cer a fost **Marea Trimitere**, chemarea adresată creștinilor de a «face ucenici din toate neamurile». Dar creștinii au răspuns prin a face «creștini», nu «ucenici». Aceasta a fost **Marea Omitere** a Bisericii"[88]. Vai! Mă doare inima! Dar, mai mult decât atât, Îl doare pe Abba Dumnezeul nostru.

În al doilea rând, există **o înțelegere superficială a uceniciei:** Se pare că majoritatea creștinilor consideră ucenicia ca fiind o sarcină inutilă. Respingerea obișnuită este exprimată astfel: *Din moment ce deja sunt mântuit, de ce să-mi pierd timpul cu ucenicia? Am recitat*

„rugăciunea păcătosului" și sunt pe drumul spre cer. Prin urmare, nu am nevoie de ucenicie sau de creștere spirituală.

George Barna scrie:

> Majoritatea adulților născuți din nou au o înțelegere foarte limitată a ceea ce se străduiesc să devină în calitate de creștini, a felului în care ar putea arăta maturitatea spirituală în viața lor și a ceea ce ar fi necesar pentru a-și maximaliza potențialul ca urmași ai lui Hristos. Problema nu constă în faptul că credincioșii neagă importanța creșterii spirituale, sau că nu au luat în considerare provocările pe care aceasta le ridică, ci în faptul că par să se fi mulțumit cu o înțelegere foarte limitată a credinței creștine și a potențialului lor în Hristos.[89]

Sper că și tu înțelegi această dificultate, atunci când vine vorba de subiectul uceniciei și al maturității spirituale. Este foarte greu să le ceri credincioșilor să devină ucenici (Luca 9:23-24), atunci când majoritatea bisericilor nu insistă asupra uceniciei (Matei 28:19-20), ca făcând parte din ceea ce înseamnă viața creștină normală.

În al treilea rând, există o **înțelegere superficială a creșterii și maturității spirituale**. Scripturile afirmă în mod clar că Dumnezeu dorește ca toți copiii Săi să nu se conformeze culturii dominante și să strălucească în această lume (vezi Matei 5:14 și Filipeni 2:15). Dar acest lucru necesită implicarea noastră deplină, prin Duhul Sfânt, în *procesul de creștere spirituală* (vezi 2 Corinteni 3:18 și Romani 12:1-2). Dallas Willard scrie: „Formarea spirituală, indiferent de context sau tradiție specific religioasă, este procesul prin care spiritul sau voința umană primește o *formă* sau un caracter concret. Nu vă înșelați; este un proces care se întâmplă tuturor". Adevărata întrebare este: Ce tip de caracter va fi acesta? Willard continuă: „Formarea spirituală creștină este procesul răscumpărător de formare a lumii interioare a omului, astfel încât aceasta să ia caracterul ființei interioare a lui Hristos Însuși".[90] Este exact ceea ce Dumnezeu dorește ca toți copiii Săi să experimenteze Săi să experimenteze în cea mai mare măsură posibilă (vezi 2 Corinteni 3:18 și Efeseni 4:11-16).

În al patrulea rând, există o **lipsă de înțelegere a** ***scopului ultim*** **al lui Dumnezeu**: Majoritatea creștinilor nu au o înțelegere clară a scopului lui Hristos cu și pentru ei. Potrivit lui DeVern Fromke, *scopul final* al lui Dumnezeu este ca Hristos să aibă un Trup. Fromke scrie: „Tatăl realizează ceea ce inima Sa a dorit dintotdeauna de-a lungul veacurilor: o familie mare de fii asemenea chipului unicului Său Fiu. Aceasta este o familie care Îi va aduce onoare, glorie și mulțumire părintească. Domnul Isus, Fiul, primește ceea ce Tatăl a intenționat pentru El: un Trup alcătuit din mulți, care va fi exprimarea Lui Însuși în întreg universul. Duhul primește un templu glorios, alcătuit din pietre vii, care va fi locuința Sa veșnică”.[91] Acest lucru dă naștere mai multor concepții greșite în rândul credincioșilor.

Câteva dintre aceste concepții greșite sunt:

- O perspectivă centrată pe om (centrat pe sine) în loc de una centrată pe Dumnezeu (centrat pe Hristos).
- O înțelegere superficială a mântuirii și a ceea ce înseamnă ea.

Mulți cred că Dumnezeu doar trebuia să repare ceea ce s-a petrecut la cădere. Alții cred că totul este despre „mine”. Aceasta este o mentalitate de tipul: *săracul om* are nevoie de mântuire. Alții încă nu au aproape nicio înțelegere despre *Planul lui Dumnezeu*, de „dinainte de întemeierea lumii” (Efeseni 1:4), de a aduce pe „mulți fii la slavă” (Evrei 2:10). Sper că vedeți clar că cele două viziuni se află în conflict una cu cealaltă.

În al cincilea rând, mulți au o **identitate distorsionată**. Este trist, dar mulți creștini nu știu cine sunt în Hristos. Neil T. Anderson scrie: „Înțelegerea identității tale în Cristos e absolut esențială pentru a trăi o viață creștină împlinită. Nimeni nu se poate comporta în mod consecvent într-un fel care este incompatibil cu propria imagine despre sine”.[92] Înțelegeri ca acestea sunt predominante în multe biserici, unde oamenii spun: Sunt doar un *păcătos* salvat prin har.

Accentul este pus pe *păcat*, nu pe *har*. Sau: Pot să fac tot ce *vreau*, pentru că sunt *mântuit*. Accentul este pus pe *eu* și pe ceea ce *vreau*, nu pe mântuire și pe privilegiul și responsabilitatea care decurg din acest statut.

În al șaselea rând, există **o lipsă de înțelegere a planului glorios și etern al lui Dumnezeu**. În mod tragic, puțini oameni conștientizează că sunt făpturi noi în Hristos (2 Corinteni 5:17), așezați împreună cu Hristos în locurile cerești (Efeseni 2:6), chemați să fie ucenici ai lui Isus (Luca 9:23) și ambasadori ai lui Hristos (2 Corinteni 5:21), desemnați să fie bărbați și femei ai lui Dumnezeu, care domnesc în viață prin Hristos (Romani 5:17). Fără ca ochii inimii să fie „luminați" de Duhul Sfânt, creștinii nu vor cunoaște și nu pot înțelege „care este nădejdea chemării Lui, care este bogăția slavei moștenirii Lui în sfinți" (Efeseni 1:18). Prin urmare, având o înțelegere distorsionată și limitată, creștinii nu au nicio motivație pentru a crește spiritual și tind doar să se agațe de o religie și, din păcate, mulți trăiesc o viață patetică. Singura speranță pe care o au mulți dintre cei care se numesc creștini este aceea de a merge în rai, după moarte. Barna scrie: „Principala barieră în calea unei ucenicizări eficiente nu este faptul că oamenii nu au capacitatea de a deveni maturi din punct de vedere spiritual, ci că le lipsesc pasiunea, perspectiva de ansamblu, prioritățile și perseverența pentru a-și dezvolta viața spirituală"[93]. Cred că acest lucru este pur și simplu deprimant. Nu este de mirare că Pavel s-a rugat cu atâta fervoare pentru biserica din Efes.

Iată rugăciunea lui Pavel:

> Și mă rog ca Dumnezeul Domnului nostru Isus Hristos, Tatăl slavei, să vă dea un duh de înțelepciune și de descoperire în cunoașterea Lui și să vă lumineze ochii inimii, ca să pricepeți care este nădejdea chemării Lui, care este bogăția slavei moștenirii Lui în sfinți și care este față de noi, credincioșii, nemărginita mărime a puterii Sale, după lucrarea puterii tăriei Lui, pe care a desfășurat-o în Hristos, prin faptul că L-a înviat din morți și L-a pus să șadă la

dreapta Sa, în locurile cereşti, mai presus de orice domnie, de orice stăpânire, de orice putere, de orice dregătorie şi de orice nume care se poate numi nu numai în veacul acesta, ci şi în cel viitor. El I-a pus totul sub picioare şi L-a dat căpetenie peste toate lucrurile Bisericii, care este trupul Lui, plinătatea Celui ce împlineşte totul în toţi. (Efeseni 1:17-23).

Nu ştiu sigur ce părere aveţi voi, dar, în ceea ce mă priveşte, eu subscriu sută la sută la rugăciunea lui Pavel. Amin?

Întrebări de discuții:

Vă rog să reflectați la următoarele întrebări, apoi să vă împărtășiți gândurile cu un prieten sau cu grupul de studiu din care faci parte.

1. După ce ai citit acest capitol, ce concept, statistică sau idee te-a impresionat cel mai mult?

2. Te rog să reciți declarația pastorului Glenn McDonald din acest capitol. Ce părere ai despre evaluarea sa? Este, cel puțin parțial, adevărată în privința bisericii tale locale?

3. Autorul a prezentat șase motive majore pentru care creștinii se mulțumesc cu imaturitatea spirituală. Care argument te-a provocat cel mai mult?

4. Ce părere ai despre afirmația lui George Barna: *„oamenilor le lipsesc pasiunea, perspectiva de ansamblu, prioritățile și perseverența pentru a-și dezvolta viața spirituală”*? Te rog să detaliezi.

5. Ce părere ai despre afirmația lui Neil T. Anderson: *„Înțelegerea identității tale în Cristos e absolut esențială pentru a trăi o viață creștină împlinită. Nimeni nu se poate comporta în mod consecvent într-un fel care este incompatibil cu propria imagine despre sine.”*

Note:

6. Lipsa de maturitate spirituală

[75] McDonald, op.cit., p. 7.
[76] Bill Hull, *The Disciple-Making Pastor: The Key to Building Healthy Christians in Today's Church*, Grand Rapids, MI: Fleming H. Revell, 1988, p. 23.
[77] Walter A. Henrichsen, *Ucenicii se fac, nu se nasc*, Carmel Print, Arad, 2017, în prefață.
[78] Richard Rohr, *Things Hidden (Scripture as Spirituality)*, Cincinnati, OH: St. Anthony Messenger Press, 2008, p. 185.
[79] D. A. Carson, *The Cross and Christian Ministry*, Grand Rapids, MI: Baker Books, 2004, 22, 40.
[80] Dietrich Bonhoeffer, *Costul uceniciei*, Peregrinul, Cluj-Napoca, 2009, p. 84, 87.
[81] Bonhoeffer, op.cit., p. 84, 86.
[82] Barna, op.cit., p. 19.
[83] Walter A. Henrichsen, op.cit., p. 18.
[84] Jim Peterson, *Lifestyle Discipleship: The Challenge of Following Jesus in Today's World*, Colorado Springs, CO: Navpress, 1994, 132, 133.
[85] Peterson, op.cit., p. 65.
[86] Willard, op.cit., p. 3.
[87] Barna, op.cit., p. 6.
[88] Willard, (2006), op.cit., coperta din față.
[89] Barna, op.cit., p. 40, 42.
[90] Willard, op.cit., p. 104, 105.
[91] DeVern F. Fromke, *Scopul final*, Lampadarul de Aur, Oradea, 1996.
[92] Neil T. Anderson, *op.cit.*, p. 15.
[93] Barna, op.cit., p. 54.

CAPITOLUL 7

Creșterea spirituală – Pecetea unui ucenic autentic

Dacă aduceți multă roadă, prin aceasta Tatăl Meu va fi proslăvit și voi veți fi astfel ucenicii Mei.
- Ioan 15:8

M-am căsătorit cu Elena când aveam douăzeci de ani. Dumnezeu ne-a binecuvântat familia cu patru copii sănătoși, două fete și doi băieți. Soția mea a fost și încă este o mamă atât de bună și de grijulie. Ca bunică, mereu se asigura că toți nepoții mănâncă și dorm bine.

În general, când copii sunt mici, Medicul pediatru le verifica greutatea și înălțimea în mod regulat. Ca părinți, am acordat o atenție deosebită dietei, precum și dezvoltării lor emoționale și mentale. Acum toți copiii noștri sunt căsătoriți și au copiii lor. Sunt părinți buni și monitorizează îndeaproape bunăstarea nepoților noștri, pentru a se asigura că se dezvoltă corespunzător și proporţional vârstelor lor ale fiecăruia. Soţia mea îi iubeşte pe toţi nepoţii. Chiar dacă este tentată să spună: „O, cât mi-aş dori să rămână bebeluşi pentru totdeauna, ca să-i pot ţine în braţe şi să mă bucur de ei!", ea vrea ca toţi să se dezvolte și să crească în toate privinţele: fizic, emoţional, intelectual, mental și așa mai departe.

Am înţeles, din unele articole medicale, că există copiii care nu ating standardele de dezvoltare şi creştere. Atunci când copiii nu ajung la greutatea standard, pediatrii numesc acest lucru „dezvoltare necorespunzătoare". În cele mai multe cazuri, aceasta este cauzată de probleme de nutriţie şi de boli. Dr. Rupal Gupta, un medic pediatru din Kansas City, Missouri, explică în felul următor: „În general, copiii cu dezvoltare necorespunzătoare nu primesc sau nu pot să absoarbă, să păstreze sau să folosească acele elemente nutritive care i-ar ajuta să crească și să câștige suficient de mult în greutate"[94]. Printre cele mai recunoscute cauze pentru dezvoltarea fizică necorespunzătoare a copiilor se numără: insuficienţa alimentară, subnutriţie, probleme ale sistemului digestiv, intoleranţe alimentare și probleme metabolice.

Nu am văzut niciun părinte care să nu facă tot ce-i stă în putinţă pentru a se asigura de creşterea şi maturizarea corespunzătoare a copiii lor. Cu atât mai mult Tatăl nostru ceresc doreşte ca noi toţi să prosperăm, să creştem spiritual și să ne maturizăm în așa fel încât caracterul nostru să semene din ce în ce mai mult cu cel al lui Hristos.

Temelia creșterii spirituale

În acest capitol, vă ofer câteva elemente care, de-a lungul anilor de implicare în formarea spirituală, s-au dovedit a fi esenţiale în viaţa mea. Pot spune cu sinceritate că însăși temelia creșterii și maturității spirituale se bazează pe aceste două importante elemente de bază:

1. *Lucrarea încheiată a crucii,*
2. *Viața Zoe a lui Dumnezeu.*

1. Lucrarea încheiată a crucii

A avea o înțelegere corectă a răstignirii noastre împreună cu Hristos, așa cum este scris în Galateni 2:20, este fundamentală pentru creșterea noastră spirituală. Pavel scrie: „Am fost răstignit împreună cu Hristos și trăiesc..., dar nu mai trăiesc eu, ci Hristos trăiește în mine. Și viața pe care o trăiesc acum în trup o trăiesc în credința în Fiul lui Dumnezeu, care m-a iubit și S-a dat pe Sine Însuși pentru mine". Atunci când ne însușim corect crucea în viața noastră zilnică, aceasta deschide portalul spiritual pentru trăirea lui Hristos în noi.

2. Viața Zoe a lui Dumnezeu

Dumnezeu ne-a dăruit viața lui Hristos, ca s-o avem în noi și ca El să-Și trăiască viața prin noi. Formarea noastră spirituală depinde de înțelegerea corectă a forțelor care încearcă să ne împiedice să trăim viața abundentă promisă de Bunul nostru Păstor, Isus. Ioan scrie: „Hoțul nu vine decât să fure, să înjunghie și să prăpădească. Eu am venit ca oile să aibă viață, și s-o aibă din belșug" (Ioan 10:10).

Creșterea și maturizare spirituală

Trebuie să realizăm că creșterea și maturizarea spirituală nu se vor întâmpla peste noapte; este un proces care durează o viață întreagă; este nevoie de timp, testări și încercări. Potrivit textului din Ioan 21:15-17, ucenicii trec prin diferite etape de creștere: a) miei, b) oi tinere și c) oi mature. Aceasta înseamnă că nimeni nu se ridică din apa botezului devenind instantaneu părinte spiritual. Conform cu 1 Ioan 2:12-14, ucenicii trec prin trei niveluri de formare spirituală:

- Copii în Hristos
- Tinerii în credință

- Maturi în Hristos sau părinţi spirituali

Dacă studiem cu atenţie scrisoarea către Efeseni, putem înţelege clar intenţiile lui Dumnezeu pentru biserica Sa, de-a lungul întregii istorii. Începând cu primul secol şi până la biserica contemporană, vedem că Tatăl doreşte să aibă o familie de fii şi fiice, care să semene cu chipul Fiului Său – Isus. Autorul cărţii Evrei scrie: „Se cuvenea, în adevăr, ca Acela pentru care şi prin care sunt toate şi care voia să ducă pe mulţi fii la slavă să desăvârşească, prin suferinţe, pe Căpetenia mântuirii lor" (Evrei 2:10).

Pavel mai scrie:

> De altă parte, ştim că toate lucrurile lucrează împreună spre binele celor ce iubesc pe Dumnezeu, şi anume spre binele celor ce sunt chemaţi după planul Său. Căci, pe aceia pe care i-a cunoscut mai dinainte, i-a şi hotărât mai dinainte să fie asemenea chipului Fiului Său, pentru ca El să fie Cel Întâi Născut dintre mai mulţi fraţi. Şi pe aceia pe care i-a hotărât mai dinainte, i-a şi chemat, şi pe aceia pe care i-a chemat, i-a şi socotit neprihăniţi, iar pe aceia pe care i-a socotit neprihăniţi, i-a şi proslăvit. (Romani 8:28-30)

Am putea foarte bine să scriem pagini întregi despre aceste versete, şi tot nu am ajunge să pătrundem adâncimea înţelepciunii conţinute în ele. Fără a aprofunda acest text celebru, permiteţi-mi să vă ofer doar o simplă schiţă a acestui pasaj măreţ:

1. Pre-cunoaşterea lui Dumnezeu
2. Predestinarea lui Dumnezeu[95]
3. Chemarea lui Dumnezeu
4. Justificarea
5. Glorificarea

Acum haideţi să ne uităm cu atenţie la pasajul din Efeseni 4:11-16:

> Şi El a dat pe unii apostoli, pe alţii proroci, pe alţii evanghelişti, pe alţii păstori şi învăţători pentru desăvârşirea sfinţilor, în vederea lucrării de slujire, pentru zidirea trupului lui Hristos, până vom ajunge toţi la unirea credinţei şi a cunoştinţei Fiului lui Dumnezeu, la starea de om mare, la înălţimea staturii plinătăţii lui Hristos; ca să nu mai fim copii, plutind încoace şi încolo, purtaţi de orice vânt de învăţătură, prin viclenia oamenilor şi prin şiretenia lor în mijloacele de amăgire, ci, credincioşi adevărului, în dragoste, să creştem în toate privinţele, ca să ajungem la Cel ce este Capul, Hristos. Din El, tot trupul, bine închegat şi strâns legat prin ceea ce dă fiecare încheietură, îşi primeşte creşterea potrivit cu lucrarea fiecărei părţi în măsura ei şi se zideşte în dragoste. (Efeseni 4:11-16).

Vă rog să observaţi că, în acest scurt paragraf, apostolul Pavel menţionează cel puţin cinci expresii care sugerează creşterea spirituală:

- zidirea trupului lui Hristos
- starea de om mare
- plinătatea lui Hristos
- să creştem în toate privinţele
- îşi primeşte creşterea

Prin urmare, ar trebui să ne fie clar că prioritatea numărul unu a oricărei biserici locale ar trebui să fie creşterea spirituală a tuturor credincioşilor, realizată prin ucenicia creştină.

Mai mult, în 1 Corinteni 13:11, apostolul Pavel scrie: „Când eram copil, vorbeam ca un copil, simţeam ca un copil, gândeam ca un copil; când m-am făcut om mare, am lepădat ce era copilăresc". Vă provoc să priviţi acest verset în lumina creşterii spirituale.

Cu alte cuvinte, Pavel spune că:

- vorbirea

- gândirea
- simțirea

unui copil sunt fundamental diferite de:

- vorbirea
- gândirea
- simțirea

unei persoane mature.

Cele două aspecte sunt atât de profund diferite, încât apostolul Pavel declară: „când m-am făcut om mare, am lepădat ce era copilăresc". Încă o dată, observăm ideea de **creștere**, chiar și în Capitolul dragostei.

Puterea seminței

Sunt atât de impresionat de cuvintele profetice ale lui Isaia. Unii oameni numesc această carte „Evanghelia după Isaia".

În capitolul 55, profetul scrie:

> Căci, după cum ploaia și zăpada se coboară din ceruri și nu se mai întorc înapoi, ci udă pământul și-l fac să rodească și să odrăslească, pentru ca să dea sământă semănătorului și pâine celui ce mănâncă, tot așa și Cuvântul Meu care iese din gura Mea nu se întoarce la Mine fără rod, ci va face voia Mea și va împlini planurile Mele. (Isaia 55:10-11).

Există putere în Cuvântul lui Dumnezeu! Nu există nicio îndoială în această privință. Nu putem trăi fără Cuvântul lui Dumnezeu. Hristos Însuși declară: „ Este scris: «Omul nu trăiește numai cu pâine, ci cu orice cuvânt care iese din gura lui Dumnezeu»" (Matei 4:4). Să ne uităm la Isaia 55:10-11. Vedeți legătura dintre ceea ce spune profetul Isaia și Isus? „ Tot așa și Cuvântul Meu care iese din gura Mea" (Isaia) și „orice cuvânt care iese din gura lui

Dumnezeu" (Matei). Cuvântul lui Dumnezeu este viu și lucrător. Cuvântul lui Dumnezeu nu trece și nu îmbătrânește; Cuvântul Său ne vorbește astăzi, chiar acum. Este esențial să reținem acest lucru!

Când citim Biblia, nu citim doar litere negre pe pagini albe, așa cum se întâmplă cu orice altă carte. Când citim Biblia, suntem în comuniune cu Cuvântul viu al lui Dumnezeu. **Când deschidem Biblia, Dumnezeu Își deschide gura și ne vorbește.** Autorul cărții Evrei scrie: „Căci Cuvântul lui Dumnezeu este viu și lucrător, mai tăietor decât orice sabie cu două tăişuri: pătrunde până acolo că desparte sufletul și duhul, încheieturile și măduva, judecă simțirile și gândurile inimii" (Evrei 4:12). Nu există niciun alt manuscris sau scriere în lume capabile să pătrundă atât de adânc în spiritul, sufletul, inima, mintea și emoțiile omului. Atunci când citim Biblia, Cuvântul lui Dumnezeu ne citește pe noi. Există putere în sămânța Cuvântului.

În Evanghelia după Marcu, Isus ne spune:

> Cu Împărăția lui Dumnezeu este ca atunci când aruncă un om sămânța în pământ; fie că doarme noaptea, fie că stă treaz ziua, sămânța încolțește și crește fără să știe el cum. Pământul rodește singur: întâi un fir verde, apoi spic, după aceea grâu deplin în spic și, când este coaptă roada, pune îndată secera în ea, pentru că a venit secerișul." (Marcu 4:26-29)

Când am citit acest pasaj, afirmația „**pământul rodește singur**" mi-a captat atenția. Uimitor! A fost ca și cum aș fi observat această afirmație pentru prima dată. Ce înseamnă aceasta? Cum rodește pământul singur? **Adevărata putere se află în sămânță.** Cu toate acestea, calitatea solului poate valorifica această putere, sau îi poate bloca potențialul. Sămânța are nevoie de un sol adecvat în care să crească. Dacă sămânța cade pe pământ, iar acesta primește sămânța, ea „încolțește și crește". Metafora seminței și a solului este puternică! La fel, există putere în sămânța Cuvântului, dar aceasta are nevoie de solul unei inimi în care să germineze, să încolțească, să crească și să producă roade.

În Evanghelia după Matei, capitolul 13, Isus a spus audienței Sale o altă pildă, cunoscută sub numele de Pilda semănătorului:

> El le-a vorbit despre multe lucruri în pilde și le-a zis: „Iată, semănătorul a ieșit să semene. Pe când semăna el, o parte din sământă a căzut lângă drum și au venit păsările și au mâncat-o. O altă parte a căzut pe locuri stâncoase, unde n-avea pământ mult: a răsărit îndată, pentru că n-a găsit un pământ adânc. Dar, când a răsărit soarele, s-a pălit și, pentru că n-avea rădăcini, s-a uscat. O altă parte a căzut între spini: spinii au crescut și au înecat-o. O altă parte a căzut în pământ bun și a dat rod: un grăunte a dat o sută, altul, șaizeci și altul, treizeci. Cine are urechi de auzit să audă". (Matei 13:3-9).

Semănătorul împrăștie semințe care au aceeași calitate și putere. Ceea ce a făcut diferența în producerea roadelor nu este calitatea semințelor, ci calitatea solului. Conform acestei pilde, semințele au căzut pe toate cele patru tipuri de sol:

- Primul loc este *pământul de lângă drum*. Fiind aproape de drum, păsările au mâncat semințele.
- Al doilea este un *pământ tare*. În locurile stâncoase nu există suficient sol fertil care să permită rădăcinilor plantei să pătrundă mai adânc. Prin urmare, plantele au răsărit repede, și la fel de repede s-au uscat.
- Al treilea loc este *între spini*. Ne putem imagina cu ușurință că aceste mici plante nu au avut nicio șansă de supraviețuire, căci spinii le-au sufocat.
- *Pământul bun* reprezintă ultimul loc. Acest sol primește sămânța și facilitează mediul potrivit pentru ca aceasta să încolțească și să crească. În cele din urmă, acest sol a dat roade, în proporții diferite: „un grăunte a dat o sută, altul, șaizeci și altul, treizeci" (cf. Matei 13:8).

Vestea bună este că nu trebuie să ne batem prea mult capul, pentru a înțelege ce înseamnă această pildă. Domnul Isus o interpretează, astfel încât ucenicii să înțeleagă corect sensul ei. Este evident că sămânța este mesajul Evangheliei, care este despre Împărăția lui Dumnezeu. Pământul reprezintă inimile oamenilor.

Iată câteva aspecte importante:

1. *Păsările menționate în primul caz reprezintă duhurile rele.* Acestea smulg repede cuvântul din inimile oamenilor. Când inima omului este lipsită de Cuvântul lui Dumnezeu, nu există creștere, și nici recoltă.
2. *Locurile stâncoase reprezintă superficialitatea.* Oamenii nu iau în serios Cuvântul lui Dumnezeu și, ca urmare, nu au o rădăcină fermă, care să-i susțină în timpul necazurilor vieții și al posibilelor persecuții. Așa că, atunci când vin vremuri grele, acești oameni se îndepărtează de credință.
3. *Locurile cu spini îi reprezintă pe acei oameni care cred că pot avea ce este mai bun din ambele lumi.* Împărăția lui Dumnezeu și deopotrivă această lume. Isus dorește loialitate față de El și față de Împărăția lui Dumnezeu. Matei scrie că oamenii nu pot sluji la doi stăpâni: lui Dumnezeu și totodată bogăției (cf. Matei 6:24). Deoarece inimile lor sunt împărțite, aceștia nu pot fi roditori pentru Hristos.
4. *Solul bun vorbește despre oamenii care aud Cuvântul și îl înțeleg.* Aceștia permit Cuvântului să își întindă rădăcinile adânc în inimile lor. Rezultatul acestui fapt este o recoltă abundentă: „un grăunte a dat o sută, altul, șaizeci și altul, treizeci" (cf. Matei 13:23).

Îmi amintesc că, în copilărie, tatăl meu a cumpărat un lăstar de piersic și l-a plantat în curtea noastră. În primul an, l-am întrebat: „Tată, crezi că pomul plantat va face piersici anul acesta?" Tata mi-a explicat că pomul are nevoie de mai mult timp pentru a se maturiza, înainte de a avea fructe. Al doilea an, i-am pus aceeași întrebare și am primit un răspuns similar. În al treilea an, tata a observat în acel pom tânăr câteva flori. Atunci mi-a spus: „Anul acesta avem mai multe șanse să mâncăm piersici din el. Bineînțeles, presupunând că pomul își păstrează florile, iar după ce se formează fructele, acestea ajung la maturitate și se coc". Am fost tare încântat și i-am spus tatălui meu: „Abia aștept să gust din fructele acestui pom".

Îmi amintesc, de asemenea, de o toamnă în care mama mea a plantat semințele de roșii într-o cutie de lemn, plină cu pământ negru. A udat solul în mod regulat și a păstrat cutia în casă pe toată durata iernii. În mod surprinzător, în primăvara următoare, din pământul acela au început să iasă mici plante verzi. Mama a continuat să le ude și ele au continuat să crească. Când afară s-a făcut suficient de cald, ea a transferat plantele de roșii în grădina de legume. Ghiciți ce s-a întâmplat? În câteva luni, am mâncat o salată de roșii delicioasă. Totul a început cu niște semințe mici, îngropate în pământ. Există putere în sămânță!!!.

Este esențial să înțelegem că creșterea spirituală este treptată. Conform Marcu 4:26-29, atingerea stării de maturitate necesită trei etape de creștere:

- încolțire
- creșterea plantei
- rodire

Dumnezeu este interesat să aibă fii și fiice mature, care aduc roadă pentru gloria lui Hristos. Permiteți-mi să vă împărtășesc ceva din călătoria mea spirituală. Cu mai bine de două decenii în urmă, Dumnezeu a plantat adânc în inima mea „sămânța" slujbei de creștere și maturizare spirituală. Era o sămânță mică, dar cu un potențial imens. Duhul Sfânt a folosit două „semințe" specifice din Cuvântul lui Dumnezeu. Prima se află în Ioan 15:8: „Dacă aduceți multă roadă, prin aceasta Tatăl Meu va fi proslăvit și voi veți fi astfel ucenicii Mei". Cea de-a doua se găsește în 2 Petru 1:3-11:

> Dumnezeiasca Lui putere ne-a dăruit tot ce privește viața și evlavia, prin cunoașterea Celui ce ne-a chemat prin slava și

puterea Lui, prin care El ne-a dat făgăduințele Lui nespus de mari și scumpe, ca prin ele să vă faceți părtași firii dumnezeiești, după ce ați fugit de stricăciunea care este în lume prin pofte. De aceea, dați-vă și voi toate silințele ca să uniți cu credința voastră fapta; cu fapta, cunoștința; cu cunoștința, înfrânarea; cu înfrânarea, răbdarea; cu răbdarea, evlavia; cu evlavia, dragostea de frați; cu dragostea de frați, iubirea de oameni. Căci, dacă aveți din belșug aceste lucruri în voi, ele nu vă vor lăsa să fiți nici leneși, nici neroditori în ceea ce privește deplina cunoștință a Domnului nostru Isus Hristos. Dar cine nu are aceste lucruri este orb, umblă cu ochii închiși și a uitat că a fost curățit de vechile lui păcate. De aceea, fraților, căutați cu atât mai mult să vă întăriți chemarea și alegerea voastră, căci, dacă faceți lucrul acesta, nu veți aluneca niciodată. În adevăr, în chipul acesta vi se va da din belșug intrare în Împărăția veșnică a Domnului și Mântuitorului nostru Isus Hristos.

Prin călăuzirea Duhului Sfânt, am reușit să fac legătura între ele. Ioan 15:8 ne spune că roadele noastre îl glorifică pe Tatăl. În 2 Petru ni se explică faptul că, pentru a fi roditori, trebuie să cultivăm anumite calități, cum ar fi: credința, fapta, cunoștința, înfrânarea, răbdarea, evlavia, dragostea de frați și iubirea de oameni. Petru scrie: „Căci, dacă aveți din belșug aceste lucruri în voi, ele nu vă vor lăsa să fiți nici leneși, nici neroditori". În acel moment, dintr-o dată m-am luminat! După această înțelegere, am devenit complet dedicat acestei viziuni. Dacă păstrăm perspectiva corectă asupra acestor lucruri, vom înțelege Marea Trimitere. Pentru facerea de ucenici nu există nici un substitut: nici un program, nici o religie, nici o lege, nimic. Rodirea Îl glorifică pe Tatăl. Rodnicia este adevărul însemn al uceniciei autentice. Ea arată ascultarea noastră umilă și încrederea pe care o avem în Duhul Sfânt, pentru a aduce roada Sa, în slujba pe care o

Creșterea spirituală are loc pentru că există putere în Sămânța Cuvântului.

facem. Aceasta este ceea ce ne spune Isus: „Dacă aduceți multă roadă, prin aceasta Tatăl Meu va fi proslăvit și voi veți fi astfel ucenicii Mei" (Ioan 15:8).

Nu există prea mult spațiu de dezbatere pe acest verset, dar se vede clar că *rodirea* și *ucenicia* merg mână în mână. Dacă punem toate aceste lucruri în perspectivă, măreața concluzie devine clară: **creșterea spirituală are loc pentru că există putere în Sămânța Cuvântului.**

Și calitatea solului este importantă. Dacă inima este un pământ bun, ea produce recoltă: „un grăunte a dat o sută, altul, șaizeci și altul, treizeci" (Matei 13:8). Acest întreg proces, de la pregătirea solului până la aruncarea seminței în pământ și udarea ei regulată, se numește ucenicie. Pavel explică: „Eu am sădit, Apolo a udat, dar Dumnezeu a făcut să crească" (1 Corinteni 3:6). Pavel a înțeles foarte bine procesul de ucenicie. Domnul Isus Hristos este modelul principal în această privință. De asemenea, Pavel a făcut tot ce i-a stat în putință pentru a modela un exemplu de relație mentor-ucenic. El a îndrăznit să scrie: „Călcați pe urmele Mele, întrucât și eu calc pe urmele lui Hristos" (1 Corinteni 11:1). Când Pavel a simțit că i se apropie sfârșitul, l-a îndemnat pe fiul său în credință, Timotei, să acorde cea mai mare atenție procesului de ucenicie. El îi scrie: „Și ce-ai auzit de la mine în fața multor martori încredințează la oameni de încredere, care să fie în stare să învețe și pe alții" (2 Timotei 2:2).

Cu alte cuvinte, cel mai mare dintre apostoli spune: **Singurul mijloc de creștere și multiplicare spirituală este ucenicia.**

Fie ca Dumnezeu să ne binecuvânteze pe fiecare dintre noi și să ne ajute să călcăm pe urmele lui Isus și, la fel ca Pavel, să lăsăm la rândul nostru urme clare, pentru ca și alții să Îl urmeze pe Marele Învățător, Hristos, îndeplinind astfel Marea Trimitere.

Întrebări de discuții:

Vă rog să reflectați la următoarele întrebări, apoi să vă împărtășiți gândurile cu un prieten sau cu grupul de studiu din care faci parte.

1. Care este părerea ta despre formarea spirituală? Crezi că este important pentru creștini să crească spiritual? Te rog să detaliezi.

2. Unde te afli în propria ta călătorie de creștere spirituală?

3. În ce domenii te consideri mai matur? Care sunt domeniile în care îți lipsește creșterea spirituală?

4. În ce constă dieta ta spirituală? Ce faci în mod activ pentru a „consuma" ceea ce este potrivit pentru stadiul tău de creștere spirituală? Te rog să detaliezi.

5. Ce idei sau învățături ți-au plăcut din subcapitolul „Puterea seminței"?

Note

7. Creșterea spirituală - Pecetea adevăratei ucenicii

[94] Gupta, R. Christine, MD, *Failure to Thrive*, Kidshealth, noiembrie 2014. Accesat pe 25 iunie 2019. https://kidshealth.org/en/parents/failure-thrive.html.
[95] Termenul „predestinare" folosit aici de autor nu are nicio legătură cu învățăturile susținute de calvinism, „potrivit cărora Dumnezeu a stabilit destinul etern al unora la mântuirea prin har, lăsându-i pe ceilalți să primească damnarea veșnică pentru toate păcatele lor, chiar și pentru păcatul lor originar". Accesat pe 19 iunie 2019 https://en.wikipedia.org/wiki/Predestination_in_Calvinism. Acest autor spune că, deoarece Dumnezeu este omniscient, El vede sfârșitul de la bun început. Pe baza preștiinței Sale, așa cum foarte bine afirmă Pavel, „ne-a rânduit mai dinainte să fim înfiați prin Isus Hristos, după buna plăcere a voii Sale, spre lauda slavei harului Său, pe care ni l-a dat în Preaiubitul Lui" (Efeseni 1:5-6). Să continuăm să ne minunăm de aceasta și să nu încercăm să-L limităm pe Dumnezeu la vreuna dintre perspectivele noastre teologice.

CAPITOLUL 8

Pericolele imaturității spirituale
Prima parte

De aceea, să lăsăm adevărurile începătoare ale lui Hristos și să mergem spre cele desăvârșite, fără să mai punem din nou temelia pocăinței de faptele moarte și a credinței în Dumnezeu.
- Evrei 6:1

Pe la mijlocul anilor '90 am fost călăuzit de Duhul Sfânt să mă ocup de domeniul creșterii și maturizării spirituale. La acea vreme, aveam un mic „birou" în subsolul casei noastre. După serviciu și treburile casnice, mă strecuram acolo. De multe ori petreceam ore întregi adâncit în Scripturi, pentru a afla mai multe despre acest domeniu uimitor. Așadar, gândurile și ideile pe care le voi împărtăși în continuare au izvorât din studierea textului din Efeseni 4:11-16, un pasaj care a devenit foarte important pentru mine, de-a lungul anilor. În mod normal, folosesc acest paragraf din Scriptură pentru a explica importanța creșterii și maturizării spirituale. Cu toate acestea, în timpul unei călătorii misionare în India și Italia, acum câțiva ani, m-am simțit puternic îndemnat să încep să predau și să scriu despre pericolele imaturității spirituale. Pe când mă aflam pe acele meleaguri străine, acesta era un mesaj nou-nouț și pentru mine. Nu mai predicasem niciodată în felul acesta din textul menționat. Mesajul a venit spontan, din adâncul inimii mele, fără nicio pregătire prealabilă. Chiar înainte de a citi acest capitol, vă sugerez să vă opriți și să rostiți o scurtă rugăciune:

> Doamne Tată, te rog deschide-mi ochii să Te văd, deschide-mi urechile să aud vocea Duhului, deschide-mi inima și umple-o cu dragostea lui Isus, deschide-mi mintea ca să înțeleg Scripturile și dă-mi voința de a-mi preda viața sută la sută scopurilor Tale divine. Mă rog în Numele minunat al lui Isus Hristos. Amin!

M-am rugat pentru voi, cititorii mei, așa că mă aștept ca în sufletele voastre să coboare de sus de la Dumnezeu o înțelegere profundă a celor ce vor urma.

În Efeseni 4:11-16, Pavel vorbește despre cele cinci feluri de slujitori ai Bisericii. Mie îmi place să spun că ei sunt „*mâna*" lui Dumnezeu. Ea conține următoarele „*degete*":

- apostolii
- profeții
- evangheliștii
- păstorii
- învățătorii

Această *mână specială* este dată pentru zidirea generală a Trupului lui Hristos. Toate aceste *degete speciale* sunt chemate pentru un obiectiv specific, în trei direcții:

- desăvârșirea sfinților
- lucrarea de slujire
- zidirea trupului lui Hristos

Acest obiectiv nu a fost atins în timpul generației apostolice a Bisericii din primele secole. El continuă și astăzi. Cred cu tărie că acest mare obiectiv trebuie să fie îndeplinit înainte de revenirea lui Hristos. În acest pasaj, Pavel ne spune că, în procesul de realizare a acestui mare obiectiv triplu, trebuie să nu pierdem din atenție trei aspecte majore:

- să ajungem toți la unirea credinței și a cunoștinței Fiului lui Dumnezeu
- să atingem starea de om mare
- să atingem plinătatea lui Hristos (vezi Efeseni 4:13)

Înțeleg că atingerea plinătății lui Hristos este intenția finală a lui Dumnezeu pentru Biserica Sa. Am menționat acest lucru deja, dar merită repetat:

> Scopul final al Bisericii este un ucenic matur, care Îl cunoaște pe Dumnezeu în mod intim și personal (cf. Ioan 17:3), care a acceptat chemarea la ucenicie și care poartă crucea zilnic (Luca 9:23, Galateni 2:20), a cărui minte și caracter sunt în mod continuu înnoite și transformate de Duhul Sfânt și de Cuvântul lui Dumnezeu (Romani 12:2, 2 Corinteni 3:18, Galateni 5:22-23), care crește și se maturizează spre plinătatea lui Hristos (Efeseni 4:11-16, Evrei 5:11-14, 6:1-3) și care, în cele din urmă, contribuie la multiplicarea ucenicilor, conform modelului de ucenicie al lui Hristos și al apostolilor (Matei 28:19-20, 2 Timotei 2:2).[96]

Acesta a fost cazul Bisericii din primul secol și este încă în vigoare pentru Biserica din ultimele zile, până la revenirea Sa glorioasă. De aceea sunt pasionat să scriu pe tema *pericolelor imaturității spirituale*. Sunt ferm convins că aceste aspecte sunt extrem de importante, precum și extrem de urgente! Dacă credincioșii continuă să rămână în starea de imaturitate spirituală, ei sunt în pericol de a pierde din vedere scopul lui Dumnezeu pentru viața lor. Luca scrie: „dar fariseii și învățătorii Legii au zădărnicit planul lui Dumnezeu pentru ei, neprimind botezul lui" (Luca 7:30). Cu alte cuvinte, putem spune: „Dar unii creștini au zădărnicit planul lui Dumnezeu pentru ei, prin faptul că nu s-au îngrijit de creșterea și maturizarea lor spirituală și au pierdut din vedere intenția finală a lui Dumnezeu pentru ei". În această secțiune din Scriptură (Efeseni 4:11-16), Pavel nu vorbește despre mântuire. În expunerea acestui pasaj, nici eu nu vorbesc despre mântuire. Vorbesc despre marele pericol de a nu atinge potențialul deplin, pe care Tatăl nostru iubitor îl dorește pentru fiecare dintre noi, în calitate de copii iubiți ai Săi.

Este trist să constatăm că mulți creștini din ziua de azi sunt mulțumiți cu acest *status quo*. Atât de mulți participanți la serviciile bisericii cred în mod fals că maturizarea spirituală este ceva ce se întâmplă *în mod automat*. Ei cred că simpla trecere prin viața de credință va duce în cele din urmă la creștere, dezvoltare spirituală și maturizare. Este exact ceea ce dușmanul sufletelor noastre ar vrea să credem. Dar nu vom ajunge la maturitate în felul acesta. De fapt, Isus ne-a avertizat în pilda semănătorului: „Sămânța care a căzut între spini îi închipuie pe aceia care, după ce au auzit Cuvântul, își văd de drum și-l lasă să fie înăbușit de grijile, bogățiile și plăcerile vieții acesteia și n-aduc rod care să ajungă la coacere" (Luca 8:14). Chiar dacă plinătatea lui Hristos este ceea ce dorește Tatăl pentru noi toți, ea nu se va întâmpla în mod automat. Nici apartenența la o biserică locală nu este suficientă. Creșterea spirituală și maturizarea sunt rezultatul unei transformări spirituale conduse de Duhul Sfânt. Ca urmare, Dumnezeu manifestă viața și caracterul lui Hristos prin credincios. Ucenicia este luată în serios prin *intențiile* și *deciziile* noastre și se traduce prin *credința noastră în acțiune*. Ea nu se va întâmpla de la sine. Cred că exact aceasta este ceea ce vorbește Duhul Sfânt bisericilor de astăzi: „Dragi credincioși, dacă aveți urechi de auzit, voia Tatălui este de a aduce din nou crucea lui Hristos în prim-planul Bisericii".

Pe măsură ce Duhul Sfânt vorbea inimii mele, am înţeles că există cinci pericole principale ale imaturităţii spirituale.

1. Starea de credincios carnal[6]

Starea de credincios carnal (sau carnalitatea) este un pericol foarte mare al imaturităţii. În prima sa epistolă către Corinteni, Pavel scria:

> Cât despre mine, fraţilor, nu v-am putut vorbi ca unor oameni duhovniceşti, ci a trebuit să vă vorbesc ca unor oameni lumeşti, ca unor prunci în Hristos. V-am hrănit cu lapte, nu cu bucate tari, căci nu le puteaţi suferi, şi nici acum chiar nu le puteţi suferi, pentru că tot lumeşti sunteţi. În adevăr, când între voi sunt zavistii, certuri şi dezbinări, nu sunteţi voi lumeşti şi nu trăiţi voi în felul celorlalţi oameni? (1 Corinteni 3:1-3)

La notele de la sfârşitul capitolului[97] veţi găsi diverse traduceri englezeşti ale acestor versete, din mai multe versiuni biblice. 1 Corinteni 3:1-3 este un pasaj foarte interesant. Pavel foloseşte diferite cuvinte pentru a descrie starea de imaturitate spirituală a credincioşilor din Corint. Aceste cuvinte sunt:

- oameni lumeşti
- prunci în Hristos
- copii care se hrănesc cu lapte
- geloşi
- certăreţi
- oameni care creează dezbinare

[6] În traducerea românească a Bibliei folosite de noi, termenul „om carnal" a fost tradus cu „om lumesc" şi respectiv „om firesc" (n.tr.).

- oameni care trăiesc în felul celorlalți oameni

Ce vrea să spună Pavel prin expresia *„oameni lumești”*? Pur și simplu înseamnă oameni care sunt controlați de natura lor umană și nu de Duhul Sfânt. Potrivit *Vine's Complete Expository Dictionary of the Old and New Testament Words* (Dicționarul complet al cuvintelor din Vechiul și Noul Testament), cuvântul grecesc folosit aici este σαρκικός – sarkikos. Îl găsim în Strong's #4559. El derivă din *sarx*, care înseamnă *carne*. Sarkikos înseamnă:

> (a): „având natura cărnii”, care își are sediul în natura animală, sau care este stimulată de aceasta, ca în 1 Petru 2:11. „Carnal” sau ca echivalent al lui „omenesc”, cu ideea adăugată de slăbiciune. Comunică și ideea de ne-spiritual, de înțelepciune omenească, „lumească”, cum ar fi în 2 Corinteni 1:12.

Sarkikos mai înseamnă:

(b): „referitor la carne” (adică la trup), ca în Romani 15:27 și 1 Corinteni 9:11.[98]

Mai mult, cuvântul grecesc σάρκινος – sarkinos, carnal, apare în Strong's #4560. Sarkinos denotă:

> „Din carne, carnal”, ca în 2 Corinteni 3:3: „inimi de carne”. Adjectivele „trupești”, „carnale” sunt puse în contrast cu calitățile spirituale în Romani 7:14; 1 Corinteni 3:1, 3, 4; 2 Corinteni 1:12; Coloseni 2:18. În sens larg, *carnal* desemnează elementul păcătos din natura omului, din cauza descendenței din Adam. Pe de altă parte, spiritualul este ceea care vine prin intervenția regeneratoare a Duhului Sfânt.[99]

Aici cuvântul carnal, σάρκινοῖς – sarkinois, nu este același cu cel care este folosit în 1 Corinteni 2:14 și care este tradus prin

„firesc", ψυχικός – psuchikos. „Firesc" se referă la cineva care nu este înnoit și care se află în întregime sub influența naturii sale senzuale sau animale, și nu se aplică nicăieri creștinilor.[100] „Starea carnală este o stare de păcătuire continuă și de eșec."[101] „Creștinii carnali sunt persoane aflate sub influența poftelor trupești; râvnind și trăind pentru lucrurile din această viață."[102] Din păcate, majoritatea credincioșilor din Corint se aflau într-o stare carnală. Potrivit *Gill's Exposition of the Entire Bible*:

> Creștinii din starea carnală nu sunt la fel ca oamenii neregenerați; dar ei aveau concepții carnale despre lucruri, erau în tipare sufletești carnale și purtau o conversație carnală unii cu alții; deși nu erau în carne, într-o stare firească, totuși carnea era în ei și nu numai că poftea împotriva Duhului, dar era foarte predominantă în viața lor și îi făcea captivi, și de aceea sunt numiți astfel.[103]

Andrew Murray, în *The Master's Indwelling*, scrie: „În acești corinteni carnali era puțin din Duhul lui Dumnezeu, dar carnea predomina; Duhul nu era stăpânul întregii lor vieți"[104].

Pastorul, J. B. Hall, în predica „Carnal Christian", postată pe sermoncentral.com, explică:

> Creștinul carnal, astfel, la fel ca omul pierdut, se opune lucrării lui Dumnezeu în biserică. El are propria sa agendă și este complet insensibil și nereceptiv la lucrarea spirituală, pe care Dumnezeu încearcă să o realizeze în biserica Sa.[105]

În timpul cercetării mele online, când am introdus întrebarea: „Ce este un creștin carnal?", am primit următorul răspuns:

> Elementul cheie care trebuie înțeles este că, deși un creștin poate fi, pentru un timp, carnal, un creștin adevărat nu va rămâne carnal toată viața.[106]

Îmi place perspectiva lui Andrew Murray asupra acestui subiect:

> Îi vom spune: „Trebuie schimbat. Ai milă de noi". Dar, vai! Această rugăciune și această schimbare nu pot veni până când nu vom începe să vedem că există o rădăcină carnală, care domnește în credincioși; ei trăiesc mai mult după trup decât după Duh; ei sunt încă creștini carnali.[107]

Acest punct de vedere este și mai interesant! Potrivit lui Andrew Murray, este imposibil ca creștinii să treacă de la starea carnală la cea spirituală. El consideră că este o înșelăciune. El scrie: „Există creștini care cred că trebuie să crească din starea carnală în starea spirituală. Nu se va putea așa ceva".[108]

Atunci, care este soluția, ne putem întreba? El continuă:

> Ce i-ar fi putut ajuta pe acești corinteni carnali? Hrănirea cu lapte nu le era de niciun ajutor, pentru că laptele era dovada că se aflau într-o stare greșită. Hrănirea cu carne nu le era de niciun ajutor, pentru că nu erau în stare să o consume. Ceea ce le trebuia era cuțitul chirurgului. Pavel spune că viața carnală trebuie să fie îndepărtată: „Cei care sunt ai lui Hristos și-au răstignit firea pământească" (Galateni 5:24). Când un om înțelege ce înseamnă aceasta, și o acceptă cu credința în ceea ce poate face Hristos, atunci un singur pas îl poate aduce de la starea de om carnal la cea de om spiritual. Un simplu act de credință în puterea morții lui Hristos, un act de predare în părtășia morții lui Hristos, pe care Duhul Sfânt o poate face a noastră, va deveni a noastră și îți va aduce eliberarea de puterea eforturilor tale.[109]

Mai mult, Andrew Murray scrie:

> Astfel, în ce privește viața spirituală, poți merge de la un învățător la altul spunând: „*Vorbește-mi despre viața spirituală, despre botezul Duhului și despre sfințenie*", și totuși

> s-ar putea să rămâi exact unde erai. Multora dintre noi ne-ar plăcea ca păcatul nostru să fie îndepărtat. Cui îi place să aibă o fire pripită? Cui îi place să fie orgolios? Cine este satisfăcut cu o inimă lumească? Nimeni. Mergem la Hristos să ni le ia, dar El nu o face; și atunci ne întrebăm: „De ce nu o va face? M-am rugat stăruitor". Este pentru că ai vrut ca El să îndepărteze roadele urâte, în vreme ce rădăcina otrăvitoare avea să rămână în tine. Nu I-ai cerut ca firea carnală să fie bătută în cuie pe cruce, și ca de acum înainte să te abandonezi pe tine însuți în întregime puterii Duhului Său.[110]

Cheia este să te încrezi în Duhul Sfânt și să te abandonezi lui Dumnezeu. Murray adaugă:

> Numai Duhul Sfânt este cel care, prin locuirea Sa, poate face din cineva un om spiritual. Vino, deci, și aruncă-te la picioarele lui Dumnezeu, cu acest gând: „Doamne, mă dăruiesc pe mine însumi, un vas gol, pentru a fi umplut cu Duhul Tău".[111]

Vestea bună este că astfel de rugăciuni primesc un răspuns rapid din partea Tatălui.

Rugăciune sugerată de Andrew Murray:

> O, dragă Tată, vin înaintea Ta cu vasul meu gol, curățat de Sângele Mielului Sfânt. Dumnezeul meu își va împlini promisiunea! Cer de la El umplerea Duhului Sfânt pentru a mă transforma, dintr-un creștin carnal, într-un creștin spiritual.[112]

Toate aceste lucruri sună atât de bine pe hârtie, nu-i așa? Dar în practică lucrurile par să fie altfel. Întrebarea este: Există o viață spirituală adevărată? Este posibil un astfel de lucru pentru oamenii obișnuiți ca mine și ca tine? Dacă da, *cum putem noi să intrăm într-o astfel de viață*? Ei bine, mă bucur de întrebarea aceasta! Să văd dacă pot să vă explic în termeni simpli:

- În primul rând, Dumnezeu cere și promite acest tip de viață. Biblia ne învață: „Voi fiți dar desăvârșiți, după cum și Tatăl vostru cel ceresc este desăvârșit" (Matei 5:48). Isus ne spune: „Eu am venit ca oile să aibă viață, și s-o aibă din belșug" (Ioan 10:10b).
- În al doilea rând, pe baza acestor două pasaje, este clar că acest tip de viață este imposibil, atunci când credincioșii încearcă să trăiască independent de Dumnezeu. Numai Hristos, prin Duhul Sfânt, care acționează în noi, poate trăi acest tip de viață. La urma urmei, este viața Lui.

Deci, ce trebuie să facem? Câteva lucruri sunt de o importanță vitală:

- Trebuie să fim *plini de Duhul Sfânt* (Efeseni 5:18)
- Trebuie să fim *călăuziți de Duhul Sfânt* (Romani 8:14)
- Trebuie să *umblăm prin Duhul Sfânt* (Galateni 5:25)

Dacă nu vedem clar aceste aspecte, trebuie să ne pocăim de aceasta. Cu alte cuvinte, trebuie să ne schimbăm părerea despre carnalitatea de orice fel, și să o vedem ca fiind incompatibilă cu natura lui Dumnezeu, la care suntem părtași (2 Petru 1:4). Trebuie stabilit odată pentru totdeauna că, pentru un credincios autentic în Hristos, aceste manifestări de carnalitate ar trebui să fie o excepție, nu o regulă.

- În al treilea rând, credinciosul trebuie să fie convins de falimentul cărnii sale. Trebuie să înțelegem că există ceva teribil de greșit în starea noastră de credincioși carnali și trebuie să stăruim înaintea lui Dumnezeu pentru a ne elibera de ea. Pavel scrie: „O, nenorocitul de mine! Cine mă va izbăvi de acest trup de moarte?" (Romani 7:24). Fără această convingere profundă, nu putem deveni oameni cu adevărat spirituali. Trecerea de la starea carnală la starea spirituală este la un pas distanță. Privit din acest unghi, vedem Galateni 2:20 cu alți ochi. Noi declarăm: „nu mai sunt eu, ci Hristos trăiește în mine". Trebuie să existe o ruptură legală cu carnea. Și fiți siguri că crucea este cea care a făcut (la timpul trecut) acest lucru. Acesta este locul în care Hristos dorește ca frații și surorile Sale să trăiască și să acționeze, prin El și cu El. Iar acest lucru necesită o predare totală (Romani 12:1) – nu doar o decizie pe care o faci o singură dată, ci o predare zilnică, ridicarea și purtarea crucii în fiecare zi.

Viața spirituală și viața din belșug sunt un parcurs. Este vorba de o viață dinamică, nu una statică. Numai având atitudinea de predare totală, Cuvântul lui Dumnezeu poate înnoi mintea credinciosului. Numai prin înnoirea minții (cf. Romani 12:2) și prin *transformarea caracterului* (cf. 2 Corinteni 3:18) credinciosul poate manifesta din ce în ce mai mult viața și caracterul lui Hristos și, astfel, să fie din ce în ce mai puțin carnal. Acest proces, așa cum îl explică alții, este cunoscut sub numele de *sfințire progresivă.*

Dacă Duhul Sfânt te-a convins de propria ta stare spirituală, te încurajez cu tărie să declari înaintea lui Dumnezeu trei lucruri pozitive:

- Doamne Dumnezeule, doresc hrana tare. Fă-mă să cresc.
- Doamne, sunt atât de dezamăgit de cât de carnal sunt, pentru că încă mă agăț de firea mea pământească. Îmi dau seama acum „că nimic bun nu locuiește în mine, adică în firea mea pământească" (Romani 7:18). Ia „bisturiul" Tău și îndepărtează răul din mine.
- Dragă Duhule Sfânt, ajută-mă și călăuzește-mă în procesul de creștere și maturizare spirituală.

Acum, că ai făcut aceste declarații puternice, te rog să rostești această rugăciune sinceră:

O, Abba Tată, știu că mă iubești. Îți dăruiesc vasul meu gol, curățat de Sângele sfânt al Fiului Tău, Isus. Ia „bisturiul" Tău și îndepărtează tot ceea ce este carnal în mine. Ai promis că vei da Duhul Sfânt tuturor celor care Îl cer. Cer umplerea cu Duhul Sfânt, pentru a deveni un creștin spiritual, pentru a nu rămâne unul carnal. Mă rog în Numele minunat al lui Hristos.

2. Nestatornicia

Probabil că unul dintre cele mai vizibile pericole ale imaturității spirituale este nestatornicia. Pavel scrie: „ca să nu mai fim copii, plutind încoace și încolo, purtați de orice vânt de învățătură, prin viclenia oamenilor și prin șiretenia lor în mijloacele de amăgire" (Efeseni 4:14). Conform *Merriam Webster Dictionary*, „a purta" înseamnă „a arunca (ceva) cu o mișcare rapidă și ușoară, a muta sau a ridica rapid sau brusc, a mișca (ceva) înainte și înapoi, sau în sus și în jos"[113].

În textul original, Pavel folosește patru cuvinte pentru a-i avertiza pe credincioși de pericolul imaturității spirituale:

- viclenie
- șiretenie
- înșelăciune
- amăgire

Cuvântul „viclenie" din acest verset este opusul lui a fi cinstit, sincer, onest și deschis. Cuvântul „șiretenie", conform *Merriam Webster Dictionary*, este abilitatea cuiva de a-și atinge scopurile prin mijloace indirecte, subtile sau necinstite".[114] *Înșelăciune* înseamnă a face ceva bazat pe sau folosind metode necinstite pentru a dobândi ceva de valoare. Cel de-al patrulea cuvânt folosit de Pavel este *amăgire*, care înseamnă a fi iscusit în atingerea scopurilor prin mijloace indirecte și adesea înșelătoare. Pavel nu folosește această combinație de termeni pentru a-i impresiona pe credincioșii din Efes cu vocabularul său grecesc elevat. Sub inspirația Duhului Sfânt, Pavel a vrut să sublinieze pericolul instabilității, atunci când credincioșii rămân la starea de imaturitate. Cu alte cuvinte, dacă nu vrem să fim purtați de orice vânt de învățătură, trebuie să creștem „în harul și în cunoștința Domnului și Mântuitorului nostru Isus Hristos" (2 Petru 3:18).

Credincioșii imaturi nu au o poziție teologică fermă și sunt nestatornici. Dacă un predicator spune ceva, el sau ea se îndreaptă în acea direcție. Dacă vine un alt învățător și predică altceva, el sau ea ascultă de acesta. În absența maturității spirituale, credincioșii sunt în pericolul de a se lăsa purtați încoace și încolo de *șiretlicurile oamenilor*. Învățătorii înșelători au câștig de cauză asupra celor care se lasă purtați de orice învățătură. Aceștia au un fel de *carismă* falsă, prin care câștigă simpatia publicului lor. În concluzie: imaturitatea, starea de copil în credință, este periculoasă datorită nestatorniciei de care este caracterizată. Dacă cele de mai sus te descriu pe tine, te rog să recunoști acest pericol din viața ta. Te rog să declari trei lucruri pozitive:

- Doamne, am nevoie de stabilitate.
- Doamne Isuse, am decis să cresc.
- Duhule Sfânt, te rog să mă faci stabil și consecvent în credința mea și în umblarea mea cu Tine.

După ce ai făcut aceste declarații importante, te încurajez să îngenunchezi în fața lui Dumnezeu și să rostești această rugăciune:

Doamne Dumnezeule, vreau să fiu statornic. Am decis să îmbrățișez procesul de creștere și maturizare spirituală. Dragă Doamne Isuse, îmi dau seama că a crește și a mă maturiza în harul și cunoașterea Ta este singurul mod în care pot să mă bucur de statornicie în viața mea. Dragă Duhule

Sfânt, Te rog să lucrezi în mine, să mă transformi și să mă maturizezi, potrivit planurilor și scopurilor Tale. Singura mea dorință este să arăt viața și caracterul lui Hristos în și prin mine. Mă rog în Numele lui Isus. Amin.

3. Repulsia față de hrana tare

Din punct de vedere spiritual, *laptele* reprezintă „adevărurile începătoare ale lui Hristos". Potrivit Evrei 6:1-2, *dieta cu lapte* include învățăturile despre: „pocăința de faptele moarte", „credința în Dumnezeu", sacramentele Bisericii și „învierea morților și judecata veșnică". Laptele este bun! Fără îndoială. Dar laptele este hrana principală pentru bebeluși, nu pentru adulți. Ca orice părinte bun, Tatăl nostru nu dorește pentru copiii Săi ca ei să continue la infinit dieta cu lapte. Dumnezeu dorește ca noi să creștem „spre mântuire", așa cum bine spune Petru în 1 Petru 2:1-3. Pentru ca acest lucru să se întâmple, trebuie „să mergem spre cele desăvârșite" (Evrei 6:1), ceea ce necesită o decizie conștientă. A înainta nu este o sarcină ușoară; implică depășirea rezistenței; necesită perseverență. Mai mult, a înainta presupune să avansezi, să te îndrepți spre ceva, să parcurgi un drum și să progresezi. După cum puteți vedea, toate aceste cuvinte sugerează ceva dinamic, nu static.

Hrana tare reprezintă învățătura avansată cu privire la neprihănirea lui Dumnezeu și la discernământ spiritual. Conform cu 2 Petru 3:18, hrana tare se referă la învățătura matură despre harul și cunoștința lui Hristos. Potrivit rugăciunilor lui Pavel din Efeseni 1:15-23 și 3:14-21, hrana tare înseamnă o înțelegere iluminată a identității noastră în Hristos și o înțelegere profundă a iubirii agape și a dimensiunilor sale spirituale. Pe baza învățăturii lui Pavel din Romani 8:14 și Galateni 5:16-26, hrana tare reprezintă o înțelegere corectă a ceea ce înseamnă cu adevărat să fii condus de Duhul Sfânt. Mai mult, hrana tare implică o cunoaștere profundă a ceea ce înseamnă să fii transformat în asemănarea cu Hristos (2 Corinteni 3:18; 1 Corinteni 5:2-3).

Credincioșii imaturi au o tendință *naturală* de a respinge hrana tare. Repulsia este un sentiment de aversiune puternică sau de dezgust față de ceva. D. A. Carson scrie:

> Dar există creștini care, după ani și ani de zile, au accese de vomă de talie internațională, din punct de vedere spiritual. Ei pur și simplu nu pot digera ceea ce Pavel numește „hrană tare". Trebuie să le dai lapte, pentru că nu sunt pregătiți pentru nimic mai mult. Iar dacă încerci să le dai altceva decât lapte, ei vomită și îi murdăresc pe toți și toate lucrurile din jurul lor. La un moment dat, numărul de ani de când sunt creștini te face să te aștepți la un comportament matur din partea lor, dar ei ajung să dezamăgească. Sunt încă prunci și își arată imaturitatea lor jalnică chiar și prin modul în care se plâng, dacă le dai ceva mai mult decât lapte. O cunoaștere temeinică a Scripturii nu este pentru ei; o reflecție teologică matură nu este pentru ei; o gândire creștină crescândă și perspicace nu este pentru ei. Ei nu vor nimic mai mult decât o altă rundă de refrene și un „mesaj simplu" – ceva care nu îi va provoca să gândească, să își examineze viața, să facă alegeri și să crească în cunoașterea și adorarea Dumnezeului viu. Așadar, corintenii sunt credincioși nefericit de imaturi.[115]

În călătoriile mele în jurul lumii, predând despre creșterea și maturizarea spirituală, am auzit atât de multe scuze (chiar și din partea liderilor creștini) cu privire la creșterea spirituală. Permiteți-mi să vă împărtășesc doar câteva dintre ele:

- Este atât de greu! Chiar și Biblia ne spune că prea multă învățătură obosește trupul (cf. Eclesiastul 12:12).
- Nu vreau să dobândesc prea multe cunoștințe, pentru că atunci Dumnezeu va aștepta mult de la mine (cf. Luca 12:48).

- Nu trebuie să studiez Biblia înainte de a predica sau sămi fac un plan sau o schiță de predică, pentru că Duhul Sfânt îmi va da cuvintele potrivite pe care trebuie să le spun (cf. Marcu 13:11).
- Este scris că nu trebuie să avem prea mulți învățători (cf. Iacov 3:1).

Dacă vă uitați la referințele biblice pe care le-am notat, veți observa că toate aceste versete sunt scoase din context, dovedind și mai mult pericolul imaturității spirituale. Evident, un copil biologic nu poate fi trecut peste noapte de la lapte la hrană solidă. Ar fi o nebunie să avem o astfel de așteptare nerealistă. Este un proces treptat. El sau ea trebuie mai întâi să fie înțărcat(ă). Papilele gustative ale unui bebeluș trebuie să fie cultivate, pentru a se obișnui cu mâncarea solidă. În același mod, „papilele gustative" spirituale trebuie cultivate, pentru a dori hrană tare, de-a lungul unei perioade de timp. Dar în niciun caz perioada de înțărcare nu trebuie să dureze patruzeci de ani; poate trei sau patru, dar nu mai mult de atât. Charles R. Swindoll scrie:

> Vedeți, pentru ca un creștin să poată consuma hrană solidă, trebuie să aibă un sistem digestiv matur și dezvoltat. El are nevoie de dinți. El trebuie să aibă un apetit, cultivat de-a lungul unei perioade de timp, pentru lucrurile profunde, pentru lucrurile solide ale lui Dumnezeu. Bebelușii spirituali trebuie să crească. Unii dintre cei mai dificili oameni alături de care va trebui să trăim în biserica lui Isus Hristos sunt cei care au îmbătrânit în Domnul, dar nu au crescut în El.[116]

Cu cât întârziem mai mult expunerea la alimente solide, cu atât mai mult va dura obișnuința cu ele. Este nevoie de o decizie voluntară de a trece de la lapte la alimente solide, altfel vom rămâne *„greoi la pricepere"* mai corect - plictisiți de a auzi. Autorul cărții Evrei pune problema în felul următor: „Dar hrana tare este pentru oamenii mari, pentru aceia a căror judecată s-a deprins, prin întrebuințare, să deosebească binele și răul" (Evrei 5:14). Vedeți modelul? Practica duce la antrenarea simțurilor, care duce la discernământ spiritual.

Probabil că ați observat deja acest lucru, dar maturitatea spirituală nu este ușor de măsurat. Mulți credincioși presupun în mod eronat că, odată cu trecerea timpului, se vor maturiza spiritual în mod automat.

Spre deosebire de maturitatea fizică, care depinde în primul rând de timp, cu maturitatea spirituală nu este la fel. Factorul timp este evident atunci când vine vorba de maturitatea fizică. Putem observa cu ușurință diferența dintre un băiat de trei ani și un bărbat de treizeci de ani. În domeniul spiritual, creșterea și maturizarea nu sunt în funcție de timp, ci mai degrabă în funcție de dieta noastră spirituală. De exemplu, se poate să avem creștini care frecventează biserica locală de treizeci de ani și care încă se află la nivelul de copii, comportându-se ca niște creștini de trei ani. Cu o ucenicie adecvată, este posibil ca un creștin care L-a primit pe Hristos acum trei ani să ajungă matur spiritual, manifestând viața și caracterul lui Hristos (vezi Galateni 5:22-23; Ioan 15:8).

Imaturitatea spirituală ne afectează vorbirea, gândirea și luarea deciziilor. Pavel scrie: „Când eram copil, vorbeam ca un copil, simțeam ca un copil, gândeam ca un copil" (1 Corinteni 13:11a). Prin urmare, este imperios necesar să ne angajăm imediat în procesul de creștere și maturizare spirituală, astfel încât să putem renunța la lucrurile copilărești. Pavel continuă: „când m-am făcut om mare, am lepădat ce era copilăresc" (1 Corinteni 13:11b).

Opusul imaturității, desigur, este maturitatea spirituală. Maturitatea este chemarea măreață a fiecărui copil al lui Dumnezeu și este evidențiată, în primul rând, prin prioritățile cuiva. Continuăm să urmărim *„lucrurile"* acestei lumi și *„succesul"* în firea pământească, sau căutăm scopul suprem al lui Dumnezeu pus înaintea noastră - *intimitatea cu Hristos*? Pavel scrie: „alerg spre țintă, pentru premiul chemării cerești al lui Dumnezeu, în Hristos Isus" (Filipeni 3:14). Dacă marele apostol Pavel a simțit nevoia de a „alerga", cu cât mai mult trebuie să o facem noi. Pavel îi îndeamnă pe creștinii angajați în procesul de desăvârșire cu aceste cuvinte: „Gândul acesta dar să ne însuflețească pe toți care suntem desăvârșiți; și dacă în vreo privință sunteți de altă părere, Dumnezeu vă va lumina și în această privință" (Filipeni 3:15). Maturitatea creștină nu înseamnă o trăire fără de păcat. Nu înseamnă că cei care sunt maturi aparțin unei clase superioare celorlalți, care nu se pot smeri pentru a trăi în unitate cu alți oameni. În niciun caz!

Cuvântul grecesc *desăvârșit* (Gr. τέλειος, teleios)[117], folosit de Pavel în Filipeni 3:15, înseamnă: „împlinirea vârstei, maturitate, care a crescut; a persoanelor, adică maturitate deplină în gândire și înțelegere (cf. 1 Corinteni 14:20); în cunoașterea adevărului (cf. 1 Corinteni 2:6; Filipeni 3:15, Evrei 5:14); în credința și virtutea creștină (cf. Efeseni 4:13)"[118]. Pavel îndeamnă: „Dar în lucrurile în care am ajuns de aceeași părere, să umblăm la fel" (Filipeni 3:16). După cum spunea Peter Meiderlin:[119] „În cele esențiale unitate, în cele neesențiale libertate, în toate lucrurile dragoste".[120]

Maturitatea spirituală nu este o competiție între cine poate reproduce mai multe adevăruri teologice. Mai degrabă, maturitatea spirituală este evidențiată de dragostea agape. Biblia ne învață: „Ținta poruncii este dragostea, care vine dintr-o inimă curată, dintr-un cuget bun și dintr-o credință neprefăcută" (1 Timotei 1:5). Maturitatea spirituală autentică este caracterizată de manifestarea unei iubiri agape autentice și mature, care este însăși natura lui Dumnezeu.

Crede-mă, nu a fost plăcut să scriu această secțiune și sunt sigur că nici pentru tine nu a fost plăcut să o citești. Te rog, fă-ți o mare favoare și declară înaintea lui Dumnezeu aceste trei lucruri pozitive:

- Doamne, tânjesc după hrana tare.
- Duhule Sfânt, doresc să mă hrănesc ca un creștin matur.
- Doamne Isuse, urmăresc creșterea spirituală. Dorința mea profundă este de a fi un creștin matur. Te invit să manifești viața și caracterul lui Hristos în mine.

Acum, că ai declarat aceste afirmații importante, te rog să le pecetluiești printr-o rugăciune ca aceasta:

Doamne, Te rog să sădești în mine o dorință profundă după Cuvântul Tău. Te rog să-mi dezvolți papilele gustative pentru hrana tare. O, Doamne Isuse, Te rog să mă iei în brațele Tale și să mă duci la pășuni verzi, ca să pot crește tot mai mult în harul și cunoașterea Ta. Așa ajută-mă să fac, Doamne. Amin!

Întrebări de discuții:

Vă rog să reflectați la următoarele întrebări, apoi să vă împărtășiți gândurile cu un prieten sau cu grupul de studiu din care faci parte.

1. După ce ai citit și recitit acest capitol, ce concept sau idee te-a marcat cel mai mult? Te rog să explici de ce.

2. Citește cu atenție și meditativ 1 Corinteni 3:1-3. Cum ai interpreta acest pasaj? Cum l-au interpretat alți păstori, învățători sau autori de carte? Ești de acord cu vreuna dintre aceste interpretări?

3. Care este impresia ta generală despre secțiunea intitulată: „Starea de om carnal"? Care dintre conceptele acestea este nou pentru tine?

4. Care este impresia ta generală despre secțiunea intitulată: „Repulsia față de hrana tare"?

5. După părerea ta, care este motivul sau motivele pentru care credincioșii nu cresc spiritual. Te rog să detaliezi.

Note

8. Pericolele imaturității spirituale - Prima parte

[96] Valy Vaduva, *Advanced Discipleship Training* (ADT)-*Registration Manual*, (Livonia, MI: Upper Room Fellowship Ministry, 2010), p. 7.
[97] Versiuni ale diferitelor traduceri ale Bibliei:
New International Version: Brothers and sisters, I could not address you as people who live by the Spirit but as people who are still worldly—mere infants in Christ.
New Living Translation: Dear brothers and sisters, when I was with you I couldn't talk to you as I would to spiritual people. I had to talk as though you belonged to this world or as though you were infants in the Christian life.
English Standard Version: But I, brothers, could not address you as spiritual people, but as people of the flesh, as infants in Christ.
New American Standard Bible: And I, brethren, could not speak to you as to spiritual men, but as to men of flesh, as to infants in Christ.
King James Bible: And I, brethren, could not speak unto you as unto spiritual, but as unto carnal, even as unto babes in Christ.
Holman Christian Standard Bible: Brothers, I was not able to speak to you as spiritual people but as people of the flesh, as babies in Christ.
International Standard Version: Brothers, I couldn't talk to you as spiritual people but as worldly people, as mere infants in the Messiah.
NET Bible: So, brothers and sisters, I could not speak to you as spiritual people, but instead as people of the flesh, as infants in Christ.
Aramaic Bible in Plain English: And I, my brethren, have not been able to speak with you as with spiritual ones but as with the carnal and as to babies in The Messiah.
GOD's WORD® Translation: Brothers and sisters, I couldn't talk to you as spiritual people but as people still influenced by your corrupt nature. You were infants in your faith in Christ.
Jubilee Bible 2000: And I, brothers, could not speak unto you as unto spiritual, but as unto carnal, even as unto babes in Christ.
King James 2000 Bible: And I, brethren, could not speak unto you as unto spiritual, but as unto carnal, even as unto babes in Christ.
American King James Version: And I, brothers, could not speak to you as to spiritual, but as to carnal, even as to babes in Christ.
American Standard Version: And I, brethren, could not speak unto you as unto spiritual, but as unto carnal, as unto babes in Christ.
Douay-Rheims Bible: And I, brethren, could not speak to you as unto spiritual, but as unto carnal. As unto little ones in Christ.
Darby Bible Translation: And *I*, brethren, have not been able to speak to you as to spiritual, but as to fleshly; as to babes in Christ.

English Revised Version: And I, brethren, could not speak unto you as unto spiritual, but as unto carnal, as unto babes in Christ.
Webster's Bible Translation: And I, brethren, could not speak to you as to spiritual, but as to carnal, even as to babes in Christ.
Weymouth New Testament: And as for myself, brethren, I found it impossible to speak to you as spiritual men. It had to be as to worldlings—mere babes in Christ.
World English Bible: Brothers, I couldn't speak to you as to spiritual, but as to fleshly, as to babies in Christ.
Young's Literal Translation: And I, brethren, was not able to speak to you as to spiritual, but as to fleshly—as to babes in Christ.
[98] Sarkikos. Accesat pe 10 iunie 2014.
http://www.studylight.org/dictionary/ved/view.cgi?n=411.
[99] Vine, 243.
[100] Sarkinois. Accesat pe 30 mai 2014.
http://www.studylight.org/commentaries/bnb/view.cgi?bk=45&ch=3.
[101] Andrew Murray, *The Master's Indwelling*, p. 4. Accesat la 12 iunie 2014.
http://www.ccel.org/ccel/murray/indwelling.html.
[102] *Carnal Christians*, Adam Clarke, Commentary on 1 Corinthians 3:1-3. Accesat la 30 mai 2014.
http://www.studylight.org/commentaries/acc/view.cgi?book=1co&chapter=003.
[103] *Carnal state Christians, Gill's Exposition of the Entire Bible*. Accesat la 30 mai. 2014.
http://www.biblestudytools.com/commentaries/gills-exposition-of-the-bible/1-corinthians-3-1.html.
[104] Murray, p. 5.
[105] J B Hall, *Carnal Christian*, p. 5, 30 mai 2008. Accesat pe 10 iunie 2014.
http://www.sermoncentral.com/sermons/carnal-christian-j-b-hall-sermon-on-growth-in-christ-120681.asp?Page=1.
[106] *What is a carnal Christian?* Accesat pe 30 mai 2014.
http://www.gotquestions.org/carnal-Christian.html.
[107] Murray, p. 6.
[108] Ibidem, p. 8.
[109] Ibidem, p. 9.
[110] Ibidem, p. 9.
[111] Ibidem, p. 10.
[112] Ibidem, p. 10.
[113] *To toss*. Accesat pe 23 aprilie 2014. http://www.merriam-webster.com/dictionary/tossed.
[114] *Craftiness*. Accesat pe 29 mai 2014, http://www.merriam-webster.com/thesaurus/craftiness.
[115] Carson, p. 72.

[116] Charles R. Swindoll, *The Tale of the Tardy Oxcart*, Nashville, TN, Word Publishing, 1998, p. 80.
[117] *τέλειος*, (teleios): Definiție scurtă: desăvârșit, matur, împlinit, (a) complet în toate aspectele sale, (b) matur, la împlinirea vârstei, (c) în mod special desăvârșirea caracterului creștin. Accesat pe 11 august 2014. http://biblehub.com/greek/5046.htm.
[118] Desăvârșit (τέλειος, teleios). Spiros Zodiathes, 1372.
[119] Rupertus Meldenius, alias Peter Meiderlin (n. 1582 - d. 1651), teolog luteran. Accesat pe 11 august 2014. http://en.wikipedia.org/wiki/Peter_Meiderlin.
[120] Expresie în latină: „In necessariis unitas, in dubiis libertas, in omnibus caritas".

CAPITOLUL 9

Pericolele imaturității spirituale
Partea a doua

Lepădați dar orice răutate, orice vicleșug, orice fel de prefăcătorie, de pizmă și de clevetire și, ca niște prunci născuți de curând, să doriți laptele duhovnicesc și curat, pentru ca prin el să creșteți spre mântuire, dacă ați gustat în adevăr că bun este Domnul.
- 1 Petru 2:1-3

Ce tragedie, să fii un copil al lui Dumnezeu și totuși să fii ignorant în privința identității tale spirituale. Dacă creștinii se văd pe ei înșiși doar ca **păcătoși mântuiți prin har**, au o viziune care este extrem de dăunătoare pentru identitatea lor de copii ai lui Dumnezeu. Credincioșii imaturi nu pot înțelege cine sunt ei în Hristos. Ei nu înțeleg că sunt deja neprihăniți în ochii lui Dumnezeu. În calitate de copii ai lui Dumnezeu, avem acces la tot ceea ce are El. Din cauza imaturității, noi suntem ignoranți despre toate bogățiile Sale și, practic, trăim ca niște săraci, deși suntem împreună moștenitori cu Hristos.

4. Ignoranța în privința identității spirituale

Permite-mi să încerc să ilustrez acest aspect. Pe vremea când erau sclavi în Egipt, Dumnezeu le-a promis evreilor o țară în care curge lapte și miere – Țara promisă. Dumnezeu i-a spus lui Moise:

> M-am coborât ca să-l izbăvesc din mâna egiptenilor și să-l scot din țara aceasta și să-l duc într-o țară bună și întinsă, într-o țară unde curge lapte și miere, și anume în locurile pe care le locuiesc canaaniții, hetiții, amoriții, fereziții, heviții și iebusiții. (Exodul 3:8)

Cel puțin 600.000 de bărbați evrei adulți au primit această promisiune de la Dumnezeu. Aceasta a fost o ofertă glorioasă. După cum știm cu toții, Dumnezeu nu poate minți (cf. Evrei 6:18). Totuși, din cauza necredinței lor, care, conform Evrei 3:17-19, duce la neascultare, doar doi dintre ei au intrat efectiv în „țara în care curge lapte și miere". Aceasta reprezintă doar 0,00033% din evreii care au intrat în promisiunea lui Dumnezeu. Cred că acest lucru a fost teribil de dureros pentru Tatăl ceresc.

Imaturitatea spirituală nu este doar periculoasă, ci și costisitoare. Pavel scrie: „Dar câtă vreme moștenitorul este *nevârstnic* (gr. νήπιος, népios),[121] eu spun că nu se deosebește cu nimic de un *rob,*[122] măcar că este stăpân pe tot" (Galateni 4:1). Persoana căreia îi lipsește maturitatea nu poate exprima gânduri spirituale folosind cuvinte spirituale, pentru că nu a fost învățată și luminată (1 Corinteni 2:13-14). Prin urmare, el sau ea nu poate gestiona moștenirea spirituală a lui Dumnezeu. Ca urmare, Tatăl nu-i poate încredința nimic important.

În calitate de copii ai lui Dumnezeu, am fost așezați „împreună în locurile cerești, în Hristos Isus" (Efeseni 2:6). Prin nașterea spirituală, aceasta este poziția noastră de drept. Cu toate acestea, fără dezvoltarea unor „aripi", prin maturizarea spirituală, nu putem zbura ca vulturii; în schimb, continuăm să cloncănim aceleași cuvinte, ca niște curcani care se învârt în jurul aceluiași hambar vechi. Pentru a primi și a gestiona responsabilitățile spirituale, copiii lui Dumnezeu trebuie să crească și să se maturizeze în „harul și în cunoștința" lui Hristos (2 Petru 3:18). Pentru ca noi să părăsim sărăcia spirituală din vechiul „hambar", trebuie să dezvoltăm aripi ca de vultur și să ne înălțăm în văzduh.

Autorul epistolei către Evrei scrie cu atâta îndrăzneală despre acest lucru: „Și oricine nu se hrănește decât cu lapte nu este obișnuit cu cuvântul despre neprihănire, căci este un prunc" (Evrei 5:13). Prin urmare, când vine vorba de identitatea spirituală, doctrina neprihănirii credinciosului este crucială. Neprihănirea[123] este starea de perfecțiune morală cerută de Dumnezeu pentru a intra în rai. Dikaiosuné, care înseamnă neprihănire, „este conformarea cu pretențiile unei autorități superioare și se opune anomiei (număr Strong 458), fărădelegii"[124]. Potrivit *Merriam-Webster Dictionary*, a fi neprihănit înseamnă: „A acționa în conformitate cu legea divină sau morală: lipsit de vină sau de păcat"[125]. Câteva dintre sinonime sunt: corectitudine, bunătate, cinste, onoare, dreptate, respectabilitate, verticalitate, virtute.[126]

Întreaga Lege a Vechiului Testament, inclusiv cele Zece porunci plus legea „morală" care, potrivit unor experți în Vechiul Testament, ajunge la aproximativ 613 porunci, reprezintă caracterul moral al lui Dumnezeu. „Așa că Legea, negreșit, este sfântă, și porunca este sfântă, dreaptă și bună" (Romani 7:12). Dar, când vine vorba de a ne conferi neprihănirea, din pricina firii pământești, Legea este neputincioasă (Romani 8:4). Învățătura Noului Testament este clară: „pentru că nimeni nu va fi socotit neprihănit prin faptele Legii" (Galateni 2:16). Pentru a mă asigura că nu scot versetele din context, aș dori, foarte pe scurt, să menționez câteva lucruri despre Lege:

- În primul rând, rolul Legii a fost acela de a arăta cât de oribil este păcatul. Pavel explică: „păcatul, tocmai ca să iasă la iveală ca păcat, mi-a dat moartea printr-un lucru bun, pentru ca păcatul să se arate afară din cale de păcătos" (Romani 7:13).
- În al doilea rând, Legea trebuia să fie un îndrumător pentru noi, să ne îndrepte spre Hristos. Biblia ne spune: „Astfel, Legea ne-a fost un îndrumător spre Hristos, ca să fim socotiți neprihăniți prin credință" (Galateni 3:24).

Scriptura ne spună clar că, atunci când a venit Hristos, nu a mai fost nevoie de acest „îndrumător". „După ce a venit credința, noi nu mai suntem sub îndrumătorul acesta" (Galateni 3:25). Când vine vorba de subiectul neprihănirii, Pavel explică clar lucrurile. El ne învață că putem fi găsiți „în El, nu având o neprihănire a mea, pe care mi-o dă Legea, ci aceea care se capătă prin credința în Hristos, neprihănirea pe care o dă Dumnezeu prin credință" (Filipeni 3:9).

Potrivit Noului Testament, fundamentul neprihănirii noastre, în calitate de credincioși ai Noului Legământ, se bazează exclusiv pe lucrarea desăvârșită a lui Hristos pe Crucea Calvarului – moartea, învierea și înălțarea Sa.

Un credincios al Noului Testament este considerat neprihănit prin credința în Isus Hristos (vezi Romani 4 și 5). Într-un sens mai profund, neprihănirea înseamnă mai mult decât a fi într-o relație corectă cu Dumnezeu. Pavel, în 2 Corinteni 5:21, explică foarte clar acest lucru: „Pe Cel ce n-a cunoscut niciun păcat (pe Hristos), El (Dumnezeu) L-a făcut păcat pentru noi, **ca noi să fim neprihănirea lui Dumnezeu în El**". Potrivit acestui verset, pentru că suntem copii ai lui Dumnezeu, avem o neprihănire la fel de valoroasă și prețioasă ca și neprihănirea lui Hristos. De ce? Pentru că El este neprihănirea noastră. Întrucât Hristos Însuși locuiește în inimile noastre prin credință (cf. Filipeni 1:20-21, Romani 8:10, 1 Corinteni 1:30, Galateni 2:20, Efeseni 3:17, Coloseni 3:4), El este temelia neprihănirii noastre. În scrierile sale profetice, Ieremia vorbește despre Mesia ca fiind „o Odraslă neprihănită" (Ieremia 23:5) și că El va fi numit: „Domnul, Neprihănirea noastră" (Ieremia 23:6). Acest lucru a fost profețit cu câteva sute de ani înainte de răstignirea lui Hristos! Nu este de mirare că Pavel scrie cu atâta încredere că Isus Hristos este neprihănirea noastră: „Și voi, prin El, sunteți în Hristos Isus. El a fost făcut de Dumnezeu pentru noi înțelepciune, neprihănire, sfințire și răscumpărare" (1 Corinteni 1:30). Când vine vorba de neprihănire, 1 Corinteni 1:30 este unul dintre versetele mele preferate. Baza mântuirii noastre și singura speranță de neprihănire stau ferm doar pe Hristos:

- Sângele lui Hristos de pe Calvar (Roman 3:24, 4:25, 5:9, 8:3-4, 1 Corinteni 15:3, Galateni 2:20, Efeseni 1:7, Evrei 9:14, 1 Petru 1:18-19, 1 Ioan 4:10).
- Viața Sa înviată în inimile noastre (Romani 4:25, 5:9-10; 8:10-11, Galateni 2:20, Coloseni 3:1-3)

Pavel este expertul în doctrina neprihănirii. El argumentează și demonstrează acest subiect important din mai multe unghiuri. Prima parte a cărții Romani este dedicată primirii neprihănirii prin credință. El scrie: „deoarece în ea (Evanghelia) este descoperită o neprihănire pe care o dă Dumnezeu prin credință și care duce la credință, după cum este scris: «Cel neprihănit va trăi prin credință»" (Romani 1:17). Apoi, în Romani 3:21-22, citim: „Dar acum s-a arătat o neprihănire pe care o dă Dumnezeu, fără lege – despre ea mărturisesc Legea și Prorocii – și anume neprihănirea dată de Dumnezeu, care vine prin credința în Isus Hristos, pentru toți și peste toți cei ce cred în El. Nu este nicio deosebire".

Este atât de important să înțelegem că Pavel nu spune nicăieri în Noul Testament că neprihănirea se obține prin respectarea Legii Vechiului Testament. El scrie: „Căci nimeni nu va fi socotit neprihănit înaintea Lui prin faptele Legii" (Romani 3:20). Chiar și neprihănirea pe care a primit-o Avraam, a primit-o prin credință.

Pavel scrie:

Căci ce zice Scriptura? «Avraam a crezut pe Dumnezeu, și

> aceasta i s-a socotit ca neprihănire.» Însă, celui ce lucrează, plata cuvenită lui i se socotește nu ca un har, ci ca ceva datorat; pe când celui ce nu lucrează, ci crede în Cel ce socotește pe păcătos neprihănit, credința pe care o are el îi este socotită ca neprihănire. (Romani 4:3, 5)

În caz contrar, ar fi bazată pe merite, iar promisiunea ar fi invalidată: „Căci, dacă moștenitori sunt cei ce se țin de Lege, credința este zadarnică și făgăduința este nimicită" (Romani 4:14).

Unii ar putea întreba: „Frate Valy, sugerezi că, din moment ce avem neprihănirea lui Hristos, nu mai contează cum ne trăim viața?" Nicidecum! Aceasta este o mare greșeală de înțelegere. Și Pavel a fost înțeles greșit. Amintiți-vă cum a răspuns el la acest tip de întrebare: „Ce vom zice dar? Să păcătuim mereu ca să se înmulțească harul?" (Romani 6:1). El și-a răspuns la propria întrebare retorică: „Nicidecum! Noi, care am murit față de păcat, cum să mai trăim în păcat?" (Romani 6:2). **A fi neprihănit în adâncul ființei noastre și a continua trăirea în păcat sunt lucruri incompatibil**e. Este ca și cum am acționa împotriva naturii noastre.

Permiteți-mi să încerc să vă ilustrez acest lucru. Leul este carnivor. Este în natura lui să mănânce carne. O vacă este erbivoră. Este în natura ei să mănânce iarbă. Pentru un leu să mănânce iarbă ar fi împotriva naturii sale. Pentru o vacă, a consuma carne ar fi împotriva naturii sale. **Pentru un creștin, a continua în păcat ar fi incompatibil cu însăși natura sa** – *de sfânt și părtaș la natura lui Dumnezeu (2 Petru 1:4).*

Înseamnă toate acestea că Dumnezeu nu este interesat de comportamentul moral sau de dezvoltarea caracterului, doar pentru că avem deja neprihănirea lui Hristos? Bineînțeles că nu. Aceasta este o înșelăciune care vine din adâncul iadului. Dumnezeu este foarte interesat de comportamentul nostru, dar El nu ne acordă neprihănirea Sa pe baza acestuia. Acest lucru ar însemna să reintroducem Legea Vechiului Testament.

Așadar, cum a reușit Dumnezeu să soluționeze acest lucru? În Hristos, Dumnezeu ne-a dat morții și apoi ne-a înviat în El, făcându-ne astfel la fel de neprihăniţi ca şi Hristos. Dumnezeu ne-a aşezat în Hristos şi, când Hristos a murit pe cruce, noi am murit împreună cu El (cf. Romani 6:3-4); când El a înviat din morţi, am înviat şi noi împreună cu El (Coloseni 2:12); când El S-a înălţat la dreapta Tatălui, am fost (la timpul trecut) şi noi aşezaţi împreună cu El la dreapta Tatălui în Hristos (Efeseni 1:12, 2:6). Minunat!

Acum, datorită poziţiei pe care o avem în Hristos şi a faptului că El este în noi (Coloseni 1:27), păcatul nu mai are stăpânire asupra noastră, aşa că putem trăi liberi pentru Dumnezeu. Pare simplu, dar nu este simplist. Biblia ne învaţă: „daţi-vă pe voi înşivă lui Dumnezeu, ca vii, din morţi cum eraţi; şi daţi lui Dumnezeu mădularele voastre, ca pe nişte unelte ale neprihănirii" (Romani 6:13). Întrucât nu suntem sub lege, ci sub har (cf. Romani 6:14), continuăm să fim mântuiţi (sfinţiţi progresiv) prin viaţa lui Hristos. Pavel scrie: „Căci, dacă atunci când eram vrăjmaşi, am fost împăcaţi cu Dumnezeu, prin moartea Fiului Său, cu mult mai mult acum, când suntem împăcaţi cu El, vom fi mântuiţi prin viaţa Lui" (Romani 5:10). Secretul pentru o viaţă victorioasă şi împlinită este **viaţa lui Hristos**. Pentru că Hristos locuieşte în noi, ne putem prezenta pe noi înşine şi mădularele noastre înaintea lui Dumnezeu în ascultare şi, ca urmare, ne putem bucura de o neprihănire practică.

Biblia ne spune: „Nu ştiţi că, dacă vă daţi robi cuiva ca să-l ascultaţi, sunteţi robii aceluia de care ascultaţi, fie că este vorba de păcat, care duce la moarte, fie că este vorba de ascultare, care duce la neprihănire?" (Romani 6:16). Acum, datorită poziţiei speciale pe care o avem în Hristos, am devenit robi ai neprihănirii (cf. Romani 6:18).

Este Dumnezeu interesat de sfinţenie? Bineînţeles că este! Standardele Sale de sfinţenie nu s-au schimbat, nici măcar cu un micron[127]. Mai mult decât atât, Dumnezeu caută sfinţenia autentică. Cum pot creştinii să o atingă? Doar într-un singur mod: prezentându-se pe ei înşişi şi mădularele lor ca robi ai neprihănirii. Acest lucru va avea ca rezultat sfinţirea. Acesta este singurul mod în care creştinii ajung la sfinţenia autentică. Notaţi acest lucru şi păstraţi-l la îndemână. Da, creştinilor li se cere să fie oameni sfinţi (cf. Matei 22:11-12). Dar asigurați-vă că acest lucru este citit în contextul textelor din Efeseni 2:10 și Apocalipsa 19:7-8. Înseamnă aceasta că mântuirea este prin credință și sfințirea prin fapte? Bineînțeles că nu! Aceasta este capcana vrăjmașului de a ne determina să acționăm independent de Dumnezeu. Aceasta este trăirea și umblarea după trup. Pavel respinge cu tărie acest mod de gândire și de acțiune. El scrie: „Sunteți așa de nechibzuiți? După ce ați început prin Duhul, vreți acum să sfârșiți prin firea pământească?" (Galateni 3:3).

Acum, unii ar putea întreba:

> Frate Valy, sunt confuz! Vrei să spui că pot să-mi încrucișez brațele peste piept și să nu fac nimic? Ajung desăvârșit cumva în mod automat?

Nu, nici vorbă de așa ceva! Biblia ne învață că avem un rol activ în procesul de sfințire practică: „Astfel dar, preaiubiților, după cum totdeauna ați fost ascultători, duceți până la capăt mântuirea voastră, cu frică și cutremur, nu numai când sunt eu de față, ci cu mult mai mult acum, în lipsa mea" (Filipeni 2:12). Vă rog să vă asigurați că, atunci când citiți acest verset, suntem atenți la faptul că Pavel nu spune: *„lucrați pentru mântuirea voastră"*. Ci el spune: *„duceți până la capăt mântuirea voastră"*. Este o mare diferență.

Unii ar putea spune: „Ei bine... asta îmi sună a *muncă*". S-ar putea să sune așa, dar nu este. În economia lui Dumnezeu, sursa de putere și motivația fac toată diferența. Următorul verset explică acest lucru: „Căci Dumnezeu este Acela care lucrează în voi și vă dă, după plăcerea Lui, și *voința,* și *înfăptuirea*" (Filipeni 2:13). În cele din urmă, ceea ce contează este viața lui Hristos, care se manifestă în și prin noi. Pavel scrie: „Când Se va arăta Hristos, viața voastră, atunci vă veți arăta și voi împreună cu El în slavă" (Coloseni 3:4). De aceea, a ști cine suntem în Hristos este chiar cheia victoriei spirituale.

Când vine vorba de subiectul identității spirituale, trebuie să fim sinceri cu noi înșine, altfel ne va costa scump. Cu o înțelegere mult mai deplină acum, să declarăm înaintea lui Dumnezeu trei lucruri pozitive:

- Doamne, sunt atât de ignorant în privința a cine sunt cu adevărat.
- Dragă Doamne Isuse, vreau să cresc, să ajung la starea de fiu matur (huios) și să prosper în casa lui Dumnezeu.
- Duhule Sfânt, te rog să-mi descoperi identitatea mea spirituală.

Acum, să ne plecăm înaintea lui Dumnezeu în rugăciune cu aceste cuvinte:

Tată Dumnezeule, Îți mulțumesc că m-ai așezat în Hristos astfel încât, atunci când El a murit pe cruce, am murit împreună cu El. Cred că atunci când L-ai înviat pe Isus din morți, m-ai îndreptățit și m-ai făcut neprihănit în El. Nu am cuvinte să-Ți mulțumesc pentru poziția glorioasă de a fi așezat cu Hristos la dreapta Ta, în ceruri. Aceasta este identitatea mea; acesta este destinul meu; aceasta este noua mea viață de acum. Eu sunt neprihănirea lui Dumnezeu în Hristos. Mă rog în Numele minunat al lui Isus, care este viața mea, care este totul pentru mine. Amin.

5. Incapacitatea de a aduce o contribuție semnificativă la Trupul spiritual al lui Hristos

Pavel scria:

...ci, credincioși adevărului, în dragoste, să creștem în toate privințele, ca să ajungem la Cel ce este Capul, Hristos. Din El, tot trupul, bine închegat și strâns legat prin ceea ce dă fiecare încheietură, își primește creșterea potrivit cu lucrarea fiecărei părți în măsura ei și se zidește în dragoste. (Efeseni 4:15-16)

Este de o importanță vitală să înțelegem că Dumnezeu are în vedere atât creșterea spirituală și maturizarea membrilor individuali, cât și creșterea trupului ca întreg.

- Prima: „Trebuie să creștem în toate privințele”.
- Al doilea: „tot trupul... își primește creșterea potrivit cu lucrarea fiecărei părți în măsura ei”.

Observați această dinamică spirituală? Sper că da! Concluzia este clară. Imaturitatea membrilor individuali ai Bisericii cauzează stagnarea creșterii spirituale a întregului trup. Și acesta este, probabil, cel mai mare pericol al imaturității spirituale.

Cred că există cinci aspecte extrem de importante care decurg din Efeseni 4:16:

1. Tot trupul, bine închegat
2. Tot trupul, strâns legat
3. Prin ceea ce dă fiecare încheietură
4. Își primește creșterea potrivit cu lucrarea fiecărei părți în parte
5. Trupul – Biserica – se zidește în dragoste

Permiteți-mi să spun câteva lucruri despre fiecare dintre aceste cinci aspecte.

1. Tot trupul, bine închegat

Acest lucru sună bine pe hârtie, dar întrebarea este: „Ce poate duce la închegarea Trupului lui Hristos?” Cred că veți fi de acord cu mine că dragostea este cea care unește Trupul. În epistola sa către Coloseni, Pavel ne spune că îndurarea, bunătatea, smerenia, blândețea, îndelunga răbdare și iertarea sunt toate importante pentru sănătatea spirituală și emoțională generală a bisericii locale. Apoi, el scrie: „Dar mai presus de toate acestea, îmbrăcați-vă cu dragostea, care este legătura desăvârșirii” (Coloseni 3:14). Vedeți? **Dragostea este legătura perfectă a unității.**

Putem ajunge la această înțelegere profundă doar printr-o experiență personală a morții și a învierii lui Hristos.

Biblia ne învață:

> Căci dragostea lui Hristos ne strânge, fiindcă socotim că, dacă Unul singur a murit pentru toți, toți deci au murit. Și El a murit pentru toți, pentru ca cei ce trăiesc să nu mai trăiască pentru ei înșiși, ci pentru Cel ce a murit și a înviat pentru ei. (2 Corinteni 5:14-15)

Numai atunci când înțelegem identificarea noastră cu moartea și învierea lui Hristos putem trăi pentru El și nu pentru noi înșine. **Nu există alt leac pentru egocentrismul nostru decât crucea lui Hristos.**

Dacă vrem să „creștem în toate privințele", trebuie să ne antrenăm să spunem adevărul în dragoste. Cu alte cuvinte, în părtășia noastră unii cu alții, trebuie să exercităm suficientă transparență și acceptare pentru a spune adevărul, nu într-un fel care să rănească, ci în dragoste. Ioan scrie cu atâta blândețe: „Copilașilor, să nu iubim cu vorba, nici cu limba, ci **cu fapta și cu adevărul**" (1 Ioan 3:18). În deschiderea celei de-a doua epistole a sale, Ioan scrie: „Harul, îndurarea și pacea să fie cu voi din partea lui Dumnezeu Tatăl și din partea Domnului Isus Hristos, Fiul Tatălui, **în adevăr și în dragoste**!" (2 Ioan 1:3). În mod similar, în cea de-a treia epistolă, Ioan scrie: „Prezbiterul către aleasa Doamnă și către copiii ei, pe care-i **iubesc în adevăr** – și nu numai eu, ci toți cei ce cunosc adevărul" (3 Ioan 1:3). **Iubirea agape nu poate exista fără adevăr; iar adevărul nu poate exista fără iubire agape.**

Timothy Keller, într-o postare pe Facebook pe care a publicat-o pe 3 martie 2015, afirma:

> Iubirea fără adevăr este sentimentalism; ea ne oferă susținere și ne confirmă, dar ne menține în negare cu privire la defectele noastre. Adevărul fără iubire este asprime; ne oferă

> informații, dar în așa fel încât nu le putem auzi cu adevărat.[128]

Aceste două lucruri merg mână în mână și contribuie la creșterea noastră spirituală.

2. Tot trupul, strâns legat

Acest lucru vorbește despre o unitate organică profundă! Dar întrebarea este: ce menține (sau ține) unit Trupul lui Hristos?

Cred că singurul lucru care poate realiza aceasta este adevărul. Adevărul este singura forță care menține Biserica creștină unită. Doar Persoana Adevărului – Hristos Însuși – ne ține împreună. Iată un pasaj plin de putere din Scriptură: „El este mai înainte de toate lucrurile și toate se țin prin El" (Coloseni 1:17). Într-un anumit sens, **Hristos este centura adevărului, care ne cuprinde**. Pavel scrie: „Stați gata dar, având mijlocul încins cu adevărul, îmbrăcați cu platoșa neprihănirii" (Efeseni 6:14). „Având mijlocul încins cu adevărul " înseamnă „a-și lega mijlocul cu o centură sau o curea" și „a se pregăti (pe sine) pentru acțiune".

În Vechiul Testament este scris:

> Și poruncile acestea, pe care ți le dau astăzi, să le ai în inima ta. Să le întipărești în mintea copiilor tăi și să vorbești de ele când vei fi acasă, când vei pleca în călătorie, când te vei culca și când te vei scula. Să le legi ca un semn de aducere aminte la mâini și să-ți fie ca niște fruntarii între ochi. (Deuteronom 6:6-8)

Comentând acest verset, John Wesley scrie: „Să le legi – Să te străduiești și să folosești toate mijloacele pentru a le păstra în amintirea ta, așa cum oamenii își leagă adesea ceva la mâini sau pun ceva în fața ochilor, pentru a împiedica uitarea unui lucru pe care doresc mult să și-l amintească"[129]. Cu alte cuvinte, ar trebui să-L privim pe Domnul Isus și să fim mereu atenți la cuvintele Sale.

Regele înțelept al Vechiului Testament scrie: „Leagă-le la degete, scrie-le pe tăblița inimii tale" (Proverbe 7:3).

3. Prin ceea ce dă fiecare încheietură

Suntem cu toții de acord că Hristos are o singură Biserică. El vine pentru o singură Mireasă, nu pentru 41.000[130] sau mai multe mirese mai mici. Trupul lui Hristos nu este alcătuit dintr-un singur membru, ci din mulți membri care trăiesc în unitate! Cu toate acestea, la nivel practic, poporul lui Dumnezeu trăiește în multă dezbinare. Pavel a înțeles foarte bine principiul unității organice. El scria: „Astfel, trupul nu este un singur mădular, ci mai multe" (1 Corinteni 12:14).

Vă provoc să memorați următorul principiu: *Ceea ce face ca trupul fizic să fie puternic nu sunt membrele individuale luate separat unele de altele, ci mai degrabă încheieturile care le țin unite împreună.* Același lucru este valabil și în domeniul spiritual. Atunci când credincioșii sunt strâns legați de Dumnezeu și unii de alții prin ascultarea de poruncile Sale, ei pot lupta pentru a promova Împărăția Sa, în loc să se certe între ei. Biblia afirmă: „Cum ar urmări unul singur o mie din ei și cum ar pune doi pe fugă zece mii?" (Deuteronom 32:30a).

Permiteți-mi să ilustrez. Să ne uităm la umăr. Umărul uman este alcătuit din trei oase: clavicula, omoplatul și humerusul (osul brațului), precum și din mușchii, ligamentele și tendoanele asociate. Dacă oricare dintre aceste trei oase ar fi separat unul de celălalt, nu ar putea face nimic. Ceea ce face ca umărul să fie puternic este faptul că oasele sunt unite, pentru a forma articulația umărului.

Permiteți-mi să vă dau un alt exemplu: cotul. Articulația cotului uman este articulația sinovială dintre humerusul din brațul superior, și radius și ulna din antebraț, care permit mișcarea mâinii spre și dinspre corp. Este evident că aceste componente (humerusul din partea superioară a brațului, precum și radiusul și ulna) nu pot realiza singure (dacă sunt separate una de cealaltă) ceea ce poate face cotul ca articulație.

Oare să continui? Să vă explic cum funcționează șoldul? Articulația șoldului, denumită științific articulația acetabulo-femurală, este articulația dintre femur și acetabulul bazinului. Funcția sa principală este de a susține greutatea corpului atât în poziții statice (în picioare), cât și dinamice (mers sau alergare). Articulațiile șoldului sunt cea mai importantă parte în păstrarea echilibrului. Unghiul de înclinare a bazinului, care este cel mai important element al posturii corpului uman, se reglează la nivelul șoldurilor. Unirea femurului și a acetabulului este cea care formează această importantă articulație. Aceste elemente nu pot face nimic luate separat; dar, împreună, articulația șoldului ajută întregul corp atunci când stă în picioare sau aleargă. Nu-i așa că este uimitor? Am putea continua cu aceste exemple din corpul uman.

Dacă acestea sunt adevărate pentru trupul uman, la fel este și pentru trupul spiritual – *Biserica*. Pavel scrie: „Căci, după cum trupul este unul și are multe mădulare și după cum toate mădularele trupului, măcar că sunt mai multe, sunt un singur trup, tot așa este și Hristos" (1 Corinteni 12:12). Gândiți-vă la un trup decapitat! Poate acel corp să îndeplinească vreo funcție? Bineînțeles că nu! El nu funcționează. Este mort. În același mod, trupul spiritual, Biserica, nu poate funcționa fără Cap. **Biserica este moartă fără unirea ei perfectă cu Hristos**. De aceea, Domnul Isus le spune clar ucenicilor Săi: „Rămâneți în Mine, și Eu voi rămâne în voi. După cum mlădița nu poate aduce rod de la sine, dacă nu rămâne în viță, tot așa nici voi nu puteți aduce rod dacă nu rămâneți în Mine" (Ioan 15:4). Sper să înțelegem acest concept cât mai curând.

4. Își primește creșterea potrivit cu lucrarea fiecărei părți în parte

Acum am ajuns la partea practică a lucrurilor. În același mod în care se unesc cele trei oase – clavicula, scapula și humerusul – pentru a forma articulația umărului, la fel trebuie să se întâmple și în trupul lui Hristos. Profetul Isaia a prezis venirea Copilului, care urma să ni se dea. El a afirmat: „și domnia va fi pe umărul Lui" (Isaia 9:6). Nu cred că ar fi exagerat să spunem că „umărul" lui Hristos pe acest pământ suntem noi, Biserica, trăind în unitate pentru a sluji scopurilor lui Dumnezeu. Îmi place această imagine! Sper că și vouă vă place!

Principiul Pareto, legea celor puțini dar critici, cunoscut de asemenea ca regula 80/20, afirmă că, pentru multe realizări, aproximativ 80% dintre rezultate provin din 20% dintre cauze.[131] Acest principiu pare să afecteze și bisericile. Dacă suntem sinceri, trebuie să atestăm aceste realități:

- 20% dintre creștini împlinesc sau realizează 80% dintre slujbele bisericii locale.
- 80% din contribuțiile financiare sunt donate de 20% dintre susținători.

Interesant, nu-i așa? „Potrivit cercetătorilor Scott Thumma și Warren Bird, cele mai multe biserici – mari și mici, de diferite naționalități – sunt de fapt conduse de 20% din congregație. Ceilalți de 80 la sută, spun ei, tind să se comporte ca niște spectatori: se implică minim și participă rar sau deloc."[132] Acest lucru este uluitor! Cu toate acestea, Dumnezeu nu dorește ca regula 20/80 să fie o realitate în Biserica Sa. Dumnezeu vrea ca regula 100/100 să fie o realitate în Trupul lui Hristos. Biblia ne spune: „Din El, tot trupul, bine închegat și strâns legat prin ceea ce dă fiecare încheietură, își primește creșterea potrivit cu lucrarea fiecărei părți în măsura ei și se zidește în dragoste" (Efeseni 4:16). Cu alte cuvinte, nu ar trebui să existe o lenevire în trupul lui Hristos. Niciun membru individual nu ar trebui să fie „șomer", ci toți să fie implicați într-o lucrare bună, pentru Dumnezeu și pentru alții. Pavel scrie: „Voi sunteți trupul lui Hristos și fiecare, în parte, mădulare lui" (1 Corinteni 12:27). Acest lucru a fost scris pentru a descuraja orice formă de dezbinare în Trupul lui Hristos: „ca să nu fie nicio dezbinare în trup, ci mădularele să îngrijească deopotrivă unele de altele" (1 Corinteni 12:25).

5. Trupul – Biserica – se zidește în dragoste

Acesta este, într-un fel, punctul culminant în epistolele lui Pavel. El scrie: „În El toată clădirea, bine închegată, crește ca să fie un Templu sfânt în Domnul. Și prin El și voi sunteți zidiți împreună, ca să fiți un locaș al lui Dumnezeu, prin Duhul" (Efeseni 2:21-22). De asemenea: „prin ceea ce dă fiecare încheietură, își primește creșterea potrivit cu lucrarea fiecărei părți în măsura ei și se zidește în dragoste" (Efeseni 4:16b). Cred din toată inima mea că, dacă fiecare creștin ar fi conștient de acest principiu – că *trupul lui Hristos este zidit în dragoste* – aceasta ar aduce o trezire extraordinară. Ar fi o revoluție a iubirii și fiecare membru al Bisericii ar declara: **„Nu eu, ci El. Nu noi, ci Împărăția lui Dumnezeu!"**

Indiferent ce se întâmplă, Dumnezeu va acționa potrivit naturii Sale (dragostea agape) și potrivit principiilor Lui.

Pavel ne avertizează:

> Iar dacă clădește cineva pe această temelie aur, argint, pietre scumpe, lemn, fân, trestie, lucrarea fiecăruia va fi dată pe față: ziua Domnului o va face cunoscută, căci se va descoperi în foc. Și focul va dovedi cum este lucrarea fiecăruia. (1 Corinteni 3:12-13)

Cu cât analizez mai mult tema vastă a creșterii și maturizării spirituale, cu atât sunt mai convins că, pe măsură ce membrii individuali ai oricărei biserici locale experimentează o creștere spirituală, Duhul Sfânt formează **îmbinări spirituale** în Trupul Universal. Trupul lui Hristos ajunge la un punct în care toate se potrivesc și se țin împreună. Acest lucru se realizează prin formarea articulațiilor. Evident, formarea articulațiilor depinde de buna funcționare a fiecărei părți în parte.

Dacă Satana ar putea menține majoritatea membrilor individuali ai unei biserici locale dezinteresați de maturitatea spirituală, într-un anumit sens, el ar putea împiedica maturizarea spirituală a întregului trup local. Am o bănuială că aceasta este exact strategia pe care o folosește dușmanul.

Acesta este motivul pentru care Scriptura este plină de expresiile ca „unii pe alții" și „unii altora". Înainte de răstignirea Sa, în cel mai intim cadru (Cina cea de Taină), Hristos a spus: „Vă dau o poruncă nouă: Să vă iubiți unii pe alții; cum v-am iubit Eu, așa să vă iubiți și voi unii pe alții" (Ioan 13:34-35). Noi, credincioșii, suntem chemați să răspundem următoarelor îndemnuri:

- Iubiți-vă unii pe alții cu o dragoste frățească (Romani 12:10)
- Sa aveți aceleași simțăminte unii față de alții. (Romani 12:16)
- Să nu ne mai judecăm unii pe alții (Romani 14:13)
- Să urmărim lucrurile care duc la zidirea noastră (Romani 14:19, 1 Tesaloniceni 5:11)
- Să vă primiți/acceptați unii pe alții (Romani 15:7)
- Să vă sfătuiți unii pe alții (Romani 15:14; Coloseni 3:16)
- Să vă salutați unii pe alții cu o dragoste sinceră (Romani 16:16, 1 Petru 5:14)
- Să vă îngrijiți unii de alții (1 Corinteni 12:25)
- Să fiți buni unii cu alții (Efeseni 4:32)
- Să fiți miloși și iertători unii cu alții (Efeseni 4:32)
- Să vorbiți cuvintele vieții unii cu alții (Efeseni 5:19)
- Să fiți supuși unii altora (Efeseni 5:21)
- Să vă slujiți unii pe alții în dragoste (Galateni 5:13)
- Să vă purtați sarcinile unii altora (Galateni 6:2)
- Să vă îngăduiți unii pe alții în dragoste (Efeseni 4:2)
- Să îi considerați pe ceilalți mai importanți decât voi înșivă (Filipeni 2:3)
- Să creșteți tot mai mult în dragoste unii față de alții (1 Tesaloniceni 3:12)

- Să vă iubiți cu căldură unii pe alții, din toată inima (1 Tesaloniceni 4:9, 1 Petru 1:22, 4:8, 1 Ioan 4:7, 4:11, 4:12; 2 Ioan 1:5)
- Să vă mângâiați unii pe alții (1 Tesaloniceni 4:18)
- Să vă încurajați/îndemnați unii pe alții (1 Tesaloniceni 5:11; Evrei 3:13, 10:25)
- Trăiți în pace unii cu alții (1 Corinteni 7:15, 2 Corinteni 13:11, 1 Tesaloniceni 5:13)
- Să căutați totdeauna să faceți ce este bine între voi (1 Tesaloniceni 5:15; Evrei 10:24)
- Să nu vă vorbiți de rău unii pe alții (Iacov 4:11)
- Nu vă plângeți unii împotriva altora (Iacov 5:9; 1 Petru 4:9)
- Mărturisiți-vă păcatele unii altora (Iacov 5:16)
- Rugați-vă unii pentru alții (Iacov 5:16)
- Fiți ospitalieri unii cu alții (1 Petru 4:9)
- Slujiți-vă unii pe alții (1 Petru 4:10)
- Manifestați o smerenie autentică unii față de alții (1 Petru 5:5)

Acestea sunt doar câteva referințe, numai din epistolele Noului Testament. Imaginați-vă cât de lungă ar fi lista dacă am include întreaga Biblie.

Acum este cel mai bun moment pentru a declara înaintea lui Dumnezeu trei lucruri pozitive:

- Doamne, mi-am dat seama că până acum am fost doar un consumator în Trupul lui Hristos.
- Dragă Doamne Isuse, Te rog să mă faci și să mă modelezi în așa fel încât să-mi pot îndeplini rolul și destinul în Trupul Tău spiritual.
- Duhule Sfânt, te rog să-mi descoperi locul, funcția și darul pe care îl am și, cel mai important, locul pe care îl am

în Trupul lui Hristos. Fă-mă parte din acea îmbinare specială pe care numai eu am fost creat să o îndeplinesc.

Haideți să rostim împreună această rugăciune:

Doamne Tată, Îți mulțumesc pentru darul pe care îl am în Hristos. Acum fac parte din familia Ta eternă. Doresc să aduc roadă în locul pe care Tu mi l-ai rânduit. Dorința inimii mele este să fiu eficient în slujba pe care mi-ai dat-o Tu. Doamne Isuse, vreau să fiu conectat organic cu Tine, pentru a produce multă roadă pentru gloria lui Dumnezeu. Duhule Sfânt, Te rog să mă formezi și să mă modelezi, în articulația spirituală pentru care am fost hărăzit. Dorința mea principală este ca, împreună cu restul membrilor Bisericii, să lucrez în unitate pentru o singură cauză: aceea ca Trupul lui Hristos să strălucească, pentru ca întregul univers să vadă lucrarea Ta măreață. Mă rog în Numele minunat al lui Isus. Amin!

Mă rog și sper că, în lumina acestor pericole, veți considera ucenicia creștină, creșterea spirituală și maturizarea în Hristos mai importante decât oricând!

Întrebări de discuții:

Vă rog să reflectați la următoarele întrebări, apoi să vă împărtășiți gândurile cu un prieten sau cu grupul de studiu din care faci parte.

1. După ce ai citit și recitit acest capitol, ce concept sau idee te-a marcat? Te rog să explici de ce.

2. Care este impresia ta generală despre secțiunea intitulată: „Ignoranța privitoare la identitatea spirituală"? Ce aspect este nou pentru tine?

3. Care este impresia ta generală despre secțiunea intitulată: „Incapacitatea de a aduce o contribuție semnificativă la Trupul spiritual al lui Hristos"?

4. Care crezi că este locul tău în biserica locală? Știi care este funcția ta spirituală în Trupul lui Hristos?

5. În urma rugăciunii, care este strategia pe care Duhul Sfânt ți-a pus-o pe inimă să contribui la zidirea în dragoste a Trupului lui Hristos?

Note:

9. Pericolele imaturităţii spirituale - Partea a doua

[121] Copil, νήπιος, népios – Strong 3516: Cineva care nu poate vorbi, deci: un copil, un prunc, un bebeluş, fără o limită de vârstă precisă. Implicit, un minor, unul care nu este încă major (ca în Gal. 4:1). În general, în Septuaginta, folosit pentru un copil care se joacă pe străzi (ca în Ier. 6:11; 9:21); care cere pâine (ca în Lam. 4:4). Metaforic, un copil, cineva neînvăţat, neinstruit, simplu, inocent (ca în Mat. 11:25, Luca 10:21, Rom. 2:20). Implicând o cenzură (ca în 1 Cor. 3:1; Gal. 4:3; Ef. 4:14; Evr. 5:13). Sinonime: teknon – Strong 5043: copil, nou-născut, prunc. Antonime: huios – Strong 5207: fiu sau fiică matură. Spiros Zodiathes, 1993.

[122] δοῦλος, doúlos – Strong 1401: cineva care aparţine altuia; sclav, fără drept asupra sieşi. Accesat pe 11 august 2014. http://biblehub.com/greek/1401.htm.

[123] δικαιοσύνη, dikaiosuné – Strong 1343: dreptate: „aprobare divină", „aprobarea judiciară a lui Dumnezeu", „considerat drept de Domnul (după examinarea Sa)", „ceea ce este aprobat în ochii Lui". Accesat pe 1 mai 2018. http://biblehub.com/greek/1343.htm.

[124] *Lawlessness.* Spiros Zodiathes, 1993.

[125] *Righteous.* Accesat pe 24 ianuarie 2013. http://www.merriam-webster.com/dictionary/righteous.

[126] *Righteous.* Accesat pe 24 ianuarie 2013, http://thesaurus.com/browse/righteousness

[127] Un micron reprezintă o milionime de .metru. Există 25400 de microni într-un inch. Ochiul poate vedea particule de aproximativ 40 de microni. Accesat pe 12 august 2014. http://www.engineeringtoolbox.com/particle-sizes-d_934.html.

[128] Timothy Keller, *Love and Truth.* Accesat pe 7 iunie 2019. https://www.facebook.com/TimKellerNYC/posts/love-without-truth-is-sentimentality-it-supports-and-affirms-us-but-keeps-us-in-/910599765646577/

[129] John Wesley's Explanatory Notes, Deuteronomy 6:6-8. Accesat pe 1 mai 2018 https://www.christianity.com/bible/commentary.php?com=wes&b=5&c=6.

[130] Potrivit Center for the Study of Global Christianity (CSGC) de la Seminarul Teologic Gordon-Conwell, există aproximativ 41.000 de confesiuni şi organizaţii creştine în lume. Această statistică ia în considerare distincţiile culturale ale confesiunilor din diferite ţări, astfel încât există o suprapunere a mai multor confesiuni. Actualizat de Mary Fairchild, la 19 decembrie 2017. Accesat pe 1 mai 2018. https://www.thoughtco.com/christianity-statistics-700533.

[131] *The Pareto principle.* Accesat pe 12 august 2014. http://en.wikipedia.org/wiki/Pareto_principle.

---

[132] Stephanie Samuel, *Churches' Dilemma: 80 Percent of Flock Is Inactive.* Postat pe 26 iunie 2011. Accesat pe 11 aprilie 2013. https://www.christianpost.com/news/authors-pastors-must-go-after-lost-sheep-to-increase-church-participation-51581/.

CAPITOLUL 10

Clădirea, ziditorii și procesul de zidire

Și El a dat pe unii apostoli, pe alții proroci, pe alții evangheliști, pe alții păstori și învățători pentru desăvârșirea sfinților, în vederea lucrării de slujire, pentru zidirea trupului lui Hristos.
- Efeseni 4:11-12

Aş dori să încep cu o anecdotă despre trei muncitori zidari implicaţi într-un proiect de construcţie masivă, care au răspuns atât de diferit atunci când au fost întrebaţi: „La ce lucrezi?"

Iată povestea:

Într-o zi ceţoasă de toamnă, în urmă cu aproape 800 de ani, un călător a întâlnit un grup mare de muncitori lângă râul

Avon. În ciuda faptului că întârzia la o întâlnire importantă, curiozitatea l-a împins să se intereseze de munca lor. Făcând un mic ocol, s-a îndreptat spre primul dintre cei trei meseriași și l-a întrebat: „Dragul meu prieten, la ce lucrezi?" Omul și-a văzut în continuare de lucru și a mormăit scurt: „Tai pietre".

Dându-și seama că muncitorul acesta nu dorea să se angajeze într-o conversație, călătorul s-a îndreptat spre cel de-al doilea și a pus aceeași întrebare. Spre bucuria călătorului, bărbatul s-a oprit din lucru, dar foarte scurt, și i-a spus că este un cioplitor în piatră. Apoi a adăugat: „Am venit în Salisbury, din nord, pentru a munci aici; dar imediat ce voi câștiga zece lire, mă voi întoarce acasă". Călătorul i-a mulțumit, i-a urat drum bun spre casă și a început să se îndrepte spre cel de-al treilea om din grup.

Când a ajuns la cel de-al treilea muncitor, a pus din nou aceeași întrebare. De data aceasta muncitorul a făcut o pauză, și-a îndreptat privirea spre călător până când a stabilit un contact vizual cu acesta și apoi a privit spre cer, îndreptând în sus privirea călătorului. Apoi i-a răspuns: „Sunt zidar și construiesc o catedrală". El a continuat: „Am călătorit mulți kilometri pentru a face parte din echipa care construiește această catedrală magnifică. Am petrecut multe luni departe de familia mea și mi-e tare dor de ei. Cu toate acestea, știu cât de importantă va fi Catedrala Salisbury într-o zi și îmi imaginez câți oameni vor găsi aici adăpost și alinare. Știu acest lucru pentru că episcopul mi-a spus odată care este viziunea sa pentru acest loc măreț. Mi-a povestit cum vor veni oameni din toate părțile să se închine aici. De asemenea, mi-a spus că această Catedrală nu va fi finalizată în zilele noastre, dar că viitorul depinde de munca noastră asiduă". A făcut o pauză și apoi a continuat: „Așa că sunt gata să stau departe de familia mea, pentru că știu că aceasta este o alegere corectă. Sper că într-o zi fiul meu va păşi pe urmele mele şi poate chiar şi fiul său, dacă va fi nevoie."[133]

Sper ca această poveste să ne încurajeze să acordăm mai multă atenţie sarcinii extraordinare pe care o avem cu toţii în faţa noastră – zidirea Bisericii lui Dumnezeu.

Clădirea şi ziditorii ei

Domnul Isus a dăruit oameni bisericii locale. Aceştia sunt, într-un fel, mâna de lucru a lui Dumnezeu pentru echiparea făuritorilor de ucenici, care îi vor conduce pe alţii la creştere spirituală şi maturitate, în bisericile locale. Pavel scrie: „Şi El a dat pe unii apostoli, pe alţii proroci, pe alţii evanghelişti, pe alţii păstori şi învăţători pentru desăvârşirea sfinţilor, în vederea lucrării de slujire, pentru zidirea trupului lui Hristos" (Efeseni 4:11). Ce vrea să spună Pavel aici? El spune că apostolii, profeţii, evangheliştii, păstorii şi învăţătorii sunt desemnaţi de Dumnezeu să realizeze planurile şi scopurile Sale – să-l echipeze pe fiecare membru în parte pentru zidirea Trupului lui Hristos, prin călăuzirea Duhului Sfânt.

Să ne rugăm ca mâna puternică a lui Dumnezeu să continue lucrarea începută acum două mii de ani. Dorinţa mea sinceră este ca toate bisericile locale să experimenteze cu adevărat o formare spirituală autentică. Fie ca Domnul Isus – singurul şi unicul conducător al Bisericii (Efeseni 1:22-23) – să fie glorificat.

Care sunt principalele obiective ale ziditorilor?

Care sunt principalele obiective ale mâinii de lucru a lui Dumnezeu? Conform cu ceea ce a scris Pavel în Efeseni 4:12, (vezi diagrama 5), este clar că acestea sunt:

- Desăvârşirea sfinţilor
- Lucrarea de slujire
- Zidirea trupului

Diagrama 5

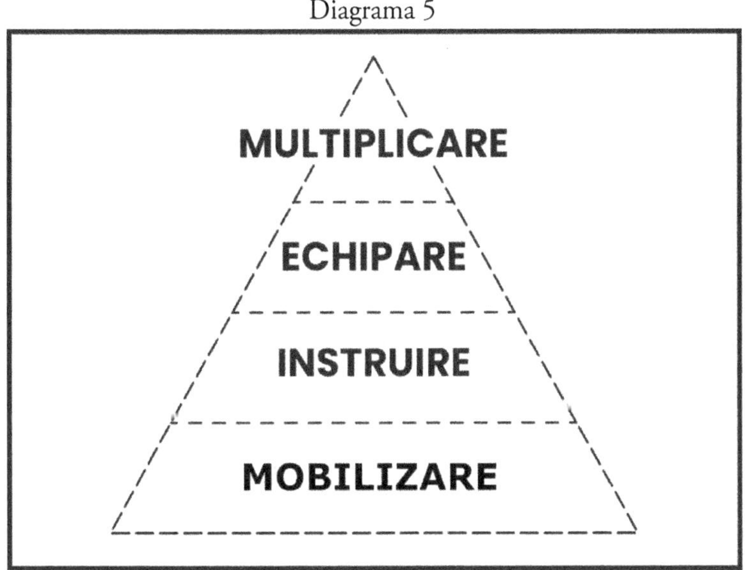

Ce este formarea spirituală?

Regretatul Robert Mulholland Jr., în cartea sa, *Invitation to a Journey: The Road Map for Spiritual Formation* (*Invitație într-o călătorie: Harta pentru formarea spirituală*), definește formarea spirituală ca fiind: „Procesul prin care ești format după chipul lui Hristos spre folosul celorlalți".[134] Regretatul Dallas Willard, în cartea sa, *Înnoirea inimii: Formarea caracterului cristic,* scria: „Pentru creștin formarea spirituală se referă în esență la procesul, condus de Duhul, de formare a lumii interioare a sinelui uman, astfel încât să devină asemenea ființei interioare a lui Hristos"[135]. Mai mult, pe site-ul Renovaré al lui Richard Foster este scris că: „Formarea spirituală este un proces, dar este și o călătorie prin care ne deschidem inimile către o relație mai profundă cu Dumnezeu. Nu suntem spectatori la viața noastră spirituală, ci participanți activi alături de Dumnezeu, care ne invită mereu la o relație cu El"[136].

De ce are nevoie biserica de formare spirituală?

Principalele motive pentru care formarea spirituală este importantă sunt:

- Oamenii din biserică trebuie să devină desăvârșiți
- Biserica trebuie să fie slujită
- Trupul lui Hristos trebuie să fie zidit

Care este scopul formării spirituale?

Nu apostolul Pavel a inventat termenul de formare spirituală, dar a fost printre primii care au scris despre aceasta. Autorii pe care i-am menționat mai sus nu au făcut decât să dezvolte principiile prezentate în scrierile lui Pavel.

Conform Efeseni 4:13, scopul formării spirituale are trei direcții:

- Pentru a ajunge la unirea credinței
- Pentru a ajunge la unirea cunoștinței lui Hristos
- Pentru a experimenta maturitatea spirituală, care să ducă la plinătatea lui Hristos

Cum evaluăm creșterea spirituală în biserică?

La fel ca în cazul oricărui alt proiect, și creșterea spirituală a bisericii ar trebui evaluată. Cum? Prin adresarea unor întrebări importante, cum ar fi:

- Ia în serios biserica Marea Trimitere, înțelegând adevărata ei valoare?
- Facilitează biserica ucenicia?
- Duce ucenicia la creștere și maturitate spirituală?
- Experimentează credincioșii o creștere în harul și

cunoașterea lui Hristos?

Biserica se îndreaptă într-o direcție ascendentă atunci când se răspunde afirmativ la întrebările de mai sus. Pe măsură ce credincioșii continuă în procesul de ucenicie, prin harul lui Dumnezeu, sunt atinse următoarele repere spirituale:

1. Unitate în credință (Iuda 1:3, Efeseni 4:5)
2. Cunoașterea prin experiență a Fiului lui Dumnezeu (Ioan 17:3, Filipeni 3:10-11)
3. Atingerea stării de om matur (Efeseni 4:13, Romani 8:14, 1 Petru 2:1-2)
4. Atingerea nivelului plinătății lui Hristos (Efeseni 1:23, 3:19, 4:13, Coloseni 2:9-10, Ioan 7:38, Ioan 10:10)
5. Creștere în toate privințele (Efeseni 4:15)

Să analizăm pe rând aceste aspecte.

1. Unitatea în credință

Iuda scrie: „Preaiubiților, pe când căutam cu tot dinadinsul să vă scriu despre mântuirea noastră de obște, m-am văzut silit să vă scriu ca să vă îndemn să luptați pentru credința care a fost dată sfinților odată pentru totdeauna" (Iuda 1:3). Această slujbă nu era doar pentru puținii apologeți de acolo. Aceasta este responsabilitatea fiecărui credincios.

Credința este instrumentul spiritual prin care se accesează harul lui Dumnezeu. În economia lui Dumnezeu, totul se întâmplă prin credință: mântuirea necredincioșilor, procesul de ucenicizare a credincioșilor, creșterea spirituală, orice slujire locală sau internațională, orice fel de activitate a bisericii locale.

Fără credință, este imposibil să Îi fim plăcuți lui Dumnezeu. Autorul cărții Evrei este clar în această privință. El scrie: „Și fără credință este cu neputință să fim plăcuți Lui! Căci cine se apropie de Dumnezeu trebuie să creadă că El este și că răsplătește pe cei ce-L caută" (Evrei 11:6). Iar Pavel spune că „tot ce nu vine din încredințare este păcat" (Romani 14:23).

2. Cunoașterea experiențială a Fiului lui Dumnezeu

Ioan scrie: „Și viața veșnică este aceasta: să Te cunoască pe Tine, singurul Dumnezeu adevărat, și pe Isus Hristos, pe care L-ai trimis Tu" (Ioan 17:3). Acest verset cuprinde însăși esența vieții veșnice. „Să Te cunoască" nu înseamnă să acumuleze mai multe cunoștințe teologice sau intelectuale despre Dumnezeu și despre Biblie. Acest tip de înțelegere se referă la o cunoaștere intimă a lui Dumnezeu. De fapt, în limba greacă, verbul „a cunoaște", așa cum este folosit în Ioan 17:3 și Filipeni 3:10, are un înțeles mai profund decât cel pe care îl folosim în traducerea noastră. El se referă la o cunoaștere intimă, precum într-o relație dintre un soț și o soție. Maria a folosit același cuvânt în Luca 1:34, când i-a răspuns îngerului Gavril: „Cum se va întâmpla lucrul acesta, fiindcă eu nu știu de bărbat?" (Vezi și Matei 1:24-25)

> „Poporul Meu piere din lipsă de cunoștință. Fiindcă ai lepădat cunoștința, și Eu te voi lepăda și nu-Mi vei mai fi preot. Fiindcă ai uitat Legea Dumnezeului tău, voi uita și Eu pe copiii tăi!" (Osea 4:6)

Apostolul Pavel a înțeles importanța cunoașterii experiențiale. Din acest motiv, el a scris cu mare pasiune și convingere profundă:

> Și să-L cunosc pe El și puterea învierii Lui și părtășia suferințelor Lui și să mă fac asemenea cu moartea Lui; ca să ajung cu orice chip, dacă voi putea, *la învierea din morți.* (Filipeni 3:10-11)

Dumnezeu dorește cu pasiune să se descopere copiilor Săi. Este esențial să Îl cunoaștem pentru Cine este El cu adevărat: un

Dumnezeu al iubirii, un Dumnezeu al milei și un Dumnezeu al harului în Hristos. A avea o înțelegere distorsionată despre Dumnezeu este *principalul obstacol* în calea maturizării emoționale și a creșterii spirituale. Îmi place afirmația lui Tozer: „Ceea ce ne vine în mintea atunci când ne gândim la Dumnezeu este cel mai important lucru despre noi înșine”[137].

Chiar și profeții din Vechiul Testament au făcut aluzie la acest tip de cunoaștere. Isaia a scris: „Boul își cunoaște stăpânul și măgarul cunoaște ieslea stăpânului său, dar Israel nu Mă *cunoaște*, poporul Meu nu ia aminte la Mine” (Isaia 1:3).

Ieremia a scris:

> Așa vorbește Domnul: «Înțeleptul să nu se laude cu înțelepciunea lui, tare să nu se laude cu tăria lui, bogatul să nu se laude cu bogăția lui. Ci cel ce se laudă să se laude că are pricepere și că Mă cunoaște, că știe că Eu sunt Domnul, care fac milă, judecată și dreptate pe pământ! Căci în acestea găsesc plăcere Eu», zice Domnul. (Ieremia 9:23-24)

Și Daniel a scris: „Dar aceia din popor care vor *cunoaște* pe Dumnezeul lor vor rămâne tari și vor face mari isprăvi” (Daniel 11:32). Adevărata criză din perioada Vechiului Testament a fost că poporul lui Dumnezeu nu Îl cunoștea pe Dumnezeul său. Profetul Osea a transmis următorul mesaj: „Poporul Meu piere din lipsă de cunoștință. Fiindcă ai lepădat cunoștința, și Eu te voi lepăda și nu-Mi vei mai fi preot. Fiindcă ai uitat Legea Dumnezeului tău, voi uita și Eu pe copiii tăi!” (Osea 4:6)

Mă tem că, la fel ca poporul ales din vechime, și bisericii îi lipsește cunoașterea intimă (cunoașterea inimii, cunoașterea experiențială) a lui Dumnezeu și a lui Hristos, prin descoperirea Duhului Sfânt.

3. Atingerea stării de om matur

Dumnezeu vrea ca noi să creștem. Oamenii maturi în credință

și înțelegere sunt cei care exprimă natura și caracterul lui Dumnezeu în și prin ei. Ei sunt cu adevărat ambasadori ai lui Hristos (2 Corinteni 5:20); ei Îl reprezintă cu adevărat pe Hristos în fața lumii pierdute.

Pentru a înțelege mai bine conceptul de maturitate spirituală, să ne uităm mai atent la două cuvinte folosite în Noul Testament: *copii* și *fii*. Cuvântul copii – (gr.) *teknon*[138] – folosit în Ioan 1:12, se referă la sugari sau la copiii nou-născuți. Un credincios nou-născut, din punct de vedere al caracterului, seamănă numai vag cu Tatăl lui. Acesta este motivul pentru care Petru a scris aceste versete esențiale:

> Lepădați dar orice răutate, orice vicleșug, orice fel de prefăcătorie, de pizmă și de clevetire și, ca niște prunci născuți de curând, să doriți laptele duhovnicesc și curat, pentru ca prin el să creșteți spre mântuire, dacă ați gustat în adevăr că bun este Domnul. (1 Petru 2:1-3)

Cu alte cuvinte, este responsabilitatea noastră să dorim Cuvântul lui Dumnezeu și, prin el, să experimentăm o creștere spirituală.

Pe de altă parte, cuvântul *fii* – (gr.) *huios*[139] – folosit de apostolul Pavel în Romani 8:14 se referă la fiii maturi. Spre deosebire de credincioșii de tipul *teknon*, creștinii de tipul *huios* reflectă mai deplin caracterul Tatălui lor.

4. Atingerea staturii plinătății lui Hristos

Noi suntem Biserica. Suntem chemați să reflectăm **plinătatea lui Hristos**. Acesta este principalul motiv pentru care creșterea și maturitatea spirituală sunt semnificative. În majoritatea epistolelor sale, Pavel, scrie cu o preocupare sinceră și cu pasiune pentru biserică: „[Biserica], care este trupul Lui, plinătatea Celui ce împlinește totul în toți" (Efeseni 1:23). Când vine vorba despre creștinii individuali, Pavel scrie cu încredere și autoritate: „Pe El Îl propovăduim noi și sfătuim pe orice om și învățăm pe orice om în toată înțelepciunea, ca să înfățișăm pe orice om desăvârșit în Hristos Isus" (Coloseni 1:28).

Rugăciunea lui Pavel pentru fiecare dintre noi este: „să cunoașteți dragostea lui Hristos, care întrece orice cunoștință, ca să ajungeți plini de toată plinătatea lui **Dumnezeu"** (Efeseni 3:19). Isus Însuși a făcut o promisiune puternică ucenicilor Săi. Pe lângă mântuirea noastră, El dorește ca ucenicii Săi să experimenteze viața din abundență: „Eu am venit ca oile să aibă viață și s-o aibă din belșug" (Ioan 10:10b). Haideți să fim sinceri cu noi înșine și să ne punem aceste întrebări, care ne macină:

- Ne bucurăm de viața abundentă promisă de Isus?
- Dacă nu, care este cauza lipsei ei în viața noastră?

Oare se poate ca, după ce am fost mântuiți, dintr-un motiv oarecare să nu ne fi implicat în procesul de ucenicie și, ca urmare, să nu avem o formare spirituală potrivită? Duhul Sfânt dorește să ne binecuvânteze cu izvoare de apă vie: „Cine crede în Mine, din inima lui vor curge râuri de apă vie, cum zice Scriptura" (Ioan 7:38). Pentru a avea o imagine completă a acestui concept, să ne imaginăm pentru o clipă abundența apei care se revarsă în cascada Niagara. Să punem în contrast acest fapt cu golirea unei sticle de apă. Există o diferență semnificativă între cele două, nu-i așa? La aceasta s-a referit Isus când a spus râuri de apă vie. Cu această imagine în minte, haideți să ne examinăm inimile:

- Curg râuri de apă vie din inimile noastre? Dacă nu, de ce nu?
- Este doar un firicel sau sunt doar câteva picături de apă vie? De ce se întâmplă acest lucru?

În epistola sa către Romani, Pavel scrie foarte convingător: „Dacă deci, prin greșeala unuia singur, moartea a domnit prin el singur, cu mult mai mult cei ce primesc, în toată plinătatea, harul și darul neprihănirii vor domni în viață prin Acel Unul singur, care este

Isus Hristos!" (Romani 5:17) A domni în viață înseamnă a fi sub imperiul acestei noi vieți pe care am primit-o prin har. Regele acestui imperiu este Domnul Isus. Este Isus neliniștit, îngrijorat, fără speranță, deprimat sau învins? Bineînțeles că nu. Tocmai aceasta este ideea. Hristos intenționează ca noi să domnim în viață, să trăim fără anxietate, să nu ne mai îngrijorăm, să trăim o viață satisfăcută și împlinită, să experimentăm vindecarea, eliberarea, bucuria, și să trăim o viață de biruință.

Dacă nu domnim în viață, atunci ne aflăm sub domnia unui alt imperiu. Acest lucru înseamnă că, în timpul în care suntem aici pe pământ, nu profităm la maximum de „abundență harului și darul neprihănirii". Nu spun aceste lucruri pentru a-i descuraja pe oameni. Explic aceste lucruri pentru a-i putea încuraja să continue să crească în procesul de ucenicie. Concluzia este că Isus dorește ca noi să domnim în viață prin El. Acest lucru face parte din moștenirea noastră spirituală. Dacă aceste aspecte lipsesc din ucenicia noastră, poate că este un indiciu că din viața noastră creștină lipsește creșterea spirituală. Vă încurajez pe toți să părăsiți starea de copilărie și (cf. Evrei 6:1) „să mergem spre cele desăvârșite" (vezi și Filipeni 3:13). Pavel pune punctul pe „i" cu aceste cuvinte: „ca să nu mai fim copii, plutind încoace și încolo, purtați de orice vânt de învățătură, prin viclenia oamenilor și prin șiretenia lor în mijloacele de amăgire" (Efeseni 4:14).

5. Creștere în toate privințele

Pavel scrie: „ci, credincioși adevărului, în dragoste, să creștem în toate privințele, ca să ajungem la Cel ce este Capul, Hristos" (Efeseni 4:15).

Înainte de a merge mai departe, aș dori să mă asigur că suntem pe aceeași lungime de undă în ceea ce privește înțelegerea procesului de creștere și maturizare spirituală. Acesta este un proces. Maturizarea spirituală nu se întâmplă peste noapte. Ea necesită o perioadă de plantare și udare (cf. 1 Corinteni 3:6), dar numai Dumnezeu (cf. 1 Corinteni 3:7) face să crească.

Istoria Bisericii a dovedit următorul lucru: cu cât mai mult se implică cineva în practicile religioase, cu atât mai mult va dura procesul de creștere și maturizare spirituală. Încercarea de conformare din ce în ce mai mult la tot felul de reguli îi obosește pe oameni și îi împiedică să dezvolte o relație autentică cu Dumnezeu, prin cunoașterea intimă a lui Hristos (cf. Ioan 17:3). Realitatea tristă este că le vine greu să renunțe la religie și să înceapă să se angajeze în procesul de creștere. Cel mai greu aspect dintre toate este că, pentru oamenii religioși, este o adevărată provocare să își vadă imaturitatea spirituală.

Creșterea spirituală și maturizarea sunt lucrarea Duhului Sfânt în viața ucenicilor. Nu este vorba despre acumularea de mai multe informații. În schimb, este vorba despre lucrarea supranaturală de transformare realizată în interiorul nostru de către Duhul Sfânt. Pavel surprinde acest mister în 2 Corinteni 3:18: „Noi toți privim cu fața descoperită, ca într-o oglindă, slava Domnului și suntem *schimbați* în același chip al Lui, din slavă în slavă, prin Duhul Domnului".

Încercarea de conformare din ce în ce mai mult la tot felul de reguli îi obosește pe oameni și îi împiedică să dezvolte o relație autentică cu Dumnezeu, prin cunoașterea intimă a lui Hristos. (cf. Ioan 17:3)

Creșterea și maturizarea spirituală nu presupun conformarea la practicile unei anumite confesiuni creștine. Este lucrarea supranaturală de înnoire a minții prin Cuvântul viu al lui Dumnezeu. Pavel scrie: „Să nu vă potriviți chipului veacului acestuia, ci să vă *prefaceți* prin *înnoirea* minții voastre, ca să puteți deosebi bine voia lui Dumnezeu: cea bună, plăcută și desăvârșită" (Romani 12:2).

Când ne-am născut din nou în familia lui Dumnezeu (cf. 1 Petru 1:23), am primit ADN-ul Său. Cu toate acestea, ADN-ul lui Dumnezeu din noi se află într-o formă comprimată, ca o *sămânță*. De aceea, este absolut necesar *să rămânem în Hristos* (Ioan 15:5), *să ne oferim pe noi înșine lui Dumnezeu* (Romani 12:1), să cerem

Duhului Sfânt *să ne transforme progresiv după chipul lui Hristos* (2 Corinteni 3:18) și, prin harul lui Dumnezeu, *să țintim spre plinătatea lui Hristos* (Efeseni 4:13). Acestea sunt cele mai importante modalități prin care putem exprima natura și caracterul Său în și prin noi.

Atunci când membrii individuali ai Trupului lui Hristos experimentează o creștere în toate aspectele, se întâmplă ceva fenomenal: Trupul lui Hristos se zidește în dragoste. Acesta este secretul ascuns în Efeseni 4:16. Pavel scrie: „Din El, tot trupul, bine închegat și strâns legat prin ceea ce dă fiecare încheietură, își primește creșterea potrivit cu lucrarea fiecărei părți în măsura ei și se zidește în dragoste". Aceasta este intenția finală: Ca fiecare parte să funcționeze corect în Trupului spiritual al lui Hristos – Biserica.

„Bine, Valy, mi-ai captat atenția. Ce măsuri ar trebui să iau?" Mă bucur că ai întrebat! Iată câteva idei pentru cei care doresc să crească în harul și cunoașterea Domnului Isus Hristos.

Pași pe calea maturizării

Pavel scrie: „ci, credincioși adevărului, în dragoste, să creștem în toate privințele, ca să ajungem la Cel ce este Capul, Hristos" (Efeseni 4:15). În acest verset, apostolul ne prezintă cele două direcții principale pe care trebuie să le urmăm: adevărul și dragostea. Să analizăm pe scurt aceste două aspecte.

Adevărul

Hristos le-a spus ucenicilor Săi aceste cuvinte memorabile: „Eu sunt calea, adevărul și viața. Nimeni nu vine la Tatăl decât prin Mine" (Ioan 14:6). Cred că Isus a vrut să întărească faptul că El este adevărul întrupat. În afară de El, nimic nu atinge acest nivel de adevăr. De ce este important acest lucru? Pentru că Hristos vrea ca noi să ne amintim acest fapt pentru tot restul vieții noastre, astfel încât, indiferent de presiunile sau filosofiile lumii, nimic să nu ne determine să ne conformăm ei.

1. Cunoașterea experiențială a Adevărului

Trebuie să cunoaștem adevărul și să fim perseverenți. Continuitatea este o componentă majoră a uceniciei. Isus le-a spus evreilor care au crezut în El să se țină de învățăturile Sale.

Ioan scrie: „Și a zis iudeilor care crezuseră în El: „Dacă rămâneți în cuvântul Meu, sunteți în adevăr ucenicii Mei; veți cunoaște adevărul, și adevărul vă va face slobozi". (Ioan 8:31-32) Corelația dintre Persoana lui Hristos, *Adevărul*, și *libertatea* noastră este foarte importantă. Hristos nu vorbește despre o cunoaștere filozofică (așa cum credeau grecii), ci despre *cunoașterea experiențială* a Logosului (Ioan 1:1), trimis de Dumnezeu pentru a ne da adevărata *lumină* (Ioan 1:4). Pentru a se asigura că noii credincioși au înțeles exact ce a vrut să spună, Isus continuă: „Deci, dacă Fiul vă face slobozi, veți fi cu adevărat slobozi" (Ioan 8:36). Acest lucru este profund, iar noi doar am atins suprafața lui. Aș putea scrie un întreg capitol doar despre acest concept.

Marcat de o profundă cunoaștere experiențială a Adevărului Întrupat, aproximativ șaizeci de ani mai târziu, Ioan scrie: „V-am scris nu că n-ați cunoaște **adevărul**, ci pentru că **îl** cunoașteți și știți că nicio minciună nu vine din adevăr" (1 Ioan 2:21).

Duhul Sfânt mărturisește: „El, Isus Hristos, este Cel ce a venit cu apă și cu sânge; nu numai cu apă, ci cu apă și cu sânge; și Duhul este Cel ce mărturisește despre lucrul acesta, fiindcă Duhul este adevărul" (1 Ioan 5:6). **Putem concluziona că adevărul revelat este singurul fundament al iubirii adevărate.** Ioan, la o vârstă înaintată, scrie: „Prezbiterul către aleasa Doamnă și către copiii ei, pe care-i iubesc în adevăr – și nu numai eu, ci toți cei ce cunosc adevărul" (2 Ioan 1:1). Mai clar de atât nu se poate, nu-i așa? **Dragostea trebuie să fie ancorată în adevăr de către toți cei care cunosc adevărul.**

2. Sfințiți prin adevăr

Inima Marii Trimiteri este ucenicia. Ucenicia este vehiculul pe care Duhul Sfânt îl folosește pentru a-i desăvârși pe sfinți. Adevărul este esențial în procesul de sfințire. Sfințirea este la timpul trecut, prezent și viitor. Sfințirea noastră a început atunci când ne-am născut din nou (timpul trecut) și continuă (timpul prezent) până la moartea noastră fizică (timpul viitor) sau până la revenirea lui Hristos. Dacă ucenicia nu încurajează sfințirea, nu este o ucenicie adevărată.

În rugăciunea Sa preoțească, ultima parte a discursului din camera de sus, Isus Se roagă pentru ucenicii Săi: „Sfințește-i prin adevărul Tău; cuvântul Tău este adevărul" (Ioan 17:17). Această rugăciune este încă valabilă acum, în perioada existenței Bisericii. Domnul (cf. Ioan 17:20) S-a rugat și pentru noi.

Pavel subliniază, de asemenea, importanța sfințeniei și a legăturii acesteia cu adevărul. El scrie: „și să vă îmbrăcați în omul cel nou, făcut după chipul lui Dumnezeu, de o neprihănire și sfințenie pe care o dă adevărul" (Efeseni 4:24). Te rog să observi legătura dintre neprihănire, sfințenie și adevăr.

3. Proclamarea adevărului

Ceea ce îi deosebește pe oameni de alte creaturi este capacitatea noastră de a comunica și de a folosi un limbaj. Pentru ucenicii lui Hristos, rostirea adevărului trebuie să fie practicată în toate dimensiunile vieții: familie, biserică, anturaj și așa mai departe.

Pavel scrie: „De aceea, lăsați-vă de minciună: «Fiecare dintre voi să spună aproapelui său adevărul», pentru că suntem mădulare unii altora" (Efeseni 4:25). Dacă relația noastră cu Dumnezeu nu este transpusă în tapiserie vieții, toate acestea doar compun o frumoasă teorie religioasă.

4. Trăirea în adevăr

Adevărul lui Dumnezeu stabilește cea mai înaltă etică în viața urmașilor lui Isus. Ioan scrie: „Dacă zicem că avem părtășie cu El și umblăm în întuneric, mințim și nu trăim adevărul" (1 Ioan 1:6). A pretinde că ai părtășie cu Hristos și în același timp umbli în întuneric este o contradicție în termeni. Adevărul din noi este incompatibil cu vreun lucru care atinge orice formă de păcat (emoțional, fizic sau spiritual). Ioan ne avertizează: „Dacă zicem că n-avem păcat, ne înșelăm singuri și adevărul nu este în noi" (1 Ioan 1:8). Adevărul nu cere nimic mai puțin decât o transparență totală față de Dumnezeu, față de noi înșine și față de ceilalți.

Acest lucru este fundamental pentru spiritualitatea noastră. Haideți să citim încet și cu atenție următorul verset: „Cine zice: «Îl cunosc» și nu păzește poruncile Lui este un mincinos și adevărul nu este în el" (1 Ioan 2:4). Acesta este un cuvânt plin de putere. De ce? Pentru că, dacă suntem cu adevărat ai Lui, suntem legați pentru totdeauna de adevăr. Ioan scrie: „pentru adevărul acesta care rămâne în noi și care va fi cu noi în veac" (2 Ioan 1:2).

5. Iubirea potrivit cu adevărul

Adevărul este ingredientul cel mai important al umblării noastre în dragoste. Ioan ne îndeamnă: „Copilașilor, să nu iubim cu vorba, nici cu limba, ci cu fapta și cu adevărul" (1 Ioan 3:18). Trebuie să existe o consecvență în practicarea adevărului, în toate sferele existenței noastre: vorbire, faptă, dragoste.

Sunt atât de multe învățături despre adevăr pe care le putem urmări în Scripturi. Permiteți-mi să enumăr câteva dintre ele, fără prea multe comentarii:

- *Îmbrăcați-vă cu adevărul:* „Stați gata dar, având mijlocul încins cu adevărul, îmbrăcați cu platoșa neprihănirii..." (Efeseni 6:14)
- *Rămâneți tari în adevăr:* „De aceea voi fi gata să vă aduc totdeauna aminte de lucrurile acestea, măcar că le știți și sunteți tari în adevărul pe care-l aveți". (2 Petru 1:12)
- *Lucrați împreună cu adevăr:* „Este datoria noastră dar să primim bine pe astfel de oameni, ca să lucrăm împreună cu adevărul". (3 Ioan 1:8)

- *Predicați adevărul:* „...propovăduiește Cuvântul (adevărul), stăruiește asupra lui la timp *și* ne la timp, mustră, ceartă, îndeamnă cu toată blândețea și învățătura. Căci va veni vremea când oamenii nu vor putea să sufere învățătura sănătoasă, ci îi vor gâdila urechile să audă lucruri plăcute și își vor da învățători după poftele lor. Își vor întoarce urechea de la adevăr și se vor îndrepta spre istorisiri închipuite". (2 Timotei 4:2-4)

Nu există un obiectiv mai înalt sau mai nobil decât predicarea, învățarea și rostirea adevărului în dragoste.

Adevărul și iubirea trebuie să meargă mână în mână. Dacă adevărul este separat de iubire, el ucide. Aceasta este ceea ce face Legea. Pavel scrie: „care ne-a și făcut în stare să fim slujitori ai unui legământ nou, nu al slovei, ci al Duhului, căci slova omoară, dar Duhul dă viața (2 Corinteni 3:6).

Dragostea

Iubirea fără adevăr este, în cel mai bun caz, sentimentalism și, în cel mai rău caz, ipocrizie. Dar, atunci când dragostea și adevărul lucrează împreună, este însăși puterea lui Dumnezeu care ne transformă din ce în ce mai mult în asemănarea lui Hristos. Iubirea agape este chiar obiectivul spiritualității creștine.

1. Umblați în dragoste

Nu există o cale mai bună pentru un credincios născut din nou decât cea a iubirii. Pavel o numește calea nespus mai bună (1 Corinteni 12:31). Iubirea agape este superioară darurilor spirituale, ea se situează cu mult deasupra semnelor și minunilor. 1 Corinteni 13 descrie natura și caracterul lui Dumnezeu manifestat în Hristos. În 1 Corinteni 13:4-7, pentru a descrie acest tip de iubire, Pavel folosește mai mulți termeni de acțiune:

- Dragostea este îndelung răbdătoare
- [Dragostea] este plină de bunătate
- [Dragostea] nu pizmuiește
- [Dragostea] nu se laudă
- [Dragostea] nu se umflă de mândrie
- [Dragostea] nu se poartă necuviincios
- [Dragostea] nu caută folosul său
- [Dragostea] nu se mânie
- [Dragostea] nu se gândește la rău
- [Dragostea] nu se bucură de nelegiuire
- [Dragostea] se bucură cu adevărul
- [Dragostea] acoperă totul
- [Dragostea] crede totul
- [Dragostea] nădăjduiește totul
- [Dragostea] suferă totul[140]

Uimitor! Cine poate atinge un asemenea nivel de dragoste? Hristos o face. Și El îi împuternicește pe ucenicii Săi să o poată face. Cum? Duhul Sfânt lucrează prin noi, dacă ne supunem lui Dumnezeu. Iubirea agape este chiar obiectivul spiritualității creștine. Pavel scrie: „Ținta poruncii este dragostea, care vine dintr-o inimă curată, dintr-un cuget bun și dintr-o credință neprefăcută" (1 Timotei 1:5).

2. Urmăriți dragostea

Oamenii din întreaga lume urmăresc ceva: succesul, faima, banii, puterea și așa mai departe. Spre deosebire de lume, creștinii sunt chemați să urmărească dragostea. Mi s-a părut interesant faptul că Pavel îl îndeamnă pe cel mai apropiat ucenic al său, Timotei, printre altele, să urmărească dragostea. El scrie: „Iar tu, om al lui Dumnezeu, fugi de aceste lucruri *și* caută neprihănirea, evlavia, credința, <u>dragostea</u>, răbdarea, blândețea" (1 Timotei 6:11). De asemenea, înainte de a pleca din această lume ca martir, Pavel îl sfătuiește pe Timotei, încă o dată, să urmărească dragostea agape. El îi scrie: „Fugi de poftele tinereții și *urmărește* neprihănirea, credința, dragostea, pacea, împreună cu cei ce cheamă pe Domnul dintr-o inimă curată" (2 Timotei 2:22). Așa cum am spus, necredincioșii au visele și scopurile lor în această viață, dar cel mai înalt scop al ucenicilor lui Hristos este urmărirea iubirii agape.

3. Fiți uniți în dragoste

Mai mult decât oricărui alt grup de oameni, creștinilor li se cere să fie uniți. Cu toate acestea, potrivit Bibliei, ei nu pot trăi în *unitate* fără *dragoste*. Pavel se adresează bisericii din Colose cu aceste cuvinte: „pentru ca să li se îmbărbăteze inimile, să fie uniți în dragoste și să capete toate bogățiile plinătății de pricepere, ca să cunoască taina lui Dumnezeu Tatăl, adică pe Hristos" (Coloseni 2:2).

Îmi place modul în care *Barnes' Notes on the Bible* explică expresia „uniți în dragoste":

> Înseamnă, propriu-zis, a aduce împreună și, prin urmare, se referă la o uniune fermă, ca atunci când inimile creștinilor sunt una. Aici înseamnă că modul în care se mângâiau unii pe alții era printr-o prietenie creștină solidă, și că mijlocul de a o cimenta era dragostea. Nu era printr-o simplă declarație exterioară sau printr-o simplă credință speculativă; era printr-o uniune plină de afecțiune.[141]

4. Să aveți o dragoste autentică unii pentru alții

Piața este asaltată de tot felul de bijuterii false, care nu sunt decât materiale plastice acoperite cu imitații ieftine de argint sau de aur. Cea mai frumoasă bijuterie pe care o pot purta ucenicii lui Hristos este dragostea autentică. Pavel mărturisește despre sine însuși și despre tovarășii săi că au dragoste autentică. El scrie: „prin curăție, prin înțelepciune, prin îndelungă răbdare, prin bunătate, prin Duhul Sfânt, printr-o dragoste neprefăcută" (2 Corinteni 6:6). Ca urmași ai lui Isus, trebuie să plângem cu pocăință și să cerem Duhului Sfânt să ne purifice, astfel încât să putem fi canale pure pentru dragostea Sa agape (Romani 5:5). Petru scrie: „Deci, ca unii care, prin ascultarea de adevăr, v-ați curățit sufletele prin Duhul ca să aveți o dragoste de frați neprefăcută, iubiți-vă cu căldură unii pe alții din toată inima" (1 Petru 1:22). Singurul mod în care ne putem iubi cu adevărat unii pe alții este din inimă. Orice alt fel de „iubire", care nu izvorăște din inima regenerată spiritual, nu este iubire agape.

5. Să creștem în capacitatea noastră de a iubi

Suntem preocupați să ne mărim conturile bancare, portofoliile de investiții, conturile de pensii și așa mai departe. Dar câți dintre noi suntem preocupați de creșterea capacității noastre de a iubi? Pavel ne îndeamnă cu aceste cuvinte: „Domnul să vă facă să creșteți tot mai mult în dragoste unii față de alții și față de toți, cum facem și noi înșine pentru voi" (1 Tesaloniceni 3:12). Acest verset ne cheamă să-i iubim nu numai pe frații și surorile noastre în Hristos, ci și pe toți oamenii. Despre aceasta este vorba în Marea Poruncă (Marcu 12:30-31).

Există atât de multe îndemnuri cu privire la dragostea agape. Permiteți-mi să enumăr câteva dintre ele, fără prea multe comentarii:

- *Îmbrăcați-vă cu dragoste:* „Dar mai presus de toate acestea, îmbrăcați-vă cu dragostea, care este legătura desăvârșirii" (Coloseni 3:14). Niciuna dintre hainele noastre nu sare singură pe noi dimineața, înainte de a merge la școală sau la serviciu. Trebuie să facem un efort și să ne îmbrăcăm. Ucenicii lui Hristos sunt chemați să facă eforturi în ceea ce numim „îmbrăcarea cu dragoste".
- *Continuați să vă iubiți unii pe alții:* „Stăruiți în dragostea frățească" (Evrei 13:1).
- *Să fiți sănătoși în dragoste:* „Spune că cei bătrâni trebuie să fie treji, vrednici de cinste, cumpătați, sănătoși în

credință, în dragoste, în răbdare" (Titus 2:2).

- *Nu-ți părăsi dragostea dintâi:* „Dar ce am împotriva ta este că ți-ai părăsit dragostea dintâi". (Apocalipsa 2:4).

Să vorbești și să scrii despre dragoste nu este o sarcină ușoară. Învățăm cum să iubim cu adevărat dacă ni se dă un model. Cred că, mai mult decât oricând altcândva în istoria Bisericii, acum avem mai mare nevoie de modele în bisericile noastre. Avem nevoie de bărbați și femei maturi ai lui Dumnezeu, oameni maturi în credință, care știu cum să iubească autentic.

Este atât de ușor să fim ocupați cu lucrurile pe care le facem pentru Dumnezeu și să uităm de dragostea lui Dumnezeu. Cuvintele de *„corecție"* ale lui Hristos pentru biserica din Efes ar trebui să ne răsune în urechi. Dragostea dintâi este dragostea lui Dumnezeu față de noi. Este imposibil să iubim pe baza iubirii noastre. Prin natura noastră, suntem creaturi egocentrice, incapabile să manifestăm o iubire jertfitoare față de ceilalți. *„Noi iubim, pentru că El ne-a iubit întâi"* (1 Ioan 4:19). Aceasta este ordinea corectă și motivația corectă. Nu ne putem permite să renunțăm la dragostea dintâi – dragostea „turnată în inimile noastre prin Duhul Sfânt" (Romani 5:5). Trebuie să ne întoarcem, iar și iar, la singura sursă a dragostei pe care o avem – dragostea lui Dumnezeu.

Sper că puteți vedea cât de frumos se leagă conceptele de adevăr și dragoste, care duc la o creștere spirituală atotcuprinzătoare.

Concluzii

Am predicat și am predat de multe ori din Efeseni 4:11-16. Acesta este unul dintre textele mele preferate. Din cele la care am reflectat de-a lungul anilor, există câteva elemente ce țin de chemarea la acțiune, pe care aș dori să le împărtășesc cu voi:

- Trebuie să readucem la viață arta pierdută a uceniciei în bisericile locale în care Dumnezeu ne-a așezat, ca slujitori ai Evangheliei (Matei 28:19-20; 2 Timotei 2:2).

- Trebuie să facilităm slujba de creștere și maturizare spirituală în așa fel încât fiecare membru în parte să poată consuma hrana tare (Evrei 5:13-14, 6:1-3). Scopul este ca fiecare ucenic să devină echipat în mod adecvat și pe deplin capabil să zidească Trupul lui Hristos în dragoste (Efeseni 4:16).
- Trebuie să ne dăm seama că prețul pe care îl plătim pentru a rămâne imaturi din punct de vedere spiritual este mult prea mare. De asemenea, trebuie să recunoaștem că imaturitatea spirituală are consecințe negative enorme.

Fie ca noi toți, asemenea celui de-al treilea muncitor din povestea de la începutul acestui capitol, să privim cu încredere spre cer și să declarăm: „Sunt un credincios care face ucenici și, prin harul lui Dumnezeu, zidesc Biserica Lui".

Rugăciune

De aceea, îngenunchez și Îi cer lui Dumnezeu să-i binecuvânteze pe toți slujitorii Evangheliei, pe toți liderii spirituali și învățătorii biblici la nivel local și în întreaga lume. Mă rog ca Duhul Sfânt să le dea putere să continue *„desăvârșirea sfinților pentru lucrarea de slujire, pentru zidirea trupului lui Hristos"*, în așa fel încât fiecare în parte să lucreze în mod adecvat pentru edificarea în dragoste și adevăr a întregului Trup. În Numele lui Hristos. Amin.

Acest capitol, fără îndoială, este o provocare. A fost o provocare pentru mine să îl scriu. Citind despre diverse concepte, sper că Duhul Sfânt te-a convins de unele adevăruri.

Întrebări de discuții:

Vă rog să reflectați la următoarele întrebări, apoi să vă împărtășiți gândurile cu un prieten sau cu grupul de studiu din care faci parte.

1. Ce aspecte ți-au plăcut cel mai mult din secțiunea intitulată: „Adevărul"?

2. Te rog să recitești secțiunea intitulată „Dragostea". Ce ți-a plăcut cel mai mult în această secțiune?

3. Care este locul tău în Trupul lui Hristos? Care este rolul tău în Trupul lui Hristos? Și la ce încheietură sau slujire participi?

4. Presupunând că ți-ai identificat rolul spiritual în Trupul lui Hristos, zidești în mod activ biserica în dragoste și adevăr?

5. Care ar trebui să fie contribuția ta spirituală pentru bunăstarea Trupului lui Hristos?

Note:

10. Clădirea, ziditorii și procesul de zidire

[133] Girard J.P. și Lambert S. *The Story of Knowledge: Writing Stories that Guide Organizations into the Future.* The Electronic Journal of Knowledge Management, volumul 5, numărul 2, 200), p. 161-172. Disponibil online la: www.ejkm.com.
[134] Robert Mulholland Jr., *Invitation to a Journey: The Road Map for Spiritual Formation,* Intervarsity Press, Downers Grove, IL, 60515, 1993, p. 15.
[135] Dallas Willard, *Înnoirea inimii: Formarea caracterului cristic,* Cartea Creștină, Oradea, 2004, p. 29.
[136] *Spiritual Formation.* Renovare.org. Accesat pe 29 octombrie, 2019 https://renovare.org/about/ideas/spiritual-formation
[137] A. W. Tozer, Cunoașterea Celui Preasfânt, Logos, Cluj, 1996, prefață.
[138] Cuvântul *teknon* înseamnă și nou-născut. Așadar, el dezvăluie stadiul de bebeluș în viața noastră spirituală.
[139] *Huios* înseamnă copilul care a fost marcat ca fiind fiul/fiica cuiva datorită asemănării dintre părinți și copil, adică asemănarea trăsăturilor faciale, a caracterului și a atitudinii.
[140] Valy Vaduva, *Plinătatea lui Hristos*, 203.
[141] Coloseni 2:2. Accesat pe 22 octombrie 2019. https://biblehub.com/commentaries/barnes/colossians/2.htm.

CAPITOLUL 11

O scurtă trecere în revistă a literaturii

Când se tocește fierul și rămâne neascuțit, trebuie să-ți îndoiești puterile; de aceea la izbândă ajungi prin înțelepciune.
- Eclesiastul 10:10

Când pentru prima dată am simțit că trebuie să cercetez mai adânc aspectul imaturității spirituale, am studiat următoarele cărți:

- *REVEAL: Where are You?*, (Descoperire: Unde ești?), de Greg Hawkins și Cally Parkinson
- *The Cross and Christian Ministry*, (Crucea și slujirea creștină), de D.A. Carson
- *The Great Omission: Reclaiming the Essential Teachings on Discipleship*, (Marea Omitere: Revendicarea învățăturilor esențiale despre ucenicie), de Dallas Willard
- *Transforming Discipleship: Making Disciples a Few at a Time*, (Ucenicia transformatoare: Facerea treptată de ucenici), de Greg Ogden
- *12 Reasons Christians Don't Grow Even in Good Churches*, (12 motive pentru care creștinii nu cresc nici

măcar în bisericile bune), de Tony Green

Am să trec în revistă cele învățate din fiecare carte, pe rând. În prima carte, *REVEAL: Where are You?* (*Descoperire: Unde ești?*), Greg Hawkins, unul dintre pastorii asistenți seniori ai lui Hybels, ne dezvăluie cum a devenit conștient de faptul că eficacitatea serviciului bisericesc era deficitară și că Willow Creek Community Church [Willow] devenise mai degrabă locul unde să stai pe o bancă decât locul unde să-L urmezi pe Hristos. El l-a abordat pe Hybels, pastorul senior al Willow, și a cerut fonduri pentru a efectua un studiu aprofundat al membrilor, cu scopul de a afla:

- Nivelul lor de maturitate
- Cât de satisfăcuți sunt de învățătură și programe
- Impresiile lor despre starea bisericii în general

Studiul s-a bazat pe un eșantion de peste 11.000 de oameni care au completat chestionarele, de la Willow Creek și din alte șase biserici de diferite mărimi și din diferite regiuni geografice. Această cercetare a totalizat un număr impresionant de 2,6 milioane de informații. Constatările acestui studiu l-au șocat teribil pe Bill Hybles. Am citit undeva că Hybees ar fi spus că acesta a fost „cel mai mare semnal de alarmă din viața mea... și cea mai proastă zi din viața mea". În vara anului 2007, Willow a publicat rezultatele acelui studiu de autoevaluare sub titlul: *REVEAL: Where are You?* Pe prima copertă a raportului se spune că cititorii vor afla „descoperiri surprinzătoare ale cercetării care au zguduit comunitatea Willow".

Următorul continuum spiritual a reieșit din această cercetare:

- Explorarea creștinismului – „*Cred în Dumnezeu, dar nu sunt sigur de Hristos. Credința nu este o parte semnificativă a vieții mele.*"
- Creșterea în Hristos – „*Cred în Isus și lucrez la ce înseamnă să ajung să-L cunosc.*"
- Apropierea de Hristos – „*Mă simt foarte aproape de*

Hristos și mă bazez zilnic pe El pentru îndrumare."

- Centralitatea lui Hristos – *„Dumnezeu este tot ce am nevoie în viața mea. El este suficient. Tot ceea ce fac este o reflectare a lui Hristos."*[142]

Constatările sunt absolut uimitoare! Iată care sunt cele mai importante puncte:

- Implicarea în programe bisericești, orientate pe exterior și pe interior, nu s-a tradus neapărat printr-o creștere spirituală, pe care ei au definit-o ca fiind *„creșterea dragostei pentru Dumnezeu și pentru ceilalți".*
- Creșterea spirituală constă în creșterea apropierii relaționale de Hristos. De ce aceasta? Foarte simplu: *„Pentru că Dumnezeu ne-a «conectat» în primul rând pentru a fi într-o relație din ce în ce mai bună cu El, nu cu biserica"*[143].
- Biserica este de o importanță vitală în primele două enunțuri (Explorarea creștinismului și Creșterea în Hristos); dar, pe măsură ce oamenii trec la ultimele două etape ale creșterii spirituale (Apropierea de Hristos și Centralitatea lui Hristos), ea devine din ce în ce mai puțin importantă.
- Practicile spirituale personale sunt elementele de bază pentru o viață centrată pe Hristos.
- Cei mai activi evangheliști, voluntari și susținători financiari ai bisericii provin din segmentele cele mai mature din punct de vedere spiritual. *„Aceste rezultate ne-au determinat să reevaluăm convingerile adânc înrădăcinate."*[144]
- Mai mult de 25 la sută dintre cei chestionați s-au descris ca fiind *„împotmoliți"* sau *„nemulțumiți"* din punct de vedere spiritual de rolul bisericii în creșterea lor spirituală. Acest lucru ar trebui să-l determine pe fiecare păstor și lider al bisericii să se gândească serios la ce tip de spiritualitate promovează.

Au fost culese mult mai multe date, dar cele mai interesante informații sunt cele de mai jos:

- S-a pus prea mult accent pe implicarea în biserică și prea puțin pe încurajarea creșterii individuale, printr-o relație personală și creștere în Isus Hristos.
- Biserica petrece mult prea mult timp oferindu-le căutătorilor învățături și programe, ceea ce ei au numit *„echivalentul spiritual al schimbării scutecelor"*, în timp ce îi lasă pe *„adolescenții spirituali"* să se descurce singuri.
- Oamenii din biserică ar trebui să fie bine învățați, încă de la bun început, că este responsabilitatea lor personală de a fi într-o relație crescândă și vitală cu Hristos, pentru că aceasta este ceea ce îi va susține mult timp după ce strălucirea programelor bisericești se va estompa.

Conducerea comunității Willow a recunoscut: *„Ne-am înșelat. Trebuie să regândim programul de formare pe care vi-l oferim în vederea creșterii spirituale"*.

Și:

> Vrem să îi facem pe oameni să treacă de la dependența de biserică la un parteneriat de interdependență din ce în ce mai mare cu Biserica. Trebuie să-i facem pe oameni să înțeleagă, încă de la începutul călătoriei lor, că trebuie să privească dincolo de biserică pentru creșterea lor... Oamenii noștri trebuie să învețe să se hrănească singuri, prin practici spirituale personale, care să le permită să-și aprofundeze relația cu Hristos.[145]

Îi acord credit pastorului Hybels pentru sinceritate și pentru recunoașterea faptului că accentul pus pe programe și întâlniri nu formează ucenici. Bineînțeles, un studiu nu răspunde nevoii enorme de creștere spirituală din toate bisericile.

Cu toate acestea, Willow a dat dovadă de multă smerenie pentru a întreprinde un studiu propriu, și de o vulnerabilitate autentică pentru a face publice rezultatele. Dar acest lucru ne provoacă pe toți să ne gândim mai serios la ceea ce înseamnă să fii biserică. Este admirabil faptul că Hybels a recunoscut că, în timp ce au „remodelat închinarea, au ridicat nivelul predicilor și au devenit grozavi la organizare", nu reușeau totuși să formeze ucenici. Adevărata întrebare este: Oare există mai multe congregații cu o asemenea pasiune și smerenie? Oare se va trezi biserica din America la viziunea inițială a lui Hristos, formulată în evanghelii: Mergeți și faceți ucenici? Mă rog ca ea să o facă. Amin!

Implicarea în programe bisericești, orientate pe exterior și pe interior, nu s-a tradus neapărat printr-o creștere spirituală.

A doua carte pe care am consultat-o a fost *The Cross and Christian Ministry*, (*Crucea și slujirea creștină*). Dr. D. A. Carson scrie atât de convingător despre cruce, nu numai ca instrument de răscumpărare al lui Dumnezeu, ci, cel mai important, că ea ar trebui să fie *„testul și standardul oricărei slujbe creștine vitale"*.[146] Această carte se bazează pe o serie de discursuri pe care Carson le-a prezentat la Congresul mondial cvadrienal al IFES (International Federation of Evanghelical Students). În principal, cartea se bazează pe studiul lui Carson a câtorva texte din 1 Corinteni.

El argumentează foarte convingător că:

> *Crucea ar trebui să fie în centrul predicării și proclamării creștine.* Punctul său de vedere este exprimat clar și răspicat: „Mesajul crucii poate fi un nonsens pentru cei care pier, «o pricină de poticnire pentru iudei și o nebunie pentru neamuri» (1 Corinteni 1:23), «dar pentru cei chemați, fie iudei, fie greci, este puterea și înțelepciunea lui Dumnezeu» (1 Corinteni 1:24)"[147]. Sunt total de acord cu acest autor. Pavel a fost un predicator al crucii (1 Corinteni 2:2), și așa ar trebui să fim și noi.

- *Pentru a ne bucura cu adevărat de darul Duhului Sfânt, trebuie să ne însușim mesajul crucii.* Carson scrie: „Omul spiritual este pur și simplu un credincios care a înțeles mesajul crucii. Într-adevăr, cei mai maturi credincioși sunt și cei mai recunoscători pentru cruce și se întorc mereu la ea, ca măsură a iubirii lui Dumnezeu pentru ei și ca standard suprem al renunțării personale".[148]
- *Dezbinătorii prezintă semnele unei imaturități spirituale dezastruoase, inacceptabile.* Carson scrie: „Pavel îi găsește pe corinteni blocați în stadiul de «lapte». Ei nu cresc în înțelegerea și aplicarea Cuvântului lui Dumnezeu, în general, și a Evangheliei, în special".[149]

Dați-mi voie să vă întreb: De ce se întâmplă așa ceva? Cred că veți fi de acord cu mine că motivul principal este acela că nu au reușit să își însușească crucea în viața lor de zi cu zi. Ca urmare, au rămas creștini lumești (sau carnali).

- *Conducerii creștine i s-au încredințat tainele lui Dumnezeu.* Lui Pavel, ca slujitor al lui Dumnezeu care a îmbrățișat crucea (Galateni 2:2), i-au fost încredințate revelațiile speciale ale lui Dumnezeu. Într-o smerenie autentică, Pavel îi cheamă pe credincioșii corinteni să îi urmeze exemplul (1 Corinteni 4:16). Pe lângă Hristos, Pavel este astăzi un model extraordinar a ceea ce înseamnă să fii un adevărat lider creștin. Cei din conducerea creștină trebuie să trăiască viața în lumina crucii. Dacă creștinii din primul secol l-au urmat pe Mesia cel răstignit, la fel ar trebui să facem și noi.
- *Crucea ne face creștini globali.* Nu ar trebui să revenim la o credință individualistă. Datorită crucii și a ceea ce a făcut Dumnezeu prin ea pentru noi, „trebuie să adoptăm ca scop mântuirea bărbaților și femeilor". Carson citează 1 Corinteni 9:22: „M-am făcut totul pentru toți oamenii, pentru ca, prin toate mijloacele posibile, să pot salva pe unii".

Încă de la început (Faptele Apostolilor 1:8), aceasta este exact ceea ce Isus dorește ca Biserica să fie și să facă.

În concluzie, permiteți-mi să redau ceea ce a scris Carson:

> Acum este ceva obișnuit să mărturisești că mișcarea evanghelică se fragmentează. În măsura în care acest lucru este adevărat, este absolut imperativ să ne concentrăm în mod țintit pe ceea ce este central – Evanghelia lui Isus Hristos. Aceasta înseamnă că trebuie să ne hotărâm să nu cunoaștem nimic „altceva decât pe Isus Hristos și pe El răstignit" (1 Corinteni 2:2).[150]

Amin, așa să fie, frate Carson! Din moment ce este biblic, ar trebui să facem exact așa cum a sugerat Carson!

Cea de-a treia lucrare pe care am cercetat-o a fost *The Great Omission: Reclaiming the Essential Teachings on Discipleship* (*Marea Omitere: Recuperarea învățăturilor esențiale despre ucenicie*), de Dallas Willard. Autorul a fost profesor la University of Southern California's School of Philosophy și, cel mai important, un scriitor prolific. Profesorul Willard a fost un membru cu o contribuție importantă la Renovare—The Institute for Christian Spiritual Formation. Willard a scris mai multe cărți, printre care lucrările mele preferate sunt: *The Divine Conspiracy: Rediscovering Our Hidden Life in God,* (*Conspirația divină: Redescoperirea vieții noastre ascunse în Dumnezeu*), *Renovation of the Heart: Putting on the Character of Christ* (*Înnoirea inimii: Formarea caracterului cristic*), și, desigur, *The Great Omission: Reclaiming the Essential Teachings on Discipleship*, (*Marea Omitere: Revendicarea învățăturilor esențiale despre ucenicie*). Oh, cât de mult

> Dar, de departe, cel mai important efect negativ este că o biserică alcătuită din oameni ne-ucenicizați nu poate influența cultura, așa cum a făcut-o biserica din primul secol.

îmi place să citesc cărțile și articolele lui Dallas Willard! Stilul său este profund și necesită o atenție concentrată, dar merită tot efortul.

Spre deosebire de celelalte cărți ale sale, *The Great Omission* este o compilație de articole și discursuri pe care Willard le-a ținut de-a lungul anilor. Capitolele cărții conțin aceste articole. Fiecare capitol se bazează pe cel precedent și formează o carte al cărui conținut curge frumos. Lucrarea cuprinde cele mai importante subteme ale uceniciei, inclusiv ucenicia lui Isus, formarea spirituală, dezvoltarea caracterului și restaurarea sufletului și a minții. Pot spune că această carte atinge punctul nevralgic al problemei – lipsa maturității spirituale. Ea abordează subiectul cel mai atrăgător și mai drag pentru oricine Îl iubește pe Isus și dorește ca Împărăția Lui să avanseze prin lucrarea de ucenicie.

Cartea este organizată în patru părți majore:

- Capitolele 1-5, în care Willard abordează problemă decisivă cu care se confruntă oamenii și biserica de astăzi: semnificația biblică a uceniciei. În acest fel, el identifică *„marea omitere"* despre care vorbește în lucrarea sa: *excluderea unei ucenicii consistente din viața spirituală a bisericii.*
- Capitolele 6-11, în care autorul explică în termeni generali formarea spirituală care însoțește în mod natural și inevitabil o astfel de ucenicie. El ne oferă o viziune preliminară a tipului uimitor de oameni care putem deveni, ca ucenici ai lui Isus.
- Capitolele 12-15 constituie secțiunea practică a cărții, care ne prezintă mijloacele de ucenicie și formare spirituală.
- Capitolele 16-20, care conțin lucrările a cinci prieteni ai lui Isus – figuri istorice care au contribuit în mare măsură la propria ucenicie a lui Willard în urmarea lui Isus, și care pot contribui și la a noastră.

Având în vedere scopul acestei cărți, mă voi concentra mai ales pe prima parte a lucrării lui Willard, care se referă la ucenicie, sau mai bine zis, la lipsa ei, în biserica de astăzi. Încă din introducere, autorul ne dezvăluie ce are pe suflet: „Trebuie să subliniem faptul că marea omitere din Marea Trimitere nu este ascultarea de Hristos, ci ucenicia, stagiul în slujba Lui"[151]. Cu alte cuvinte, Willard îndeamnă bisericile și liderii lor să se întoarcă la viziunea originală a lui Isus – *ucenicia.* Sunt la fel de dezamăgit ca și Willard de faptul că majoritatea celor care se declară creștini pot fi *„creștini"*, dar nu devin niciodată ucenici. Autorul numește acest lucru Marea Omitere din „Marea Trimitere", în care este ferm înrădăcinată Marea Dispariție.

În primul capitol, „Ucenicia", autorul își exprimă dezamăgirea față de faptul că majoritatea instituțiilor creștine din zilele noastre consideră ucenicia „opțională". În loc să se concentreze pe împlinirea viziunii lui Isus, aceea de a face ucenici, bisericile de astăzi sunt pline de „ucenici ne-ucenicizați". În mod ironic, „deriva istorică a înlocuit planul lui Hristos cu: «faceți convertiți (la o anumită credință și practică) și botezați-i ca membri ai bisericii»". Cu toate acestea, implicațiile lipsei de ucenicie sunt multe și mari: „Lipsa ucenicizării te costă exact acea viață din belșug pe care Isus spunea că a venit să o aducă (Ioan 10:10)". Dar, de departe, cel mai important efect negativ este că o biserică alcătuită din oameni ne-ucenicizați nu poate influența cultura, așa cum a făcut-o biserica din primul secol. Sper că cititorii mei sunt de acord că acesta este un adevăr atât de revelator. Willard continuă: „Astfel, chiar tipul de viață care ar putea schimba cursul societății umane [ucenicia]... este exclusă sau cel puțin omisă din mesajul esențial al bisericii"[152]. Permiteți-mi să vă întreb: De ce se întâmplă acest lucru? Iată ce cred eu: o viață fără ucenicie este lipsită de sare, potrivit cuvintelor lui Isus, bună doar pentru a fi „aruncată afară" (Luca 14:35).

Chiar și titlul celui de-al doilea capitol, *„De ce să ne batem capul cu ucenicia?"*, este intrigant. În această secțiune Willard transmite cu precizie și claritate patru aspecte pentru care ucenicia este o necesitate, nu o opțiune:

- *Iertarea fără ascultare este nebiblică.* Este o contradicție în termeni să spunem că ne încredem în Isus pentru iertarea păcatelor noastre și refuzăm să-L urmăm, ca ucenici ascultători. Acest lucru ne face, potrivit lui Willard, „creștini vampiri". Este ca și cum i-am spune lui Isus: *„Aș vrea puțin din sângele Tău, te rog. Dar nu mă interesează să devin ucenicul Tău sau să am caracterul Tău.* De fapt, nu ai vrea să mă scuzi și să mă lași să îmi văd de viața mea, și ne vedem în ceruri?”[153].

- *Fără ucenicie rămânem imaturi și înfrânți.* Bisericile de pretutindeni sunt pline de credincioși înfrânți. Secretul biruinței spirituale este ascuns în altă parte. Numai cine rămâne în cuvintele lui Hristos poate cunoaște adevărul și poate experimenta adevărata libertate (Ioan 8:36).
- *Fără ucenicie nu există transformare.* Numai ucenicia duce la o transformare autentică. Numai atunci când umblăm cu Isus ca ucenici ai Săi putem „renunța la duplicitate, care a devenit o a doua natură pentru noi”[154]. Numai acei credincioși care sunt maturi în Hristos sunt împuterniciți să aducă multă roadă pentru slava lui Dumnezeu (Ioan 15:8). Aceasta este singurul însemn autentic al uceniciei. Nimic mai mult, nimic mai puțin, nimic altceva – numai roada Duhului (Galateni 5:22-23).
- *În lipsa uceniciei rămânem cu un creștinism neputincios și învins.* Numai o umblare într-o relație mai strânsă cu Isus ne pregătește să primim și să exercităm puterea lui Dumnezeu. Willard scrie: *„Am fost meniți să fim locuiți de Dumnezeu și să trăim printr-o putere care ne depășește pe noi înșine”.*[155]

Dilema autorului, ca și a mea, este următoarea: Cum de putem fi mulțumiți cu o mântuire care intră în acțiune atunci când murim, în timp ce aici, pe pământ, trăim o viață lipsită de ucenicie, netransformată și înfrântă? Cum putem să ne numim creștini și să nu-L ascultăm pe Cel care a spus: „Urmați-Mă?” Este ceva lipsit de sens, nu-i așa?

În capitolul trei, „Cine este Învățătorul vostru”, Willard Îl înalță pe Isus Hristos ca Învățător al nostru, mai presus de toți învățătorii, profesorii și savanții din această lume. Îmi place această abordare! Isus nu este doar Mântuitorul nostru; Hristos nu este doar Domnul nostru, Fiul lui Dumnezeu, Însuși Logosul întregului univers.

Hristos este, de asemenea, cel mai înțelept Învățător. Dacă Hristos nu este văzut de către creștinii practicanți ca Expert în orice domeniu, aceasta „este o simplă lipsă de respect pentru El"[156].

Nu sunt sigur în ceea ce vă privește, dar eu sunt pe deplin încredințat de această afirmație. Prin urmare, trebuie să învățăm de la Hristos trei aspecte principale:

- Rațiunea existenței noastre este în El și de la El: „Căci în El avem viața, mișcarea și ființa" (Fapte 17:28).
- Omul nostru interior este transformat după chipul și asemănarea Lui (2 Corinteni 3:18).
- Isus ne modelează și ne învață cum să trăim în viața reală, concretă, de zi cu zi; suntem chemați să-L urmăm în practicile Sale, să luăm jugul Său și să învățăm de la El: „Luați jugul Meu asupra voastră și învățați de la Mine..." (Matei 11:29).

Cu alte cuvinte, în toate domeniile vieții – de la viața de familie, școală, profesie și spiritualitate creștină – Isus Hristos deține supremația. El este Expertul! Willard scrie: *„Dacă te încrezi în Isus Hristos ca Învățătorul tău, El te va învăța în toate privințele".*

În capitolul 4, „Asemănarea cu Isus", Willard explică faptul că suntem chemați să „urmăm pilda lui Dumnezeu" (Efeseni 5:1) și să ne „îmbrăcăm în Domnul Isus" (Romani 13:14). Cu alte cuvinte, suntem chemați să fim ca Isus, să acționăm ca Isus și, cel mai important, să iubim ca Isus. Realitatea este că numai ca ucenici ai Lui „trăirea sub domnia cerului ne eliberează și ne dă puterea de a iubi așa cum iubește Dumnezeu"[157]. Numai în contextul uceniciei învățăm să ne deschidem puterii transformatoare a Duhului Sfânt și să umblăm în Duhul Sfânt (Galateni 5:25). Atunci experimentăm, în exterior, darurile Duhului și, în interior, roada Lui. Concluzia este că „transformarea întru asemănarea cu Hristos este interacțiunea noastră directă și personală cu Hristos, prin Duhul Sfânt"[158].

În capitolul 5, „Cheia spre cheile Împărăției", Willard îi oferă cititorului o „privire de sus" asupra disciplinelor spirituale, în principal a celei despre Sabat și a celor care o însoțesc: solitudinea, tăcerea și postul. În calitate de ucenici ai lui Hristos, suntem chemați să învățăm să practicăm aceste obiceiuri sfinte, numite discipline spirituale. Observați că *disciplină* și *discipol*, un alt termen pentru ucenic, provin din aceeași rădăcină latină, *discere* – „a învăța".

În general, cartea ne prezintă cunoștințele autorului despre ucenicie. Mă alătur lui în dorința sa profundă ca bisericile să se întoarcă la viziunea de bază a lui Hristos – Marea Trimitere. Mă rog ca aceasta să fie implementată ca prioritatea numărul unu a fiecărei biserici locale – pocăindu-se astfel de Marea Omitere. Dacă veți această carte și o veți studia, sper că veți ajunge la aceeași concluzie: *„Willard a scris o carte foarte bună pe această temă."*

Cea de-a patra lucrare pe care am studiat-o pentru acest capitol a fost *Transforming Discipleship: Making Disciples a Few at a Time* (*Ucenicia transformatoare: Facerea treptată de ucenici*), de Greg Ogden. Această carte este o altă lucrare profundă despre ucenicie. Autorul ei, Greg Ogden, scrie cu convingere atât dintr-o perspectivă practică, cât și academică. El este pastor executiv responsabil de ucenicie la Christ Church din Oak Brook, Illinois. Anterior, Ogden a fost director academic al programului de doctorat în slujire la Fuller Theological Seminary din Pasadena, California.

Încă din introducere, Ogden își susține punctul de vedere, citându-l pe Bill Hull: *„Criza din inima bisericii este o criză de produs"*. Mai departe, Ogden scrie: „În toate cursurile și seminariile mele despre cum să faci ucenici după modelul lui Isus, încă simt că un procent foarte mic de păstori și lideri ai bisericilor urmează modelele lui Isus și Pavel"[159]. Cu alte cuvinte, Ogden spune că, în loc să se concentreze pe împlinirea Marii Trimiteri, bisericile oferă programe primitoare pentru căutători. Dar „facerea de ucenici nu este un program, ci este o relație"[160]. **Programele nu oferă ingredientele unei adevărate faceri de ucenici.** Ogden explică faptul că numai „atunci când aducem împreună relațiile noastre transparente și adevărul Cuvântului lui Dumnezeu, în contextul responsabilității de legământ pentru schimbarea vieții, vom păși pe teritoriul binecuvântat al Duhului Sfânt, care face posibilă schimbarea vieții"[161]. Amin, așa să fie!

Cartea lui Ogden, *Transforming Discipleship*, este compusă din trei părți:

- Prima parte: „Deficitul de ucenicie"
- Partea a doua: „Să facem lucrarea Domnului în felul Domnului"
- Partea a treia: „Grupuri de ucenicie care cresc și se multiplică"

În prima parte, autorul se concentrează asupra problemei și încearcă să ajungă la cauzele profunde ale lipsei de ucenicie din biserici. Având în vedere scopul acestui capitol, îmi voi concentra analiza în principal pe prima parte a cărții. „Unde au dispărut toți ucenicii?" – este întrebarea principală. Definirea realității este problema pe care Ogden dorește să o abordeze în primul capitol al cărții sale. Așa cum sugerează și Max De Pree liderilor în general, prioritatea principală pentru toți liderii bisericii este definirea realității. Cu toții trebuie să știm unde ne aflăm pentru a determina cu certitudine încotro ne îndreptăm. În caz contrar, orice cale ne va duce la o destinație necunoscută, precum spune refrenul piesei „Any Road": „Dacă nu știi încotro te îndrepți, orice drum te va duce acolo"[162].

Realitatea tristă este că un singur cuvânt rezumă starea Bisericii de astăzi: ***superficialitate.*** „The Joint Statement" de la Eastbourne privind ucenicia a început cu o recunoaștere a nevoii:

> În pragul noului mileniu, recunoaștem că starea Bisericii este marcată de o creștere, însă fără profunzime. Zelul nostru de a merge mai departe nu a fost însoțit de un angajament de a pătrunde mai adânc.[163]

Cred că Chuck Colson a fost cel care a spus: „Biserica are 5000 de kilometri lățime și un centimetru adâncime". Potrivit multor gânditori creștini, aceasta este cauza decăderii morale pe care o vedem peste tot: în guvern, în instituții, în biserici și în familii. Ogden îl citează pe Cal Thomas, care scrie:

> Problema în cultura noastră... nu sunt adepții avortului. Nu sunt susținătorii pornografiei, traficanții de droguri sau criminalii. Este Biserica lui Isus Hristos lipsită de discipline, lipsită de ucenicie, neascultătoare și ignorantă din punct de vedere biblic.[164]

Potrivit lui Ogden, există șapte semne ale uceniciei biblice. Dacă comparăm cu sinceritate aceste semne cu realitatea noastră, putem identifica cu ușurință decalajul dintre standardul biblic și starea bisericilor și a instituțiilor noastre:

1. Beneficiari pasivi versus slujitori activi

Biblia ne prezintă o biserică plină de slujitori activi, dar astăzi majoritatea bisericilor sunt compuse doar din beneficiari pasivi.

2. Nedisciplinați versus disciplinați spiritual

Scriptura îi prezintă pe urmașii lui Isus implicați într-un mod de viață disciplinat; cu toate acestea, astăzi vedem că doar un mic procent dintre creștini trăiesc în acest fel. Din punct de vedere statistic, iată concluziile lui Barna Research Group: „Dar niciunul dintre adulții pe care i-am intervievat nu a spus că scopul lui în viață era să fie un urmaș dedicat al lui Isus Hristos sau să facă ucenici”[165].

3. Credința privată versus ucenicia holistică

Potrivit Bibliei, Biserica din primul secol era compusă din credincioși care influențau toate compartimentele vieții. Ceea ce vedem astăzi sunt „credincioși” care încearcă să practice o credință privată. Acest lucru este departe de ceea ce înseamnă Împărăția lui Dumnezeu.

Ogden scrie:

În mod fundamental, noi suntem oameni ai Împărăției, ceea ce înseamnă că Isus este Domn în inimile, casele și locurile noastre de muncă; în atitudinile, gândurile și dorințele noastre; în relațiile și deciziile noastre morale; în convingerile noastre politice și în conștiința noastră socială. În fiecare domeniu al vieții noastre interioare, al relațiilor personale sau al implicării sociale, căutăm să cunoaștem și să trăim după gândul și voia lui Dumnezeu".[166]

4. Integrarea culturală versus o forță contra-culturală

Biblia vorbește despre o comunitate de credincioși ca despre o forță contra-culturală. Faptele Apostolilor îi prezintă pe creștini ca fiind oamenii care „au răscolit lumea" (Faptele Apostolilor 17:6).

John Stott descrie biserica drept o comunitate de „nonconformism radical". Este atât de trist să spunem că, în biserica de astăzi, stilul de viață și valorile credincioșilor nu sunt prea diferite de cele ale culturii seculare. Ogden scrie: „Mulți observatori au ajuns la concluzia că biserica, departe de a fi contra-culturală, nu arată prea diferit de cei care sunt în afara ei".

Barna observă: „Faptul că proporția creștinilor care afirmă aceste valori este echivalentă cu proporția necreștinilor care au înțelegeri similare ne arată cât de lipsit de sens a fost creștinismul în viața a milioane de oameni care se declară credincioși".[167] Ceea ce mă uimește pe mine este libertatea unilaterală proclamată de majoritatea americanilor: „Vreau să fac ce vreau, când vreau. Nimeni nu ar trebuie să-mi spună ce să fac". Este ceea ce a constatat sociologul Robert Bellah în timpul cercetărilor sale incluse în cartea *Habits of the Heart* (*Obiceiurile inimii).* Faptul că acest studiu arată adevăratul caracter al majorității americanilor nu mă deranjează prea tare. Cu toate acestea, faptul că acest lucru nu diferă cu nimic de caracterul majorității creștinilor mă doare foarte tare. Realitatea este că boala individualismului și a materialismului afectează și majoritatea bisericilor americane.

5. Biserica este opțională versus biserica este esențială

Biblia prezintă biserica, mai mult decât orice altceva, ca pe un organism viu, cu Hristos în calitate de cap al acestuia. Cu toate acestea, realitatea crudă este că majoritatea credincioșilor văd în biserică o instituție la care poți adera opțional, inutilă pentru ucenicie. Este trist să o spunem, dar biserica secolului al XXI-lea este văzută ca o instituție sau organizație, nu ca un organism viu – Trupul lui Hristos. Ogden îl provoacă pe cititor cu această întrebare profundă: „Dacă nu există o înțelegere de legământ a relației unui credincios cu o comunitate, cum pot fi formați oamenii ca ucenici după chipul lui Hristos?”[168]. Mi s-a părut o întrebare atât de bună!

6. Analfabeți din punct de vedere biblic versus cunoscătorii Bibliei

Scripturile îi descriu pe urmașii lui Hristos ca fiind oameni cu cunoștințe spirituale și care trăiesc vieți transformate, pe baza adevărului revelat în Cuvântul lui Dumnezeu. Realitatea de astăzi este că majoritatea credincioșilor sunt persoane ignorante din punct de vedere biblic.

Iată care este situația, potrivit CBN: „Unii lideri creștini spun că această generație este cea mai analfabetă din punct de vedere biblic din istorie. Problema: tinerii creștini își ghidează viața după o cultură populară și nu după Scriptură”. Același aspect a fost constatat și de Gallup: „Americanii venerează Biblia… dar, în general, nu o citesc”.

Constatări similare au fost raportate de Barna:

> 60 la sută dintre toți adulții americani și 85 la sută dintre cei care se descriu ca fiind născuți din nou ar afirma: «Biblia este

fără greșeală în tot ceea ce ne învață». În ciuda acestei afirmații, există o ignoranță teribilă în privința cărții pe care o punem pe piedestal. De exemplu, 53 la sută dintre adulții din sondajul lui Barna credeau că zicala «Dumnezeu îi ajută pe cei care se ajută singuri» este un adevăr biblic".[169]

7. Împărtășirea credinței versus evitarea mărturiei personale

Biblia vorbește despre credincioși care își împărtășesc credința în Hristos, în părtășia cu alții. Cu toate acestea, astăzi mulți credincioși se simt intimidați și evită să-și împărtășească povestea mântuirii lor cu semenii. Cartea Faptele Apostolilor afirmă clar că noi toți trebuie să fim martorii lui Hristos. Este dramatic faptul că, în mediul bisericesc de astăzi, este nevoie de aproximativ 100 de membri pentru a câștiga 1,67 de persoane pentru Hristos, într-un an. Vă rog să vă opriți pentru un moment și să vă gândiți la această statistică.

Pe scurt, aceasta este starea uceniciei de astăzi. În aceste circumstanțe, întrebarea cea mai provocatoare este: „Cum putem forma urmași ai lui Isus Hristos care să aibă inițiativă, să se multiplice și să fie pe devotați total?".[170] Răspunsul este clar. Trebuie să ne întoarcem odată pentru totdeauna la Declarația de misiune pe care Isus a formulat-o pentru Biserica Sa: „Duceți-vă și faceți ucenici din toate neamurile..." (Matei 28:19). Trebuie să luăm în serios chemarea lui Dumnezeu în viețile noastre și să înotăm împotriva curentului, ca oameni care suntem chemați să formăm o comunitate contra-culturală. Acest lucru necesită o schimbare radicală, care este cel mai greu de realizat.

Potrivit celor scrise de John Kotter în cartea sa, *Leading Change* (*Conducerea schimbării)*: „principalul motiv pentru care schimbarea nu are loc este că nu există un simțământ al urgenței"[171]. Schimbarea, în sensul său original, de pocăință, este cel mai urgent aspect dintre toate. Bisericii i se cere să își evalueze starea spirituală și să își reorienteze eforturile – cu alte cuvinte, să își schimbe mentalitatea (metánoia) în ceea ce privește Marea Trimitere.

În capitolul al doilea, Ogden sapă mai adânc, pentru a expune cauzele profunde ale stagnării uceniciei. Potrivit lui Ogden, există cel puțin opt cauze majore pentru declinul uceniciei:

1. Devierea de la chemarea principală

Conform textului din Efeseni 4:12, conducerea bisericii este chemată să lucreze „pentru desăvârșirea sfinților, în vederea lucrării de slujire". Dar păstorii și liderii bisericii au deviat de la chemarea lor principală. În fundal, acesta este planul dușmanului, al lui Satan. Ogden scrie:

> Dacă aș fi Satan și aș vrea să împiedic în mod fatal creșterea ucenicilor spre maturitate, ce aș face? Le-aș distrage atenția liderilor de la îndeplinirea rolului menit lor de Dumnezeu de echipare a sfinților. În schimb, le-aș îndrepta atenția spre alte activități bune și răsunătoare din cadrul slujirii. Este exact ceea ce s-a întâmplat. Liderii noștri spirituali au fost reorientați spre a deveni dezvoltatori de programe, administratori și îngrijitori.[172]

Potrivit lui Ogden, există un rol care consumă energia păstorilor mai mult decât orice altul: grija pastorală. Acest lucru a făcut din păstor un om care „răspunde nevoilor", în loc de „cel care îi echipează pe sfinți". Aceasta a fost exact tentația cu care s-au confruntat primii lideri ai bisericii, aveau aceeași dilemă: să fie „slujitori la mese" sau să continue misiunea la care i-a chemat Dumnezeu, cea de a „predica Cuvântul". Mulțumim lui Dumnezeu pentru înțelepciunea dată lor de Duhul Sfânt: ei au decis să rămână la chemarea lui Dumnezeu. Din păcate, astăzi alta este situația: „Avem o biserică ne-ucenicizată, pentru că liderii ei nu au făcut din ucenicizare obiectivul lor principal".

2. Ucenicizare prin programe

Atunci când bisericile înlocuiesc „creşterea centrată pe persoană" cu „programele", ele nu reuşesc să facă ucenici şi astfel nu reuşesc să îndeplinească Marea Trimitere. Numai „relaţia apropiată formează ucenici"[173].

Întrebarea firească este: De ce programele nu fac ucenici? Potrivit lui Ogden, există cel puţin patru motive majore pentru care programele nu pot face ucenici:

i. Informaţia nu duce în mod necesar la transformare

Odgen ne atrage atenţia: „Programele funcţionează pe baza presupunerii că, dacă cineva are informaţii, faptul acesta va duce în mod automat la transformarea lui". Un exemplu de felul acesta este Elvis Presley. Frecventarea bisericii, taberele de vară şi memorarea a 350 de versete din Biblie în fiecare an, în copilărie, nu au fost suficiente pentru ca Elvis să se concentreze asupra unui stil de viaţă plăcut lui Dumnezeu.

ii. În programe unul lucrează pentru cei mulţi

Chiar dacă acest lucru este foarte bun pentru cei care muncesc din greu pentru a pregăti programul, restul oamenilor rămân doar cu o mulţime de informaţii neprocesate. Exemplul clasic este predicarea. Majoritatea afirmaţiilor făcute într-o predică sunt uitate în momentul în care oamenii se întâlnesc pe hol sau în parcare, pentru discuţii. Mai mult, la pagina 44, Ogden scrie: „Predica, prin ea însăşi, nu face ucenici".

iii. Programele se caracterizează prin înregimentare sau sincronizare

Cele mai multe programe sunt concepute să se desfăşoare, ca un sistem care îi face pe oameni să se deplaseze într-un mod coordonat, ignorând astfel rata de creștere specifică a fiecăruia în parte. Acesta este motivul pentru care programele nu pot funcționa atunci când vine vorba de facerea de ucenici. Într-unul dintre studiile lui, Barna concluzionează: „Puține biserici își ghidează în mod conștient oamenii printr-un proces strategic de învățare și dezvoltare, care a fost personalizat pentru fiecare"[174]. Ucenicia nu trebuie confundată cu producția în masă. Ogden scrie:

> Pentru a face ucenici este nevoie de o abordare personalizată. Acest lucru înseamnă că trebuie să se țină cont de: cunoștințele unei persoane; formarea caracterului; ascultarea în gând, cuvânt și faptă; discernământul în modelarea unei identități unice în slujire și așa mai departe – toate acestea trebuie abordate în contextul revendicării radicale și totale a lui Isus asupra vieții cuiva, în cadrul comunității.[175]

iv. În programe responsabilitatea personală este redusă

Poate că unele programe creează iluzia responsabilității, dar, în realitate, aceasta nu este deloc solidă. După câteva investigații, Barna concluzionează: „Puține biserici au sisteme prin care verifică ceea ce se întâmplă în viața credincioșilor bisericii. Puțini credincioși au un partener de încredere și competent, care să-i țină responsabili față de obiective lor specifice și măsurabile"[176].

3. Reducerea vieții creștine doar la beneficiile ei veșnice

Partea tristă este că majoritatea credincioșilor fac acest lucru, ratând bucuria și împlinirea de a fi un ucenic autentic al lui Isus. Dallas Willard, în unele dintre eseurile și cărțile sale, subliniază faptul că am redus viața spirituală la un creștinism cu „cod de bare" – vrem abundență fără ascultare. Cu alte cuvinte, în loc să ne concentrăm pe conformarea la viața lui Isus, ne concentrăm pe beneficiile pe care le primim prin credința în Isus. Poate că toți am văzut autocolantul cu mesajul: „Creștinii nu sunt perfecți, doar iertați". Willard comentează că, prin această formulare, am redus viața creștină la a primi doar iertarea. Atunci se pune întrebarea: Când cineva este creștin? Potrivit tradiției, mulți cred că, recitând rugăciunea păcătosului și ieșind pe culoar în timpul chemării la pocăință, oamenii devin creștini. Willard contestă această înțelegere: „Oare nu ar trebui să luăm în considerare cel puțin posibilitatea ca acest rezultat slab să fie, nu în ciuda a ceea ce predăm și a modului în care predăm, ci tocmai din această cauză?"

Pericolul de a reduce viața creștină la simpla îmbrățișare a darului iertării face ca ascultarea de Isus și transformarea spirituală prin ucenicie să devină inutile și irelevante.

Willard scrie:

> Cel mai grăitor lucru despre creștinul contemporan este că el sau ea pur și simplu nu are nicio convingere că înțelegerea și conformitatea la învățăturile clare ale lui Hristos au o importanță vitală pentru viața sa și, cu siguranță, nici că este în vreun fel esențială".[177]

4. O înțelegere pe două niveluri a uceniciei

După părerea mea, acesta este unul dintre cele mai periculoase puncte de vedere despre ucenicie. Majoritatea bisericilor au făcut din ucenicie ceva menit pentru o clasă specială, pentru super-creștini, nu pentru fiecare credincios. Aceasta este o realitate tristă, care nu poate fi ignorată – mulți se consideră creștini, dar nu au nimic de-a face cu calitatea creștinismului lor. În această privință, Dwight Pentecost scrie: „Există o mare diferență între a fi creștin și a fi ucenic"[178]. Pentru unii, creștinii și ucenicii diferă în ceea ce privește nivelul lor de angajament.

5. Lipsa dorinței de a chema oamenii la ucenicie

„Tragedia” este că majoritatea liderilor bisericilor sunt reticenți în a-și chema credincioșii la ucenicie, nereușind astfel să îndeplinească Marea Trimitere. Întrebarea este: De ce?

Potrivit lui Ogden, există câteva motive pentru care liderii bisericilor evită ucenicia:

- *Teama de a pierde oameni.* Mulți pastori se tem că enoriașii vor părăsi biserica lor, optând pentru o alta din vecinătate, mai atrăgătoare, dacă le vor cere să devină ucenici.
- *Angajamentul față de ucenicie este înspăimântător pentru liderii înșiși.* Ogden scrie: „Din moment ce ucenicia este mai mult deprinsă decât învățată, la fel de mult un model ca și mesaj, ea ne cheamă la un nivel de autoexaminare care poate fi inconfortabil”.

6. O înțelegere inadecvată a bisericii

Mulți oameni au așteptări foarte slabe de la biserică și acest lucru o afectează, la nivel de comunitate de ucenici. Este foarte îngrijorător faptul că mulți credincioși văd în biserică ceva opțional, nu obligatoriu pentru viața creștină. Robert Putnam, în *Bowling Alone: The Collapse and Revival of American Community* (*Jucând de unul singur: Prăbușirea și renașterea comunității americane*), prezintă un caz convingător potrivit căruia capitalul social al vieții religioase este subminat de credința privatizată.

Putnam îi citează pe Wade Clark Roof și William McKinney:

> Un număr mare de tineri bine educați din clasa de mijloc au părăsit bisericile la sfârșitul anilor ’60 și ’70. [...] Unii s-au alăturat unor noi mișcări religioase; alții au căutat iluminarea personală prin diverse terapii și discipline spirituale, dar cei mai mulți pur și simplu au „renunțat” cu totul la religia organizată. [...] [Consecința a fost o] tendință

spre o psihologie religioasă foarte individualizată, fără beneficiile unor legături puternice de susținere cu comunitățile de credincioși. Un impuls major în această direcție, după anii 1960, a fost cel către o mai mare împlinire personală și căutarea sinelui ideal... În acest climat de individualism expresiv, religia tinde să devină „privatizată" și mai ancorată în domeniul personal.[179]

7. Nu există o cale clară către maturitate

Suntem forțați să recunoaștem realitatea: majoritatea bisericilor nu au o direcție clară și publică spre maturitatea spirituală, prin ucenicie bine concepută.

Cunoscutul autor Rick Warren scrie:

În loc să crești o biserică prin programe, concentrează-te pe creșterea oamenilor printr-un proces. Avem nevoie de un proces care să însoțească scopul. Dacă scopul nu este întrezărit într-un proces, atunci nu avem nimic altceva decât platitudini frumoase".[180]

După un studiu amplu în cartea sa, *Growing True Disciples*, George Barna concluzionează:

Un număr relativ mic de adulți născuți din nou au raportat că biserica lor îi ajută să dezvolte căi specifice pe care să le urmeze pentru a încuraja creșterea lor spirituală. Un pic mai puțin de jumătate dintre ei ne-au spus că biserica lor a identificat obiective, standarde sau așteptări spirituale pentru congregație în ultimul an. [...] Doar unul din cinci credincioși a declarat că biserica lor are anumite mijloace de a facilita o evaluare a maturității spirituale sau a angajamentului față de maturitate al congregației. [...] Deși mulți creștini au fost mai mult decât reținuți cu privire la această posibilitate, nouă din zece au spus că, dacă biserica lor i-ar ajuta să identifice obiective specifice de creștere spirituală pe care să le urmărească, cel puțin ar asculta sfatul acesta și l-ar urma parțial, dacă nu chiar în totalitate.[181]

8. Lipsa de ucenicie personală

Realitatea tristă este că mulți credincioși din bisericile noastre nu au fost niciodată ucenici în adevăratul sens biblic al cuvântului. Ucenicia este un proces care „are loc în cadrul unei relații de dare de socoteală, pe parcursul unei perioade de timp, cu scopul de a-i aduce pe credincioși la maturitate spirituală în Hristos".[182]

Barna ne dezvăluie următoarele:

> O majoritate (55%) dintre adulții care și-au manifestat interesul pentru sfaturi despre cum să-și îmbunătățească viața spirituală au spus, de asemenea, că, dacă biserica i-ar pune în legătură cu un mentor spiritual sau cu un consilier, ar fi mai probabil să urmărească schimbările care le sunt sugerate.[183]

În partea a doua a cărții, Ogden scrie despre „A face lucrarea Domnului în felul Domnului". În partea a treia el scrie despre „Grupuri de ucenici care cresc și se multiplică".

Concluzia este că, dacă Biserica nu schimbă lucrurile, ea nu va reuși să îndeplinească Marea Trimitere, care spune foarte clar: *„faceți ucenici"*, nu convertiți; în schimb vom asista, după cum spune Willard, la Marea Omitere a Bisericii. Rugăciunea mea este următoarea: „O, Doamne, deschide ochii Bisericii Tale, pentru a vedea clar unde trebuie să meargă. Amin!"

A cincea lucrare pe care am consultat-o pentru acest capitol a fost *12 Reasons Christians Don't Grow Even in Good Churches* (*12 motive pentru care creștinii nu cresc nici măcar în bisericile bune*), de Tony A. D. Green, absolvent al Seminarului Teologic din Dallas și psiholog. El este recunoscut ca un formidabil vorbitor poliglot, conducând seminarii în Caraibe și în diferite alte părți ale lumii.

Green nu se sfiește să se întrebe DE CE creștinii din secolul al XXI-lea, care dispun de resurse biblice abundente, nu se maturizează spiritual în ritmul în care au făcut-o creștinii din primul secol, în ciuda resurselor biblice limitate. Creșterea numerică pe care o experimentează unele biserici nu este o dovadă a creșterii spirituale a credincioșilor.

Green a adunat douăsprezece motive pentru care creștinii nu cresc spiritual:

- *Absență vieții spirituale.* Mulți dintre participanții la serviciile bisericii nu au experimentat „o întâlnire reală cu Isus Hristos, care să le schimbe viața!". Poate că ei cunosc teologia, dar, din păcate, nu sunt oameni născuți din nou.
- *Lipsa creșterii spirituale.* Creștinii nu cresc din punct de vedere spiritual din cauza lipsei cunoașterii aprofundate a Cuvântului. Acest lucru este trist, dar adevărat. Credincioșii nu-și fac timp pentru Scriptură.
- *Lipsa părtășiei autentice cu alți credincioși cu același fel de gândire.* Părtășia cu alți credincioși este esențială pentru creșterea spirituală a cuiva. Green scrie: „Creștinii care nu au părtășie cu alți creștini devin în curând reci și indiferenți, și își pierd atracția pentru Isus".
- *Lipsa împuternicirii prin rugăciune.* Isus a lăsat o impresie puternică asupra ucenicilor Săi datorită vieții Sale de rugăciune. Hristos și-a făcut timp pentru a-și cultiva în permanență relația de intimitate cu Tatăl. Ucenicii Săi ar trebui să facă același lucru. Green îi îndeamnă pe cititorii săi să se roage, dacă doresc să crească din punct de vedere spiritual. El scrie: „un creștin în creștere [...] comunică la nivel personal cu Dumnezeu".
- *Lipsa pasiunii pentru evanghelizare.* Împărtășirea Evangheliei ar trebui să facă parte din viața creștină normală. Un copil autentic al lui Dumnezeu ar trebui să simtă o responsabilitate autentică pentru cei pierduți.
- *Dărnicia cu zgârcenie.* Lipsa de generozitate denotă lipsa creșterii spirituale (vezi 2 Corinteni 9:6-8).

- *Lipsa investiției în bunăstarea spirituală a celorlalți.* În calitate de copii ai lui Dumnezeu, avem responsabilitatea – nu într-un mod legalist, ci în dragoste – de a ne îngriji de ceilalți. Credincioșii care nu investesc în viețile altora nu cresc.
- *Lipsa închinării.* Suntem creați să ne închinăm lui Dumnezeu. Atunci când creștinii se închină lui Dumnezeu, ei experimentează o creștere spirituală.
- *Nu experimentează credința.* Noi trebuie să trăim prin credință. Cu alte cuvinte, credința este necesară nu numai pentru a fi salvat, ci și pentru a ne maturiza spiritual.
- *Ignoranță atunci când vine vorba de exercitarea darului (darurilor) spiritual(e).* Fiecare credincios a primit cel puțin un dar spiritual de la Duhul Sfânt (vezi Romani 12:6-8). Este trist să vezi atât de mulți creștini care stau cuminți în băncile lor duminică de duminică, ratând adevărata bucurie și adevărata creștere spirituală din cauza lipsei de exercitare a darului lor.
- *Nu se implică în misiuni.* Richard Wurmbrand, un binecunoscut lider creștin din România, spunea: *„Creștinii care nu merg în misiune sunt scoși din funcțiune”.* Implicarea în activități misionare este un alt ingredient important pentru creșterea spirituală.
- *Lipsa unei veritabile lepădări de sine pentru a fi umpluți de Duhul Sfânt* (vezi Efeseni 5:18). În procesul de conformare la chipul lui Hristos, credincioșii ar trebui să se lepede continuu de sinele vechi, pentru a fi umpluți de Duhul (îmbrăcați cu omul nou). Trăirea unei vieți spirituale este imposibilă fără ca Duhul lui Dumnezeu să fie în controlul vieților noastre.

În concluzie, creșterea spirituală reală are loc atunci când credincioșii avansează de la *„întâlnirea autentică cu Isus”* la *„îmbogățirea din Cuvânt”*, de la *„întâlnirea cu alți credincioși în părtășia creștină”* la *„viața de rugăciune”*, de la *„evanghelizarea altora”* la *„laudă și închinare”*, de la *„slujirea eficientă a altora”* la *„exercitarea credinței și a darului spiritual”*. Apoi, de la implicarea într-un

„program de misiune" la *„golirea zilnică de sine, pentru ca El să te umple continuu"*.

În prefața cărții lui Green, Dr. Paul D. Meier concluzionează că aceasta este *„biblică, inspirată și încurajatoare. Cu siguranță, un instrument de neprețuit pentru creștinii care doresc în mod serios să ajungă la următorul nivel de creștere spirituală"*.

Sunt de acord cu doctorul Meier. Această carte este simplă, ușor de citit și poate servi ca o bună unealtă pentru persoanele care sunt curioase să afle de ce creștinii nu cresc. De asemenea, oferă îndrumări simple privind modul în care cineva poate crește spiritual.

Mă rog ca aspectele pe care le-am compilat în acest capitol să vă motiveze să luați în serios ucenicia creștină și să vă încurajeze să creșteți și să vă maturizați spiritual.

Întrebări de discuții:

Vă rog să reflectați la următoarele întrebări, apoi să vă împărtășiți gândurile cu un prieten sau cu grupul de studiu din care faci parte.

1. După citirea descoperirilor publicate în studiul „REVEAL: Where are You?", de Greg Hawkins și Cally Parkinson, ce aspect te-a surprins cel mai mult? De ce ai fost surprins de acesta?

2. În secțiunea bazată pe cartea *The Cross and Christian Ministry*, de Carson, ce concept sau idee ți-a atras cel mai mult atenția? De ce îl consideri important?

3. Care sunt gândurile tale după citirea concluziilor bazate pe *The Great Omission: Reclaiming the Essential Teachings on Discipleship*, de Dallas Willard? Te rog să detaliezei.

4. Ce îți place cel mai mult din ideile selectate din *Transforming Discipleship: Making Disciples a Few a Few at a Time*, de Greg Ogden?

5. Ce motive dintre cele enumerate în *12 Reasons Christians Don't Grow Even in Good Churches* observi mai des în biserica ta locală.

Note

11. O scurtă trecere în revistă a literaturii

[142] Greg Hawkins și Cally Parkinson, *REVEAL: Where are you?*, South Barrington, IL: Willow Creek Association, 2007, p. 37.
[143] REVEAL, op.cit., p. 39.
[144] Ibidem, p. 45.
[145] Ibidem, p. 64, 65.
[146] Carson, op.cit., p. 9
[147] Carson, 22.
[148] Carson, 62.
[149] Carson, 73.
[150] Carson, op.cit., p. 10.
[151] Willard, op.cit., p. xiv.
[152] Willard, op.cit., p. 11.
[153] Ibidem, p. 14.
[154] Ibidem, p. 15.
[155] Ibidem, p. 17.
[156] Ibidem, p. 19.
[157] Ibidem, p. 25.
[158] Ibidem, p. 28
[159] Greg Ogden, *Transforming Discipleship: Making Disciples a Few at a Time*, Westmont, IL: IVP Books, 2003, p. 16.
[160] Ogden, op.cit., p. 17.
[161] Ibidem, p. 17, 18.
[162] George Harrison, Any Road. Accesat pe 14 mai 2020https://en.wikipedia.org/wiki/Any_Road.
[163] Ogden, op.cit., p. 22.
[164] Ibidem, p. 23.
[165] Barna, op.cit., p. 8.
[166] Ogden, op.cit., p. 28.
[167] Ibidem, p. 30.
[168] Ibidem, p. 33.
[169] Ibidem, p. 34.
[170] Ibidem, p. 37.
[171] Ibidem, p. 38.
[172] Ibidem, p. 41.
[173] Ibidem, p. 42.
[174] Ibidem, p. 45.
[175] Ibidem p. 45

---

[176] Ibidem p. 45
[177] Ibidem, p. 47.
[178] Ibidem, p. 49.
[179] Ibidem, p. 51, 52.
[180] Ibidem, p. 53.
[181] Ibidem, p. 54.
[182] "Make Disciples, Not Just Converts," published on October 25, 1999. https://www.christianitytoday.com/ct/1999/october25/9tc028.html.
[183] Ibidem, p. 55.

CAPITOLUL 12

Opțiuni pentru ucenicie

Și ce-ai auzit de la mine în fața multor martori încredințează la oameni de încredere, care să fie în stare să învețe și pe alții.
- 2 Timotei 2:2

Aş dori să vă împărtăşesc povestea din spatele slujirii noastre principale – **facerea de ucenici** şi **echiparea lor** pentru Împărăţia lui Dumnezeu. Timp de mulţi ani, chiar şi în perioada în care lucram ca inginer, am avut pe inimă lucrarea de ucenicie creştină, tânjind să văd că ea devine o realitate în vieţile credincioşilor din toate confesiunile. Foarte adesea, rugăciunea mea suna în felul următor:

> Tată Doamne, dorinţa mea este de a fi un ucenic al lui Hristos şi de a face ucenici. Doamne, vreau să predic şi să explic Cuvântul Tău oamenilor în aşa fel încât să aibă un

mare impact asupra Bisericii Tale, oriunde în lume. Vreau ca natura și caracterul lui Hristos (Galateni 4:19) să fie văzute în credincioși în așa fel încât, atunci când necredincioșii se vor uita la copiii Tăi, să-L vadă pe Hristos. În Numele lui Isus mă rog. Amin!

Au trecut mulți ani, dar, în 2004, am simțit că Dumnezeu a orchestrat trecerea mea de la domeniul ingineriei la slujirea creștină cu normă întreagă. Aceasta, în sine, este o experiență uimitoare, pe care probabil o voi împărtăși într-o altă carte. Acum permiteți-mi să vă împărtășesc cum ne-a convins Duhul Sfânt, pe mine și pe soția mea, să ne întoarcem la studii.

În 2006, am participat amândoi la *Life in Christ Conference* din Atlanta, Georgia. În timpul acelei conferințe, mai mulți vorbitori au transmis mesaje speciale. Printre vorbitori se numărau: Tim Elmore, un fost discipol al lui John Maxwell, și Steve Pettit, un fost discipol al lui Dave Stone. Atmosfera, mesajele și experiența au fost cu totul unice! După conferință, în timp ce eu și soția mea ne întorceam acasă cu avionul, am continuat să discutăm despre mesajele speciale pe care tocmai le auziserăm. Știți cum se întâmplă adesea: un gând duce la altul și apoi la un altul. Bănuiesc că la o altitudine de zece mii de metri am fost mai aproape de Dumnezeu. La un moment dat, amândoi am simțit că ni se comunică ceva. Nu a fost o voce care s-a auzit în avion, sau vreun tunet; a fost ca și cum am fi primit lumină, să ne clarificăm gândurile – un nou nivel de înțelegere a ceea ce trebuia să facem în continuare în viețile noastre și în slujirea noastră. Am învățat că, atunci când se întâmplă așa ceva, ar fi bine să îmi notez. Mi-am scos jurnalul personal și am început să iau notițe, pe baza a ceea ce Duhul Sfânt imprima în inima și mintea mea. Soția a făcut la fel.
Pe scurt, amândoi am simțit că Dumnezeu vrea să mergem la universitate pentru alte studii. Acest lucru părea atât de

amuzant, pentru că ne apropiam de 50 de ani și toți cei patru copii adulți ai noștri erau încă acasă, ei înșiși fiind înscriși la cursuri universitare. Dar vă asigur că acea convingere din inimă a fost foarte puternică și amândoi am primit cam aceeași călăuzire în același timp. Am simțit că Duhul Sfânt îmi spunea:

> Valy, ar trebui să te întorci la studii. Nu la cele de inginerie sau afaceri, ci în domeniul chemării tale la slujire – *formarea spirituală.*

Elena a simțit că Duhul Sfânt îi spunea:

> Elena, și tu ar trebui să te întorci la studii. Nu cele de afaceri sau pentru o pregătire în economie aplicată, ci în *consiliere creștină* – slujirea la care ești chemată.

Ne-am privit unul pe altul foarte nedumeriți, neștiind ce să înțelegem din toate aceste lucruri pe care le primiserăm proaspăt de la Dumnezeu, în timpul zborului de întoarcere la Detroit. Am ajuns acasă obosiți, dar foarte încântați de ceea ce am auzit la conferință. Și, asemenea Mariei, mama lui Isus, am păstrat în inimile noastre ceea ce ne-a vorbit Duhul Sfânt. Un lucru pe care l-am învățat de-a lungul anilor este că, atunci când Dumnezeu vorbește, ar fi bine să ascult și să acționez imediat.

În lunile următoare, am început să cercetez opțiunile pentru obținerea unui masterat în formarea spirituală. De la om la om și din discuție în discuție, atât eu cât și soția mea am ajuns să contactăm Spring Arbor University (SAU). SAU, o universitate creștină cu o vechime de peste 100 de ani, se află, ca să spunem așa, în vecinătatea noastră. La sfârșitul anului 2007, amândoi am decis să facem un salt al credinței și să ne întoarcem la studii în domeniile în care ne simțeam chemați. Am aplicat pentru credite de studii, iar în primăvara anului 2008 aproape că adunaserăm toate formularele de înscriere. În vara lui 2008, am primit ultimele recomandări, am trecut prin interviurile necesare și am primit undă verde pentru începerea programelor de studii. În august 2008, amândoi eram din nou studenți. Lăudat să fie Dumnezeu pentru modul Său misterios de a lucra!

Consider extrem de interesant următorul fapt: în 2006, exact în perioada în care eu și soția mea am avut acea discuție specială din avion, Universitatea Spring Arbor (SAU) a început un nou program numit Master of Arts in Spiritual Formation Leadership (MSFL). SAU oferea, de asemenea, Master of Arts in Christian Counseling (MA). De regulă, eu numesc aceste tipuri de coincidențe *intervenții divine*. Faptul că avem copii adulți care locuiesc cu noi ne-ar fi făcut aproape imposibilă deplasarea la studii undeva în afara statului.

Pentru acela dintre voi care nu sunt foarte familiarizați cu terminologia: *formarea spirituală* se referă la planul principal al lui Dumnezeu de formare, modelare și transformare a copiilor Săi după chipul lui Hristos. Formarea spirituală – procesul prin care devii mai asemănător cu Isus – este dreptul din naștere al fiecărui credincios născut din nou. Cei trei ani de formare spirituală și de conducere pe care i-am urmat s-au concentrat aproape sută la sută pe procesul de transformare în asemănarea lui Hristos. Am fost expus la învățături în acest domeniu, din tot felul de unghiuri și perspective. M-am bucurat pe deplin de acea perioadă. O pot descrie folosind două propoziții simple: Totul este despre Isus, și Isus este 100% pentru ucenicie.

An de an, credit după credit, carte după carte, proiect după proiect și rugăciune după rugăciune au stârnit în mine o pasiune mai profundă pentru Hristos. Înainte de a încheia programul, mi-am adunat toate eforturile să îmi scriu teza de masterat cu acest titlu provocator: *Lipsa maturității spirituale*. De fapt, capitolul cu același titlu și *O scurtă trecere în revistă a literaturii* se bazează pe teza mea de masterat.

Bucuria uceniciei

Mă bucur să aud că unele confesiuni, biserici și organizații creștine au început să vadă că există o mare nevoie de formare spirituală. Ca urmare a acestui fapt, unele biserici și-au mărit bugetele și personalul. Cu toate acestea, chiar dacă există un nou interes pentru creștere și maturitate spirituală, nu vă pripiți: mai sunt atât de multe de făcut. Trebuie să ne grăbim, pentru că nu avem prea mult timp la dispoziție! Hristos vine în curând, pentru o Mireasă frumoasă, care este pregătită pentru revenirea Sa.

Ultima carte a Bibliei ne spune:

> Să ne bucurăm, să ne veselim și să-I dăm slavă! Căci a venit nunta Mielului; soția Lui s-a pregătit și i s-a dat să se îmbrace cu in subțire, strălucitor și curat." (Inul subțire sunt faptele neprihănite ale sfinților.) Apoi mi-a zis: „Scrie: Ferice de cei chemați la ospățul nunții Mielului!" Apoi mi-a zis: „Acestea sunt adevăratele cuvinte ale lui Dumnezeu! (Apocalipsa 19:7-8)

Cred din toată inima mea că pregătirea miresei necesită o ucenicie radicală.

În capitolele anterioare ale acestei cărți, încercam să explic că, în epoca Noului Testament, atunci când Isus a spus *„faceți ucenici"*, apostolii au înțeles că intenția lui Hristos nu era doar de a-i face pe oameni să creadă în El (să-i *convertească*), ci de a-i ajuta pe acești credincioși să devină ceea ce Isus a vrut pentru ei (să-i *ucenicizeze*), până la maturitate deplină. Potrivit *Westminster Dictionary of Theological Terms:* „un convertit este cineva care trece de la o credință la alta". Dar Marea Trimitere, așa cum este enunțată în Matei 28:19-20, nu spune *„faceți convertiți"*, ci *„faceți ucenici"*.

Doresc să menționez din nou ceea ce a scris Dallas Willard, profesor de filozofie la University of Southern California, în cartea sa, *The Great Omission:*

> Ultima poruncă pe care Isus a dat-o bisericii înainte de a se înălța la cer a fost Marea Trimitere, chemarea adresată creștinilor de a *„face ucenici din toate neamurile"*. Dar creștinii au răspuns prin a face „creștini", nu „ucenici".

Aceasta a fost Marea Omisiune a bisericii.[184]

În mod similar, Dietrich Bonhoeffer, autorul cărții *Costul uceniciei*, a considerat că lipsa uceniciei este un *har ieftin*.

Bonhoeffer scrie:

Predicarea iertării fără pocăință, înseamnă botez fără disciplină bisericească, euharistie fără mărturisirea păcatelor, absolvirea de păcat fără spovedanie. Harul ieftin este un har fără ucenicie, un har fără cruce, un har fără Isus Hristos cel întrupat și viu.[185]

Trebuie să ne întoarcem la evanghelia completă a lui Isus, la învățătura apostolilor, la centralitatea crucii și, încă o dată, să ne încurajăm unii pe alții cu *intenția finală* a lui Dumnezeu. (Pentru descrierea completă a *scopului final*, vă rugăm să reveniți la capitolul intitulat: „Trei feluri de ucenici – Partea a treia".)

Povestea din spate a lucrării de Ucenicie Creștină Avansată (UCA)

În primăvara anului 2010, înaintea încheierii programelor de masterat la SAU, eu și soția mea am simțit o urgență profundă în inimile noastre să facem ceva pentru a ajuta bisericile să facă ucenici. Ne-am tot gândit și ne-am rugat luni de zile. După multă agonie și după ce am căutat fața lui Dumnezeu, am simțit puternic convingerea că trebuie să pregătim urgent și să oferim mediul în care credincioșii să poată crește și maturiza în Hristos. Astfel a luat naștere lucrarea de Ucenicie Creștină Avansată (UCA). Mi-a luat trei ani pentru a alcătui această platformă.

UCA se adresează tuturor credincioșilor care însetează după o mai vizibilă prezență a lui Dumnezeu în viața lor, care doresc să plătească prețul, care agonizează pentru a experimenta plinătatea lui Hristos. Platforma UCA poate fi folosită în cadrul grupurilor mici sau al comunităților mai mari, în cadrul cursurilor săptămânale din biserică și în cadrul programelor online de formare și mentorat.

Cred că fiecare credincios născut din nou, care este implicat conștient în procesul de ucenicie, trebuie să crească în harul și în cunoașterea Domnului nostru Isus Hristos (2 Petru 3:18).

Cred cu tărie că orice ucenic serios trebuie să primească îndrumare, cel puțin în următoarele domenii:

- Cum să studieze, să interpreteze corect și să aplice Cuvântul lui Dumnezeu în viața sa; de asemenea, cum să-i ajute pe alții să facă același lucru.
- Să înțeleagă adevăratul sens al uceniciei, dinamica acesteia, și cum să fie un ucenic roditor într-o cultură post-adevăr în ritm alert.
- Să se familiarizeze foarte bine cu procesul de creștere și maturitate spirituală.
- Să devină conștient de firea lui pământească și faptul că aceasta este un obstacol major în calea maturității spirituale.
- Să dobândească o înțelegere personală a crucii, a semnificației, a lucrării și a beneficiilor sale, și să îmbrățișeze crucea în totalitatea ei.
- Să-și înțeleagă identitatea spirituală și umblarea în conformitate cu cine este ea sau el în Hristos.
- Să aibă o viziune corectă asupra lumii atunci când vine vorba de războiul spiritual, cine este adevăratul dușman, modul său de operare și cum să lupte cu succes împotriva lui Satan.
- Să-și cunoască chemarea, darul și rolul spiritual în trupul lui Hristos și cum să fie eficient pentru Împărăția lui Dumnezeu.

Viziunea lui Dumnezeu și pasiunea dată de Duhul Sfânt de a îndruma, echipa și zidi mulți ucenici doritori a fost, este și va fi motivația pentru Ucenicie Creștină Avansată.

Cursul UCA este organizat în opt module distincte de Ucenicie:

Modulul unu: Biblia – Temelia creșterii și maturizării spirituale

Obiective:

- Să-i ajute pe ucenici să dobândească o înțelegere mai profundă a Bibliei și să recunoască autoritatea Cuvântului lui Dumnezeu în fiecare aspect al vieții lor.
- Să-i echipeze pe ucenici pentru a studia exegetic Biblia pe cont propriu, fără a se baza pe interpretarea altcuiva; pentru a crește în cunoașterea lui Dumnezeu și a modului Său de lucru și pentru a le consolida credința personală.
- Să-i ajute pe ucenici să se familiarizeze cu principiile și practicile cheie ale hermeneuticii biblice (adică ale interpretării), care urmărește să descopere relevanța și semnificația contemporană a textului biblic.
- Să dezvolte abilități de citire și interpretare a Bibliei, care să le permită ucenicilor contemporani să studieze textul în mod critic, să observe textul cu atenție și să interacționeze cu textul în credință.

Modulul doi: *Ucenicia – Inima Marii Trimiteri*

Obiective:

- Să arate, folosind Scripturile, că facerea de ucenici este un mandat spiritual obligatoriu al Bisericii, nu unul opțional. *Marea Trimitere* din Matei 28:19-20 a fost, este și va fi viziunea lui Hristos pentru Biserica Sa – Mergeți, botezați, învățați, *faceți ucenici.*
- Să arate că ucenicia este o slujbă de multiplicare, nu doar o simplă adiție. Isus Hristos continuă să cheme, chiar

și astăzi, oameni din toate grupurile etnice, ca ei să devină ucenicii Săi, în ciuda tuturor dificultăților care pot exista.

- Să examineze principalele caracteristici ale unui ucenic autentic.
- Să-i introducă pe ucenici în slujba de mentorat și să-i echipeze corespunzător pentru a folosi Biblia și alte instrumente spirituale în facerea de ucenici, care la rândul lor să facă ucenici.

Modulul trei: Maturizarea – Scopul uceniciei

Obiective:

- Să arate, folosind Scripturile, că maturitatea spirituală este chiar voia lui Dumnezeu, și nu doar un privilegiu special disponibil doar pentru „câțiva aleși". Dumnezeu a rânduit funcțiile spirituale în Biserică tocmai în acest scop: *„pentru desăvârșirea sfinților"* (Efeseni 4:12), astfel încât toți să poată ajunge la *„plinătatea lui Hristos"* (Efeseni 4:13).
- Să arate, pe baza Scripturii, că Dumnezeu nu ne-a mântuit doar pentru a merge în rai când murim, ci pentru a reflecta *„chipul lui Hristos"* (2 Corinteni 3:18) aici, pe pământ, spre folosul altora. Apostolul Pavel simte agonia lucrării lui Hristos, exclamând: *„Copilașii mei, pentru care iarăși simt durerile nașterii până ce Hristos va lua chip în voi"* (Galateni 4:19).
- Să examineze principalele caracteristici ale fiecărui nivel de maturitate spirituală:
    - Copii în credință
    - Adolescenți în credință
    - Adulți în credință și părinți spirituali

- Să definească și să descrie procesul de formare spirituală, și să ofere instrumentele necesare pentru creșterea și maturizarea spirituală.

Modulul patru: Firea pământească – Obstacolul major în calea maturității spirituale

Obiective:

- Să arate, folosind Scripturile, că există două moduri sau două modele de a trăi viața creștină:
    - după firea pământească (Romani 8:5a)
    - după Duhul Sfânt (Romani 8:5b)

- Prin urmare, îndrumarea ucenicilor spre victoria asupra influențelor omului vechi este un obiectiv esențial al acestui modul.
- Să definească firea pământească și să examineze principalele caracteristici ale acesteia, care sunt:
    - control
    - autoprotecție
    - victimizare
    - mândrie
    - idolatrie
    - respingere

- Parte a acestui obiectiv este de a descrie procesul prin care lasă deoparte vechiul eu și îmbracă noul eu.
- Să demonstreze, cu ajutorul Scripturii, că Dumnezeu, în Hristos, prin cruce, oferă o victorie deplină asupra firii pământești. Totuși, acest lucru necesită însușirea personală a crucii în viața omului.
- Probabil cel mai important obiectiv: Crearea unui context de întâlnire de la om la om, bazat pe har, oferirea unui mediu lipsit de judecată, în care credincioșii pot fi transparenți și onești.

Aceste medii pot fi:

- Relația mentor—ucenic
- Grupul mic
- Clase (cursuri) de ucenicie

Aspectul esențial care trebuie înțeles de către fiecare credincios este că ucenicia nu este un program, o platformă sau un curs. Ucenicia este un stil de viață în care crucea este centrală, Cuvântul lui Dumnezeu este prețuit și Duhul Sfânt are acces deplin pentru a modela viețile tuturor ucenicilor angajați în acest proces.

Modulul cinci: Crucea – Taina suferinței pe care puțini o îmbrățișează

Obiective:

- Să demonstreze, cu ajutorul Scripturii, că (cf. Galateni 2:20, 1 Corinteni 2:2) crucea este elementul central al creștinismului și al spiritualității biblice. Și, cel mai important, să arate că crucea și suferința fac parte din viața creștină normală.
- Să descopere la definiția biblică a crucii. Să arate lucrarea crucii, folosind Scripturile, în viața ucenicilor lui Hristos, pentru propria lor formare spirituală.
- Să arate, folosind Biblia, cărți de formare spirituală și exemple personale, că ucenicia și crucea sunt strâns legate. De fapt, nu există ucenic autentic fără cruce. Acest lucru necesită o însușire personală a crucii în viața lui.
- Să ofere îndrumările necesare fiecărui ucenic doritor să cunoască cum să își însușească crucea în viața sa, experimentând astfel semnificațiile și binecuvântările sale profunde. (Aspectul acesta este fundamental.)

Modulul șase: Cunoașterea identității spirituale – Cheia spre victorie

Obiective:

- Să arate, folosind Scripturile, că adevărata identitate spirituală a fiecărui credincios născut din nou este aceea de *sfânt*, nu de *păcătos*. De asemenea, să învețe că ucenicia joacă un rol fundamental în înțelegerea semnificației mântuirii, a co-crucificării și a victoriei spirituale, care fac parte din identitatea credinciosului.
- Să demonstreze, folosind Biblia, cărți spirituale și exemplele personale, că ceea ce s-a întâmplat la nașterea spirituală este un fapt radical, care influențează nu numai ceea ce se va întâmpla cu noi după ce vom muri, ci și identitatea și comportamentul nostru aici pe pământ.
- Să demonstreze, folosindu-se de Scriptură, că o înțelegere corectă a identității noastre spirituale este fundamentală pentru a trăi o viață de succes, satisfăcută, fericită, împlinită, sigură și plină de pace. Cu alte cuvinte, deținerea unui sistem corect de convingeri despre noi înșine și o relație veritabilă cu Dumnezeu este singura cale către o viață împlinită și victorie spirituală.
- Să învețe și să ofere un model de viață în conformitate cu cine suntem cu adevărat în Hristos, nu în conformitate cu modul în care cultura ne spune să trăim. Cine suntem, conform cu 2 Corinteni 5:17 și Efeseni 2:10, determină ceea ce facem, nu invers.

Modulul șapte: Liber în Hristos – Înțelegerea luptei spirituale

Obiective:

- Să arate, folosind Scripturile, că războiul spiritual este real și că trebuie să luptăm în conformitate cu ce spune Biblia.
- Să explice cu claritate că Satana este o ființă reală și activă permanent. Un principiu important în orice situație de război ține de cunoașterea inamicului și care este modul său de operare. A avea o viziune biblică despre diavol și demonii săi este o necesitate. Când Isus și-a trimis ucenicii să propovăduiască Evanghelia, le-a dat putere asupra vrăjmașului (Matei 10:1). Acest lucru este valabil și astăzi.
- Să expună, folosind Biblia, cărți spirituale și exemplele personale, *modus operandi* al dușmanului.
- Să-i echipeze adecvat pe ucenici pentru lupta spirituală. (Probabil cel mai important obiectiv.)
- Principiile pe care fiecare credincios trebuie să le cunoască, atunci când vine vorba de câmpul războiului spiritual, sunt:

    - Să ne supunem lui Dumnezeu (Iacov 4:7)
    - Să ne împotrivim diavolului (1 Petru 5:9)
    - Să nu fim ignorați în privința planurilor lui (2 Corinteni 2:11)
    - Să nu-i dăm diavolului nicio ocazie (Efeseni 4:27)

- Să-i echipeze pe ucenici să rămână fermi și să cunoască fiecare piesă a armurii lui Dumnezeu, precum și să-i provoace să o poarte și să folosească fiecare piesă în mod corespunzător, împotriva inamicului. Acesta este singurul mod în care putem experimenta libertatea și victoria în Isus Hristos (Ioan 8:31-32, 36, Efeseni 6:10-18).

Modulul opt: Roadele și darurile – Dezvoltarea unei relații autentice cu Duhul Sfânt

Obiective:

- Să arate, folosind Scripturile, că prezența Duhului, manifestările Sale și darurile spirituale sunt pentru Biserica din toate timpurile, inclusiv pentru cea de astăzi. În prima sa predică de după Rusalii, Petru a rostit aceste cuvinte: „Căci făgăduința aceasta este pentru voi, pentru copiii voștri și pentru toți cei ce sunt departe acum, în oricât de mare număr în va chema Domnul Dumnezeul" (Fapte 2:39).
- Să-i învățe pe ucenici că, potrivit textelor din 1 Corinteni 12 și Romani 12:3-8, fiecare credincios a primit cel puțin un dar spiritual.
- Să demonstreze, folosind Biblia, cărți de formare spirituală și exemple personale, că nu există o creștere spirituală autentică fără dovada roadei spirituale în viața credinciosului. Isus ne spune tuturor: „Dacă aduceți multă roadă, prin *aceasta* Tatăl Meu va fi proslăvit și voi veți fi astfel ucenicii Mei" (Ioan 15:8).
- Să-i îndrume pe ucenici în înțelegerea propriei chemări și a darurilor lor, să-i echipeze pentru a sluji mai bine Trupul lui Hristos, și să le reamintească să „înflăcăreze darul lui Dumnezeu" (1 Timotei 1:6) pe care Hristos li l-a încredințat.
- Să pună o temelie solidă, pe care fiecare ucenic doritor să poată dezvolta o intimitate autentică cu Duhul Sfânt.

Poate veți spune: Bine, bine, Valy, totul sună foarte bine, dar eu sunt foarte ocupat! Merg la școală, lucrez, întrețin o familie, prin urmare nu am timp să mai adaug încă *„ceva"* pe listă. În plus, merg deja la adunare, susțin financiar atât biserica locală cât și câteva organizații misionare. Nu este de ajuns? Dacă m-aș gândi vreodată să mă înscriu la un astfel de curs de ucenicie, cât timp îmi va lua?

Acestea sunt câteva dintre scuzele tipice pe care le aud de la oameni. Vă rog să îmi ascultați cuvintele inimii. Acestea sunt scuze valabile în ochii oamenilor, dar nu și în ochii lui Hristos. Așa cum am menționat deja, ucenicia nu este un program sau un curs. Este un stil de viață. Îmi place să le spun oamenilor că de la ucenicie nu luăm pauze, nu mergem în vacanțe și nu ieșim la pensie. Dacă acceptăm chemarea lui Hristos din Luca 9:23, vom fi ucenicii Lui până când vom muri, sau până când El se va întoarce.

Întrebarea referitoare la durata de timp este o întrebare foarte legitimă. Permiteți-mi să încerc să o abordez pe scurt. Dar, înainte de a face acest lucru, permiteți-mi să vă întreb: *„Cât timp le-a luat ucenicilor inițiali să își încheie perioada de pregătire?"*

Ați putea spune: *„Bine, am înțeles. Știu că Isus a petrecut aproximativ trei ani și jumătate cu ucenicii Săi. Dar nu cred că pot lăsa totul în urma mea ca să-L urmez pe Hristos, așa cum au făcut ei".*

Vă rog să mă credeți că înțeleg toate acestea. Și vă asigur că Domnul Isus (celor mai mulți dintre voi) nu vă cere să lăsați totul și să mergeți pe câmpul de misiune. Nu toți sunt chemați să facă aceasta. **Dar toți (cf. Luca 9:23) suntem chemați să devenim ucenici și să trăim ca ucenici.**

Așadar, dacă doriți să luați în serios Luca 9:23 și vreți să parcurgeți toate cele opt module ale UCA, așa cum sunt prezentate mai sus, o puteți face în aproximativ trei ani. Bineînțeles, acest lucru depinde de timpul pe care doriți să îl puneți deoparte săptămânal pentru UCA. Dacă sunteți presați de timp, vă puteți întinde pe o perioadă mai lungă, pentru parcurgerea celor opt module de ucenicie creștină avansată. Totul depinde de fiecare în parte. Aveți libertate totală. Nu sunteți supuși niciunui fel de presiune; nu sunteți constrânși să terminați pregătirea într-o anumită perioadă de timp.

În capitolul intitulat „Puterea intimității cu Isus" din cartea mea, *Plinătatea lui Hristos*, am scris: *„Intimitatea cu Isus nu cere doar petrecerea unui timp de calitate, ci și o cantitate rezonabilă de timp".*[186]

Hristos, Cel mai bun Învățător din toate timpurile, a petrecut aproximativ 15.000 de ore cu ucenicii Săi. „În lumea seculară, oamenii de știință și sociologii au constatat că nimeni nu poate deveni un profesionist, un expert în ceva anume, fără o practică de cel puțin 10.000 de ore."[187] Cercetătorii britanici au descoperit că *„este nevoie ca o persoană să practice 10.000 de ore pentru a deveni un as într-o anumită disciplină"*.[188] Mai mult, neurologul Daniel Levitin a explicat pentru Focus, o revistă științifică a BBC, următoarele: „se pare că creierul are nevoie de atât de mult timp (10.000 de ore) pentru a asimila tot ceea ce trebuie să știe, pentru a atinge adevărata măiestrie"[189].

Vă rog să rețineți că Domnul Hristos a considerat că sunt necesare 15.000 de ore pentru a asigura pregătirea necesară celor doisprezece aleși ai Săi. Oamenii de știință și cercetătorii ne spun că este nevoie de 10.000 de ore de practică pentru ca cineva să devină un profesionist în domeniul său. Iar neurologii explică faptul că creierul omului are nevoie de această perioadă de timp pentru a deveni expert într-un anumit domeniu.

Provocarea mea este următoarea: *De ce să nu considerăm ucenicia creștină ca fiind domeniul în care merită să investim?* Ne va lua întreaga viață să ne cultivăm intimitatea cu Domnul, iar călătoria o vom continua în ceruri.

Vă promit că pe platforma Ucenicie Creștină Avansată veți petrece cel puțin 1.000 de ore de calitate. Apoi puteți folosi platforma aceasta ca model pentru un stil de viață – pentru tot restul vieții voastre. Dar cel mai mare beneficiu pe care vi-l va oferi UCA este că vă va echipa pe deplin pentru a face ucenici, care la rândul lor să facă ucenici. Împlinirea pe care o primești atunci când începi să fii o parte eficientă a Marii Trimiteri nu este egalată de niciun alt loc de muncă bine plătit, oriunde ar fi. Aceasta este promisiunea pe care vi-o face Isus.

Care este scopul UCA?

Obiectivul principal al oricărui curriculum de ucenicie ar trebui să fie *iubirea*. Pavel scrie atât de direct: „Ținta poruncii este dragostea, care vine dintr-o inimă curată, dintr-un cuget bun și dintr-o credință neprefăcută" (1 Timotei 1:5). În mod similar, pe parcursul acestor opt module ale cursului de Ucenicie Creştină Avansată, scopul este *dezvoltarea caracterului* şi *formarea spirituală*. Nu urmărim neapărat acumularea de mai multe cunoştinţe teologice, oricât de nobil ar suna; în schimb, ne focalizăm pe o *transformare autentică* (Romani 12:2, 2 Corinteni 3:18), prin Cuvântul lui Dumnezeu, prin Duhul Sfânt.

Scriptura afirmă clar: „Să nu vă potriviţi chipului veacului acestuia, ci să vă prefaceţi prin înnoirea minţii voastre, ca să puteţi deosebi bine voia lui Dumnezeu: cea bună, plăcută şi desăvârşită" (Romani 12:2). În scrisoarea sa către Corinteni, Pavel scrie: „Noi toţi privim cu faţa descoperită, ca într-o oglindă, slava Domnului şi suntem transformaţi în acelaşi chip cu al Lui, din slavă în slavă, prin Duhul Domnului" (2 Corinteni 3:18).

De ce este acest lucru important? Acest lucru este extrem de important deoarece informaţia în sine nu ne poate transforma. Mai mult decât atât, acumularea de cunoştinţe ne face aroganţi, dar dragostea zideşte. Biblia este clară în această privinţă: „Dar cunoştinţa îngâmfă, pe când dragostea zideşte" (1 Corinteni 8:1).

Prin urmare, orice platformă solidă de ucenicie ar trebui să afirme că scopul său suprem este *formarea spirituală* şi *transformarea personală*. Cuvântul lui Dumnezeu şi Duhul lui Hristos îi transformă pe oameni, nu programul de ucenicie. Aşa cum am menţionat deja, în cele din urmă ucenicia nu este un program, ci un stil de viaţă.

UCA nu este conceput ca un program de tip „**îl iei** sau **îl pici**". De aceea recomand cu tărie ca toţi ucenicii dornici să parcurgă toate cele opt module şi să finalizeze o lucrare scrisă finală, numită Proiectul Capstone, vor primi o *Diplomă de absolvire* din partea organizaţiei Upper Room Fellowship Ministry.

Să ne rugăm ca creştinii din întreaga lume să iasă din zonele lor de confort şi, prin intermediul unei platforme solide de ucenicie precum UCA, să devină pe deplin echipaţi pentru **a face ucenici**, care la rândul lor să facă ucenici. Sunt pe deplin de acord cu direcţia trasată de Pavel lui Timotei, înainte de martiriul său: „Şi ce-ai auzit de la mine în faţa multor martori încredinţează la oameni de încredere, care să fie în stare să înveţe şi pe alţii" (2 Timotei 2:2). Să nu uităm niciodată acest lucru: **Totul este despre Isus, și Isus este sută la sută pentru ucenicie.**

Permiteți-mi să închei acest capitol cu o rugăciune:

Tată Dumnezeule, cu încredere deplină în Tine, mă rog și cred că platforma de Ucenicia Creștină Avansată va oferi instrumentele necesare altor mentori pentru echiparea credincioșilor, bărbați și femei, în arta ucenicizării și a formării spirituale. Mă rog ca Duhul Sfânt să convingă mulțimi de credincioși să devină ucenici autentici, să fie pe deplin pregătiți și să fie gata să împlinească Marea Trimitere, astfel încât Domnul Isus să Se întoarcă în curând. În Numele lui Hristos. Amin.

Întrebări de discuții:

Vă rog să reflectați la următoarele întrebări, apoi să vă împărtășiți gândurile cu un prieten sau cu grupul de studiu din care faci parte.

1. Te rog să citești încet și meditativ Luca 9:23. Ce crezi despre chemarea lui Isus la ucenicie? Este ea valabilă pentru credincioșii din secolul al XXI-lea? Te rog să detaliezi.

2. Te rog să citești încet și meditativ Luca 9:24. Ce crezi că înseamnă cu adevărat *„a-și pierde viața pentru Mine"*?

3. Care crezi că este cea mai mare piedică în calea uceniciei în stilul Noului Testament? Ce crezi că ar trebui să se întâmple pentru ca cei credincioși să ia în serios Marea Trimitere?

4. Care este părerea ta personală despre ucenicia creștină? Ai mai lucrat cu un mentor spiritual? Dacă da: Care sunt unele dintre cele mai importante aspecte ale experienței tale?

5. Ce părere ai despre platforma Ucenicie Creștină Avansată? Ce schimbări te gândești să faci în viața ta, pentru a te înscrie într-o astfel de platformă? Te rog să detaliezi și să-ți împărtășești planurile cu mentorul tău spiritual.

Note

12. Opțiuni pentru ucenicie

[184] Willard, op.cit., coperta față.
[185] Bonhoeffer, op.cit., p. 42.
[186] Văduva, Valy, *Plinătatea lui Hristos,* Upper Room Fellowship Ministry, Livonia, 2022, p. 180.
[187] Vaduva, op.cit., p. 167.
[188] *It Takes 10,000 Hours of Practice to Become a Genius.* www.infoniac.com. Luni, 24 noiembrie 2008. http://www.infoniac.com/science/it-takes-10,000-hours-of-practice-to-become-a-genius.html. Accesat pe 7 noiembrie 2019.
[189] infoniac.com/science/it-takes-10,000-hours-of-practice-to-become-a-genius.html.

Anexa A

Bibliografie pentru trecerea în revistă a literaturii

1. Hawkins, Greg și Parkinson, Cally, *REVEAL: Where are You?,* Barrington, IL: Willow Creek Resources, 2007.
2. Carson, D.A., *The Cross and Christian Ministry,* Grand Rapids, MI: Baker Books, 1993.
3. Willard, Dallas, *The Great Omission: Reclaiming the Essential Teachings* on Discipleship, New York, NY: Harper Collins Publishers, 2006.
4. Ogden, Greg, *Transforming Discipleship: Making Disciples a Few at a Time,* Downers Grove, IL: IVP Books, 2003.
5. Green, Tony, *12 Reasons Christians don't Grow Even in Good Churches,* Maitland, FL: Xulon Press, 2007.

Anexa B

Bibliografie suplimentară foarte folositoare în lucrările de ucenicie și formare spirituală

1. McDonald, Glen, *The Disciple Making Church: From Dry Bones to Spiritual Vitality*, Grand Haven, MI: Faith Walk Publishing, 2004.
2. Barna, George, *Growing True Disciples: New Strategies for Producing Genuine Followers of Christ*, Colorado Springs, CO: WaterBrook Press, 2001.
3. Rainer, Thom S. și Geiger, Eric, *Simple Church*, Nashville, TN: B&H Publishing Group, 2006.
4. Stezer, Ed și Dodson, Mike, *Comebacks Churches*, Nashville, TN: B&H Publishing Group, 2007.
5. Peterson, Jim, *Lifestyle Discipleship: The Challenge of Following Jesus in Today's World*, Colorado Springs, CO: Navpress, 1993.
6. Hull, Bill, *The Disciple-Making Pastor: The Key to Building Healthy Christians in Today's Church*, Grand Rapids, MI: Fleming H. Revell, 2003.
7. Bonhoe ffer, Dietrich, *Costul uceniciei,* Peregrinul, Cluj-Napoca, 2009.
8. Foster, Richard, *Disciplinele spirituale. Calea maturității creștine*, Casa Cărții, Oradea, 2020.
9. Dieter, Melvin E., Hoekema, Anthony A., Horton, Stanley M., McQuilkin, J. Robertson și Walvoord, John F., *Cinci concepții despre sfințire*, Cartea Creștină, Oradea, 1999.

10. Gorman, *Michael, Cruciformity: Paul's Narrative Spirituality of the Cross,* Grand Rapids, MI: Wm. B. Eerdmans Publishing Company, 2001.
11.. Stott, John R.W., *Crucea lui Hristos,* Cartea Creştină, Oradea, 1992.
12.. Mulholland, Jr., Robert M., *Shaped by the Word: The Power of Scripture in Spiritual Formation*, Nashville, TN: Upper Room, 2001.
13.. Nouwen, Henri J. M., Edited by Christensen, Michael J. şi Laird, Rebecca, *Spiritual Formation: Following the Movements of the Spirit,* New York, NY: Harper Collins, 2010.
14. Nouwen, Henri, *In the Name of Jesus,* New York, NY: Crossroad, 1989.
15. Nouwen, Henri, *The Selfless Way of Christ,* San Francisco, CA: Harper Collins, 1991.
16. Mulholland, Robert M, *Invitation to a Journey,* Downers Grove, IL: Inter Varsity Press, 1993.

Anexa C

Ucenicie Creștină Avansată (UCA)
Bibliografie de bază

Modulul unu: Biblia – Temelia creșterii și maturizării spirituale

1. Henrichsen, Walter, Jackson, Gayle, *Studying, Interpreting, and Applying the Bible,* Zondervan, 1990.
2. MacArthur, John, „The Sufficiency of Scripture", Audio CD, Grace to You, 1985, 1986.
3. MacArthur, John, „Why I Teach the Bible", Audio CD, Grace to You, 1996, 1998.
4. Arthur, Kay, *Cum să studiezi Biblia,* de Kay Arthur, Editura Cunoașterea Cuvântului, Lugoj, 2001.
5. Fee, Gordon, Stuart, Douglas, *Biblia ca literatură,* Logos, Cluj, 2003.

Modulul doi: *Ucenicia – Inima Marii Trimiteri*

1. Henrichsen, *Ucenicii se fac, nu se nasc,* de Walter A. Henrichsen, Editura Logos, București, 1992.
2. Coleman, Robert, *Planul de evanghelizare al învățătorului,* Carmel Print, Arad, 2017.
3. Billheimer, Paul, *Destinați pentru tron,* Lampadarul de aur, Oradea, 2002.

4. Oritz, Carlos Juan, „Accepted in the Beloved", Video 1, Cross Life Books (n.d.).

Modulul trei: Maturizarea – Scopul uceniciei

1. DeVern F. Fromke, DeVern, *Scopul final*, Editura Lampadarul de Aur, Oradea, 1996.
2. Stanford, Miles, *Principles of Spiritual Growth*, Back to the Bible, 1997.
3. Whitall Smith, Hannah, *The Christian's Secret of a Happy Life*, Spire, 1952.
4. Best, John, *Resolving Misunderstandings of the Exchanged Life*, Abundant Living Resources, 1996.
5. Hudson, Taylor, Hudson, „The Exchanged Life," Website, https://www.wholesomewords.org/missions/biotaylor11.html.

Modulul patru: Firea pământească – Obstacolul major în calea maturității spirituale

1. Watchman, Nee, *Viața creștină normală,* Lampadarul de aur, Oradea, 2003.
2. Lord, Peter, *Turkeys and Eagles*, The Seed Sower, 1997.
3. Gillham, Gill, *Lifetime Guarantee*, Harvest House Publishers, 1993.
4. Best, John, *The Cross of Christ: The Center of Scripture your Life and Ministry*, Abundant Living Resources.
5. Gillham, Preston & Annabel, *A Study of the Mind*, Booklet, Lifetime Guarantee Ministries.

Modulul cinci: Crucea – Taina suferinței pe care puțini o îmbrățișează

1. Solomon, Charles, *Îndrumător spre fericire,* Casa Cărții, Oradea, 2000.

2. Edwards, Gene, *Exquisite Agony*, The Seed Sower (n.d.).
3. Stanley, Charles, *The Blessing of Brokenness*, Zondervan's (n.d.).
4. Trumball, Charles, *Perils of the Victorious Life*, Booklet, Christian Literature Crusades.
5 Billheimer, Paul, *Don't Waste Your Sorrows*, Christian Literature Crusades, 1977.

Modulul șase: Cunoașterea identității spirituale – Cheia spre victorie

1. Needham, David, *Alive for the First Time*, Questar Publishers, 1995.
2. Anderson, Neil, *Biruință asupra întunericului,* Kerigma, Oradea, 2016.
3. Văduva, Valy, *Plinătatea lui Hristos,* Upper Room Fellowship Ministry, Livonia, 2022.
4. A.B., „Himself", Booklet, Christian Publications, Inc. (n.d.).
5. Oritz, Juan Carlos, „Liberated in the Beloved", Video #2, Cross Life Books (n.d.).
6. J. Allan Peterson, Allan, „You Are Really Somebody", Booklet, Family Concern (n.d.)

Modulul șapte: Liber în Hristos – Înțelegerea luptei spirituale

1. Anderson, Neil, *Cel ce sfărâmă lanțurile robiei,* Editura Succeed Publishing, Medgidia, 2018.
2. Bevere, John, „The Bait of Satan", Cărțile și DVD, Charisma House.
3. Swindoll, Charles, „Finding Healing through Forgiveness", Audio CD, Insight for Living.
4. Stanely, Charles, *The Gift of Forgiveness*, Thomas Nelson, 1991 sau 2002.
5. Anderson, Neil, *Steps to Freedom in Christ*, Gospel Light, 2004.

Modulul opt: Roadele și darurile – Dezvoltarea unei relații autentice cu Duhul Sfânt

1. Deere, Jack, *Surprins de puterea Duhului,* Succeed Publishing, Medgidia, 2011.
2. Fortune, Don & Katie, *Discover Your Gifts*, Chosen Books, 1987.
3. Bevere, John, *Intimacy with the Holy Spirit*, – VIDEO, Messenger International, 2004.
4. Prince, Derek, *Gifts of the Spirit*, Whitaker House, 2007.
Oritz, Juan Carlos, "Indwelt in the Beloved," Video #3, Cross Life Books (n.d.).

Anexa D

Model de planuri de lecție Ucenicie Creștină Avansată (UCA)

Instrucțiuni generale

Găsește cel mai potrivit moment al zilei pentru această activitate. Unii oameni preferă să citească, să asculte sau să vizioneze (o carte bună, respectiv un seminar educațional) atunci când mintea lor este complet odihnită. Ei fac acest lucru într-un mediu liniștit și netulburat. Tu decizi modul care funcționează cel mai bine pentru tine.

- În primul rând, citește materialul recomandat, fără să ai în minte vreo „agendă". Pur și simplu absoarbe ceea ce autorul, vorbitorul sau prezentatorul are de spus despre diverse subiecte de studiu. Fii deschis să-L lași pe Duhul Sfânt să te lumineze. Notează orice nouă descoperire pe care ai făcut-o.
- În al doilea rând, citește întrebările, astfel încât să te familiarizezi cu cerințele.
- În al treilea rând, citește din nou materialul recomandat ținând întrebările la îndemână, astfel încât să poți nota răspunsurile la fiecare întrebare specifică.
- În al patrulea rând, fii pregătit să împărtășești ceea ce ai învățat cu grupul tău, prin e-mail sau personal, în timpul următoarei întâlniri individuale cu mentorul tău sau cu liderul grupul.

Rugăciunea mea este să ai parte de un timp binecuvântat în creșterea în harul și cunoașterea Domnului Isus Hristos. Îți doresc să fii binecuvântat și să fii o binecuvântare!

Modulul unu: Biblia – Temelia creșterii și maturizării spirituale

Toată Scriptura este insuflată de Dumnezeu și de folos ca să învețe, să mustre, să îndrepte, să dea înțelepciune în neprihănire, pentru ca omul lui Dumnezeu să fie desăvârșit și cu totul destoinic pentru orice lucrare bună.

- 2 Timotei 3:16-17

Biblia este o carte incredibilă! Nicio altă carte nu poate fi măcar comparată cu ea. Cuvântul lui Dumnezeu este mai dulce decât mierea, ca hrană spirituală. Psalmistul scrie: „Ce dulci sunt cuvintele Tale pentru cerul gurii mele! Mai dulci decât mierea în gura mea!" (Psalmul 119:103).

Biblia nu este neapărat o carte de istorie, însă ea conține detalii importante din istoria omenirii, în special din istoria lui Israel. Biblia conține informații medicale, dar nu este un manual de medicină. Ea conține detalii geografice specifice despre orașe, țări și imperii antice. Ea poate fi citită ca o mare lucrare de literatură, poezie, înțelepciune și filozofie.

Biblia este principala sursă de cunoștințe teologice. Dar cel mai important scop al Scripturii, așa cum a fost enunțat chiar de scriitorii ei, este de a dezvălui adevărul, pe Isus Hristos, ușa către adevărata eliberare și libertate. Apreciez afirmația de mai jos, care, cred, îi aparține lui C.S. Lewis: „Hristos Însuși, nu Biblia, este adevăratul Cuvânt al lui Dumnezeu. Biblia, citită cu o atitudine corectă și sub îndrumarea unor buni învățători, ne va conduce spre El."[7]

Biblia este Cuvântul lui Dumnezeu care oferă standardul pentru o viață plină de sens și este adevărata hrană pentru sufletul omului. Educația nimănui nu este completă fără studiul Marii Cărți – Biblia. Îmi place ce a spus Abraham Lincoln, al 16-lea președinte al SUA despre această carte minunată:

---

[7] David Williams, "Surprised by Jack: C.S. Lewis on Mere Christianity, the Bible, and Evolutionary Science." Publicat pe 10 decembrie 2012. https://bit.ly/3Ke3ETP.

> Cred că Biblia este cel mai bun dar pe care Dumnezeu l-a făcut vreodată omului. Tot binele oferit de Mântuitorul lumii ne este comunicat prin această Carte.[8]

Napoleon Bonaparte (1769-1821), faimosul împărat al francezilor, a spus: „Biblia nu este o simplă carte, ci o Făptură vie, cu o putere care cucerește tot ceea ce i se opune".[9]

V-ați gândit vreodată la investiții pe termen foarte lung? Eu da. În cele din urmă, mi-am dat seama că există doar două investiții pe care le putem face pentru eternitate:

- Cuvântul lui Dumnezeu
- Sufletele oamenilor

Psalmistul scrie: „Mai mult prețuiește pentru mine Legea gurii Tale decât o mie de lucruri de aur și de argint" (Psalmul 119:72). În ciuda acestor beneficii minunate, tragedia este că mulți creștini de astăzi sunt analfabeți din punct de vedere biblic. De ce? Cred că motivul principal este că, pentru a cunoaște Cuvântul lui Dumnezeu, este nevoie de timp și disciplină.

Ioan Hrisostom (347-407 d.Hr.) exprimă foarte bine acest lucru:

> Pentru a obține aroma deplină a unei plante, aceasta trebuie să fie presată între degete; la fel se întâmplă și cu Scripturile cu cât devin mai familiare, cu atât mai mult își dezvăluie comorile ascunse și îți oferă bogății indescriptibile. [10]

În primii mei ani ca ucenic junior, nu aveam prea multe resurse

---

[8] *Biblia*, www.soulsupply.com, http://www.soulsupply.com/news/n/new-soulsnack-category-the-bible-130802. Accesat pe 12 noiembrie 2019

[9] *The Bible is no Mere Book*, www.selfeducatedamerican.com, https://selfeducatedamerican.com/2010/08/15/napoleon-in-exile-the-bible-is-no-mere-book/. Accesat pe 12 noiembrie 2019.

[10] Lectio Divina. www.fisheater.com. https://www.fisheaters.com/lectiodivina.html. Accesat pe 13 noiembrie 2019.

pentru a studia Biblia. *„Manualul de ucenicie”* folosit de mine era chiar Biblia. Din această carte măreață am învățat câteva principii de bază pentru studierea, interpretarea și aplicarea Scripturii:

- *Îndrumarea Duhului Sfânt.* Nimeni nu cunoaște Biblia mai bine decât autorul ei: Duhul adevărului (vezi Ioan 16:13-14). Acesta este motivul pentru care fiecare ucenic al lui Hristos ar trebui să urmărească o intimitate mai profundă cu Persoana care a inspirat Cuvântul lui Dumnezeu—Duhul Sfânt.
- *Biblia interpretează Biblia.* Nici un pasaj biblic nu poate fi interpretat de unul singur (vezi 2 Petru 1:20-21).
- *Contextul textului.* Contextul fiecărui verset, capitol, carte, este de o importanță vitală pentru o înțelegere corectă a Bibliei (vezi 1 Timotei 4:13, 1 Corinteni 10:11).
- *Atitudinea inimii.* Înțelegerea Bibliei depinde de disponibilitatea noastră de a ne supune voii lui Dumnezeu (vezi Ioan 7:17).
- *Hermeneutica literară.* Biblia trebuie interpretată în primul rând literal, în sensul cel mai natural, normal, cel mai obișnuit al comunicării (vezi 2 Corinteni 1:13). Cred că A. W. Tozer a spus: „Dacă înțelesul simplu are sens, înseamnă că este cel corect”.

Pot să vă spun că aceste principii m-au protejat de mulți „lupi în haine de oaie” și m-au păzit de interpretări eronate ale Scripturii.

Acesta este motivul pentru care sunt atât de pasionat să predau Biblia, să fiu ucenic, mentor și să-i pregătesc pe oameni pentru o mai mare intimitate cu Domnul Bibliei.

Fiți binecuvântați în munca de adâncire în Cuvântul lui Dumnezeu și cercetare a diverselor fapte privind minunata carte pe care o numim Biblia.

Cum să studiem Biblia

de Kay Arthur

Te invit să petreci un timp studiind o carte bună: *Cum să studiem Biblia*, de Kay Arthur, publicată de Editura Cunoaşterea Cuvântului, Lugoj, 2001.

Studiază, reflectă și detaliază răspunsurile la următoarele întrebări. Pregătește-te ca cel puțin o dată pe săptămână să îți împărtășești ideile cu mentorul tău spiritual, cu grupul mic de studiu sau cu liderul grupului.
Pentru mai mult spațiu poți folosi un caiet de notițe.

Prima parte: Observarea

1. Te rog să scrii un scurt rezumat sau o prezentare generală a acestui capitol.

2: Care sunt paşii procesului de observare a textului? Te rog să enumeri aceşti paşi şi să dezvolţi pe scurt.

1.

2.

3.

4.

5.

Felicitări! Ai făcut o treabă bună!

Partea a IV-a. Organizarea

15. Studiul unui personaj biblic

Studiile tematice cer o muncă enormă. Dar acest tip de studiu este foarte satisfăcător. Există câteva principii importante pentru un studiu tematic.

Te rog să enumeri aceste principii și să dezvolți pe scurt etapele.

1.

2.

3.

4.

Felicitări! Ai făcut o treabă bună!

Modulul doi: *Ucenicia – Inima Marii Trimiteri*

Isus S-a apropiat de ei, a vorbit cu ei și le-a zis: „Toată puterea Mi-a fost dată în cer și pe pământ. Duceți-vă și faceți ucenici din toate neamurile, botezându-i în Numele Tatălui și al Fiului și al Sfântului Duh. Și învățați-i să păzească tot ce v-am poruncit. Și iată că Eu sunt cu voi în toate zilele, până la sfârșitul veacului.

- Matei 28:18-20

Care este misiunea bisericii? Ei bine, pe baza textului din Matei 28:18-20, misiunea Bisericii este de a face ucenici.

Definiția uceniciei:

Potrivit *Easton's Bible Dictionary*, un ucenic al lui Hristos este o persoană care:

- Crede învățătura Sa
- Se bazează pe jertfa Sa
- Este plin de Duhul Său
- Îi imită exemplul

Vezi Matei 10:24; Luca 14:26-33; Ioan 6:69.

Cu alte cuvinte, putem spune că un ucenic este un credincios care s-a angajat să-L urmeze pe Hristos din toată inima, și care crește din punct de vedere spiritual.

Un ucenic:

- Ascultă de Cuvântul lui Dumnezeu (Ioan 8:31)
- Este iubitor (Ioan 13:35)

- Este roditor (Ioan 15:8)
- Este întotdeauna pregătit să împărtășească speranța vieții în Hristos (2 Timotei 4:2)
- Trăiește Evanghelia (2 Corinteni 3:2-3)

Pavel era trist că credincioșii bisericii din Corint nu creșteau în asemănarea cu Hristos. El le-a scris:

> Cât despre mine, fraților, nu v-am putut vorbi ca unor oameni duhovnicești, ci a trebuit să vă vorbesc ca unor oameni lumești, ca unor prunci în Hristos. V-am hrănit cu lapte, nu cu bucate tari, căci nu le puteați suferi, și nici acum chiar nu le puteți suferi, pentru că tot lumești sunteți. În adevăr, când între voi sunt zavistii, certuri și dezbinări, nu sunteți voi lumești și nu trăiți voi în felul celorlalți oameni? (1 Corinteni 3:1-3)

Creștinii imaturi sunt credincioși lumești, controlați de dorințele lor trupești. Ucenicii maturi din punct de vedere spiritual sunt la unison cu voia lui Dumnezeu. Ei și-o însușesc și, în supunere față de Domnul, o aplică în viața lor.

Care este scopul uceniciei?

De a face ucenici care să poată face la rândul lor ucenici (2 Timotei 2:2).

Cum? Învățându-i să păzească tot ceea ce a poruncit Isus (Matei 28:20).

Până când? Până când vom ajunge cu toții la unirea credinței și a cunoștinței Fiului lui Dumnezeu, și vom ajunge la maturitate, atingând înălțimea staturii plinătății lui Hristos (Efeseni 4:13).

De ce? Pentru a ajunge la stabilitate spirituală. Pavel scrie: „ca să nu mai fim copii, plutind încoace și încolo, purtați de orice vânt de învățătură, prin viclenia oamenilor și prin șiretenia lor în mijloacele de amăgire" (Efeseni 4:14).

Ce? Creşterea spirituală. Pavel scrie: „ci, credincioşi adevărului, în dragoste, să creştem în toate privinţele, ca să ajungem la Cel ce este Capul, Hristos" (Efeseni 4:15).

Pentru ce? Pentru zidirea întregului trup. Pavel scrie: „Din El, tot trupul, bine închegat și strâns legat prin ceea ce dă fiecare încheietură, își primește creșterea potrivit cu lucrarea fiecărei părți în măsura ei și se zidește în dragoste" (Efeseni 4:16).

Isus a clarificat ce înseamnă să fii ucenic atunci când a spus: „orice ucenic desăvârşit va fi ca învăţătorul lui" (Luca 6:40). Apostolul Pavel s-a făcut ecoul acestui mod de viaţă atunci când a spus: „Copilaşii mei, pentru care iarăşi simt durerile naşterii până ce va lua Hristos chip în voi!" (Galateni 4:19).

Cei care fac ucenici sunt chemaţi să-i conducă pe alţii la Hristos și să îi ajute în procesul de creștere și maturizare spirituală. Ei au o dragoste intensă, o preocupare și o grijă permanentă pentru cei cărora le sunt părinţi spirituali. Atunci când îi conducem pe oameni la Hristos, trebuie să le stăm alături, ajutându-i să crească, până când sunt pe deplin formaţi.

A face ucenici implică aducerea oamenilor într-o relație personală cu Isus și a rămâne cu ei, până când întreaga lor viață este în ascultare de Isus Hristos.

Isus este Învățătorul. Conform planului de ucenicie al Învățătorului, următoarele concepte sunt esențiale:

- Suntem chemaţi să facem ucenici, nu doar convertiţi.
- Ucenicii sunt făcuţi în relaţii caracterizate de intimitate și responsabilitate reciprocă.
- Ucenicia este un proces, nu un program.
- A face ucenici presupune a-l ajuta pe altul să înveţe să asculte de tot ceea ce a poruncit Isus.
- Facerea de ucenici are loc în contextul unor relaţii iubitoare, sigure, confidenţiale şi personale. Transparenţa, comunitatea şi responsabilitatea reciprocă sunt factori primordiali în procesul de ucenicizare.

- Facerea de ucenici are loc pe măsură ce fiecare persoană îi ajută pe ceilalți în angajamentul lor față de maturizarea spirituală.
- Facerea de ucenici include ajutorarea altora să crească în Cuvântul lui Dumnezeu, în părtășie, în comuniune și în rugăciune.
- Ucenicii trebuie să fie învățați adevărurile esențiale ale vieții creștine într-o manieră sistematică și progresivă.
- Formarea ucenicilor este privilegiul și responsabilitatea fiecărui credincios.

Care este scopul final al lucrării de ucenicie?

Creșterea în asemănarea cu Hristos este scopul final al uceniciei. Bucurați-vă de procesul de ucenicie. Țineți-vă ochii ațintiți asupra Învățătorului (vezi Evrei 12:1-2).

Ucenicii se fac, nu se nasc

de Walter A. Henrichsen

Sursa pentru această lecţie este o carte numită: *Ucenicii se fac, nu se nasc*, de Walter A. Henrichsen, publicată de Editura Logos, Cluj-Napoca, 1992.

Studiază, reflectă și detaliază răspunsurile la următoarele întrebări. Pregătește-te ca cel puțin o dată pe săptămână să îți împărtășești ideile cu mentorul tău spiritual, cu grupul mic de studiu sau cu liderul grupului.
Pentru mai mult spațiu poți folosi un caiet de notițe.

Capitolul 1: Omul de care Se folosește Dumnezeu

1.1. După o lectură atentă a capitolului 1, te rog să enumeri cele nouă trăsături ale unui ucenic autentic al lui Isus Hristos. În propriile tale cuvinte, detaliază pe scurt cel puţin trei dintre acestea.

1.

2.

3.

4.

5.

6.

7.

8.

9.

1.2. Care dintre acestea sunt adevărate în ceea ce te privește? Te rog să explici de ce.

1.3. Care nu sunt adevărate în privința ta? Te rog să explici de ce nu.

Felicitări! Ai făcut o treabă bună!

Capitolul 5: Evanghelizarea și ucenicul

În acest capitol, Walter A. Henrichsen prezintă opt principii ale evanghelizării, care se bazează pe Ioan 4.

5.1. După o lectură atentă a acestui capitol, te rog să enumeri aceste principii. Dezvoltă pe scurt două dintre ele. Subliniază principiile pe care le consideri cele mai importante.

1.

2.

3.

4.

5.

6.

7.

8.

5.2. Pe care dintre aceste principii le-ai folosit sau ai de gând să le folosești în evanghelizarea personală?

5.3. Te rog să detaliezi strategia ta de evanghelizare.

Felicitări! Ai făcut o treabă bună!

Modulul trei: Maturizarea – Scopul uceniciei

Pe El Îl propovăduim noi și sfătuim pe orice om și învățăm pe orice om în toată înțelepciunea, ca să înfățișăm pe orice om desăvârșit în Hristos Isus. Iată la ce lucrez eu și mă lupt după lucrarea puterii Lui, care lucrează cu tărie în mine.
- Coloseni 1:28-29

Ce este creșterea spirituală?

Să crești spiritual înseamnă să devii mai asemănător cu Hristos printr-un proces numit sfințire progresivă, ucenicie sau formare spirituală. Este un imperativ în viața noastră de creștini și ar trebui să fie centrul atenției, fără excepție, în toate bisericile și confesiunile.

În 1995, Dumnezeu m-a făcut conștient de imperativul creșterii și maturizării spirituale. Duhul Sfânt m-a călăuzit să formulez această definiție simplă:

> Creșterea spirituală este lucrarea pe care o face Dumnezeu, datorită harul Său, prin care copiii lui Dumnezeu sunt transformați după chipul lui Hristos în omul lăuntric și sunt împuterniciți să se lepede de sine și să trăiască în neprihănire și sfințenie.

Mai târziu, am aflat că, privitor la spiritualitatea creștină, există un întreg domeniu numit *formarea spirituală*. În timpul programului de Master of Arts în Spiritual Formation and Leadership (MSFL) de la Spring Arbor University (SAU), am învățat că formarea spirituală creștină este „procesul de conformare la chipul lui Hristos, spre folosul altora”. Dallas Willard scrie că „formarea spirituală a creștinului se referă, în esență, la procesul condus de Duhul Sfânt de formare a lumii interioare a eului, în așa fel încât să devină asemănătoare cu ființa interioară a lui Hristos Însuși".[11] Potrivit învățăturii lui John Wesley, a fi sfințit înseamnă „a fi înnoit după chipul lui Dumnezeu, în neprihănire și în adevărata sfințenie".

Pe măsură ce creștem în Hristos, starea noastră morală este adusă, prin Duhul lui Dumnezeu, în conformitate cu statutul nostru legal înaintea lui Dumnezeu. Ioan scrie: „Dar tuturor celor ce L-au primit, adică celor ce cred în Numele Lui, le-a dat dreptul să se facă copii [gr. teknion] ai lui Dumnezeu" (Ioan 1:12 NASB).

Dumnezeu dorește ca toți copiii Săi să reflecte caracterul lui Isus Hristos. Pavel scrie: „Căci toți cei ce sunt călăuziți de Duhul lui Dumnezeu sunt fii [gr. huios] ai lui Dumnezeu" (Romani 8:14). Asemănarea cu Tatăl este ceea ce definește un fiu matur al lui Dumnezeu. Isus a folosit cuvântul huios pentru a arăta clar diferența dintre copii și fii (vezi Matei 5:9, 44-45). Comentând acest text, W.E. Vine scrie:

> Ucenicii trebuiau să facă aceste lucruri, nu pentru a deveni copii ai lui Dumnezeu, ci pentru ca, fiind copii (rețineți adresarea „Tatăl vostru" în tot acest timp), să poată face ca acest fapt să se manifeste în caracterul lor, să poată „deveni fii". În privința perfecțiunii creștine, John Wesley scrie: „Î: Ce implică faptul de a fi un creștin perfect? R: A-L iubi pe Dumnezeu cu toată inima, mintea și sufletul nostru" (Deut. 6:5).[12]

> Bucurați-vă de călătoria voastră spirituală!

---

[11] Dallas Willard, *The Great Omission: Reclaiming the Essential Teachings on Discipleship*, New York, NY: Harper Collins Publishers, 2006, p. 104, 105.

[12] Thomas Jackson, *A Plain Account of Christian Perfection*, (1872), article 17. http://gbgm-umc.org. Accesat pe 20 aprilie, 2011.

Scopul final

de DeVern F. Fromke

Sursa pentru această lecție este o carte unică, *Scopul final*, de DeVern F. Fromke, publicată de Editura Lampadarul de Aur, Oradea, 1996. Fii atent! Această carte conține capitole scurte, dar foarte concentrate. Bucură-te de umblarea în Duhul, zi de zi.

Studiază, reflectă și detaliază răspunsurile la următoarele întrebări. Pregătește-te ca cel puțin o dată pe săptămână să îți împărtășești ideile cu mentorul tău spiritual, cu grupul mic de studiu sau cu liderul grupului.
Pentru mai mult spațiu poți folosi un caiet de notițe.

Capitolul 2 - Punctul real de pornire

În capitolul doi, Fromke explică faptul că este de o importanță vitală pentru creștini să aibă o înțelegere corectă a planului lui Dumnezeu. Autorul folosește o diagramă pentru a ilustra gândurile sale despre punctul nostru de plecare:

A – cu Tatăl
B – cu Creația
C – cu omul
D – cu evenimentul Căderii

2. Pe baza acestei diagrame, te rog să explici de ce este important să privim lucrarea lui Dumnezeu din perspectiva oferită de El?

Felicitări! Ai făcut o treabă bună!

Capitolul 13. A trăi prin viața Altuia

În acest capitol, Fromke, scrie despre chemarea creştinilor la a trăi prin viaţa lui Hristos. El foloseşte o diagramă pentru a ilustra lucrarea sângelui lui Hristos şi lucrarea crucii lui Hristos, prin care primim acces la puterea vieţii Lui:

A – Viaţa de înviere
B – Viaţa de domnie
C – Viaţa de realizare

13.1. Pe baza diagramei din carte şi a înţelegerii tale generale, te rog să explici semnificaţia textului din Romani 5:10.

13.2. Ce înseamnă: „*Vom fi mântuiţi prin viaţa lui Hristos*"?

13.3. Citeşte Efeseni 2:6. Ce înseamnă: „*Şi ne-a înviat împreună cu El*"?

13.4. Citeşte Galateni 2:20. Ce înseamnă :„*Hristos trăieşte în mine. Trăiesc prin viaţa lui Hristos*"?

13.5. Citeşte Romani 5:17. Ce înseamnă: „*A domni în viaţă prin Unul singur, Isus Hristos*"?

13.6. Citeşte Efeseni 2:10. Ce înseamnă: „*Să umblăm în faptele bune pregătite de Dumnezeu*"?

Felicitări! Ai făcut o treabă bună!

Modulul patru: Firea pământească – Obstacolul major în calea maturității spirituale

Păziți-vă de câinii aceia; păziți-vă de lucrătorii aceia răi; păziți-vă de scrijeliții aceia! Căci cei tăiați împrejur suntem noi, care slujim lui Dumnezeu prin Duhul lui Dumnezeu, care ne lăudăm în Hristos Isus și care nu ne punem încrederea în lucrurile pământești.
- Filipeni 3:2-3

Modulul patru se ocupă în mod special de firea pământească. Acest modul este unul dintre cele mai importante module ale platformei de Ucenicie Creștină Avansată (UCA). Înțelegerea conflictului dintre firea pământească și Duhul Sfânt este piatra de temelie pentru o creștere spirituală autentică. Mă rog ca Duhul Sfânt să îți descopere tot ceea ce trebuie să știi despre versiunea firii tale pământești, astfel încât să continui să crești în asemănarea cu Hristos. Te încurajez să acorzi o atenție deosebită acestui modul.

Firea pământească

Potrivit lui A. W. Tozer, firea pământească este „vălul" care ne împiedică să vedem fața lui Dumnezeu.

El scrie:

> O perdea ce nu a fost înlăturată, așa cum s-a întâmplat cu prima, ci una care rămâne acolo, continuând să oprească lumina și să ne ascundă fața lui Dumnezeu. Este vălul vechii noastre naturi decăzute care continuă să trăiască, nejudecată de noi, nerăstignită și nelepădată. Este perdeaua deasă a eului pe care nu l-am recunoscut niciodată cu adevărat, de care ne rușinăm şi-l tăinuim și pe care, din aceste motive, nu l-am adus niciodată la judecata crucii. Nu este nici prea misterios, nici prea greu de identificat acest văl opac. Nu

trebuie decât să ne scrutăm inimile şi-l vom vedea acolo, poate cusut, peticit şi reparat, dar e acolo, fără îndoială: un duşman pentru viaţa noastră şi o piedică serioasă în calea progresului nostru spiritual.[13]

Tozer continuă:

Eul este vălul opac care ne ascunde Faţa lui Dumnezeu. El poate fi înlăturat doar în urma experienţei spirituale, niciodată prin simpla instruire. Este ca şi cum am da indicaţii leprei să părăsească organismul nostru. Pentru a deveni liberi, trebuie să aibă loc un proces de distrugere pe care numai Dumnezeu îl poate realiza. Trebuie să apelăm la Crucea lui Hristos, pentru ca ea să-şi facă lucrarea morţii în noi. Trebuie să aducem păcatele eului la cruce pentru a fi judecate. Trebuie să ne pregătim, într-o anumită măsură, pentru acelaşi fel de suferinţă grea prin care a trecut Mântuitorul nostru pe vremea lui Pilat din Pont.[14]

Vezi: Romani 8:4-13; Galateni 5:16-21, 24-15; 6:7-8.

Fie ca Dumnezeu să te binecuvânteze în explorarea conceptelor incluse în acest modul!

---

[13] Tozer, A.W., *În căutarea lui Dumnezeu,* Logos, Cluj, 1993, p. 47

[14] Tozer, op.cit., p. 49.

Viața creștină normală

De Watchman Nee

Pe parcursul acestui modul, vom folosi diverse resurse, printre care se numără o carte clasică: *Viața creștină normală*, de Watchman Nee, publicată de Lampadarul de Aur, Oradea, 2003.

Această carte necesită o citire și un studiu atent. Desigur că nu putem acoperi tot ceea ce autorul are de spus nici într-o săptămână sau două, așa că sper că veți reveni la această carte în mod repetat.

Studiază, reflectă și detaliază răspunsurile la următoarele întrebări. Pregătește-te ca cel puțin o dată pe săptămână să îți împărtășești ideile cu mentorul tău spiritual, cu grupul mic de studiu sau cu liderul grupului.
Pentru mai mult spațiu poți folosi un caiet de notițe.

Capitolul 3. Calea progresului: Cunoașterea

3.1. Ce ne învață Romani 6:6? Ce trebuie să știe creștinii? Te rog să dezvolți mai în detaliu.

3.2. Te rog să explici de ce este atât de important să primim revelația despre Viața schimbată, așa cum a primit-o Hudson Taylor.

Felicitări! Ai făcut o treabă bună!

Capitolul 4: Calea progresului: Socotirea

4.1. Pe baza lecturii și a înțelegerii cărții, precum și a textului din Romani 6:11, explică în termeni simpli ce înseamnă „a socoti"? Oferă o ilustrație simplă pentru a-ți explica punctul de vedere.

4.2. Pe baza lecturii și a înțelegerii cărții, precum și a textului din Romani 6:11, explică în termeni simpli diferența dintre principiul păcatului și trupul păcatului.

4.3. Pe baza lecturii și a înțelegerii cărții, precum și a textului din Ioan 15:4, explică ce înseamnă *a rămâne* în Hristos? Te rog să oferi o altă ilustrație, în afara celei cu mlădița viței-de-vie din Ioan 15.

4.4. Care este impresia ta generală, după ce ai citit capitolele 1-4 din *Viața creștină normală*? Împărtășește-ți reacția sinceră.

4.5. Care este cel mai dificil aspect de înțeles până acum din aceste patru capitole?

Felicitări! Ai făcut o treabă bună!

Modulul cinci: Crucea – Taina suferinței pe care puțini o îmbrățișează

Fiindcă propovăduirea crucii este o nebunie pentru cei ce sunt pe calea pierzării, dar pentru noi, care suntem pe calea mântuirii, este puterea lui Dumnezeu.
- 1 Corinteni 1:18

În creștinism, crucea le amintește creștinilor de actul de iubire al lui Dumnezeu în jertfa lui Hristos la Calvar – „Mielul lui Dumnezeu care ridică păcatul lumii". De asemenea, crucea le amintește creștinilor de victoria lui Isus asupra păcatului și a morții, deoarece se crede că prin moartea și învierea Sa a învins moartea însăși.

Cu toate acestea, dacă rămânem doar la această definiție, nu ne vom bucura de toate beneficiile spirituale extraordinare pe care le oferă crucea.

A. W. Tozer, în lucrarea *The Old Cross and the New* (*Vechea cruce și cea nouă*) scrie:

> Crucea este un simbol al morții. Ea reprezintă moartea bruscă și violentă a unei ființe umane. Pe vremea romanilor, omul care își lua crucea și pornea la drum își luase deja rămas bun de la prietenii săi. Nu avea să se mai întoarcă. Pleca, pentru a i se pune capăt vieții lui. Crucea nu permitea niciun compromis, nu modifica nimic, nu cruța nimic; îl ucide pe om, complet și pentru totdeauna. Nu încearcă să rămână în relații bune cu victima sa. Lovea crunt și dur, iar când își termina treaba, omul nu mai era.[15]

Îmi place cum explică Watchman Nee acest concept: „Crucea

[15] Tozer, A.W., *Man—The Dwelling Place of God*, https://www.worldinvisible.com/library/tozer/5j00.0010/5j00.0010.10.htm. Accesat pe 20 mai 2017.

este astfel puterea lui Dumnezeu care ne transferă din Adam în Hristos".[16]

Mai mult, crucea este:

- Întreaga lucrare de răscumpărare împlinită istoric (legal, teologic și spiritual) în moartea, îngroparea, învierea și înălțarea Domnului Isus Însuși (vezi Filipeni 2:8, 9).
- Într-un sens mai larg, unirea credincioșilor cu Hristos, prin har (vezi Romani 6:4; Efeseni 2:5, 6).[17]

Și mai mult, crucea lui Hristos este o singură lucrare divină. Cu toate acestea, pentru analiză și pentru o mai bună înțelegere din partea noastră, este important să privim lucrarea Crucii din patru unghiuri. În urmă cu două mii de ani, Domnul Isus a murit pe cruce și a înviat. El este acum, conform Fapte 2:33, înălțat la dreapta lui Dumnezeu în glorie. Watchman Nee scrie: „Lucrarea a fost încheiată și nu trebuie repetată vreodată, nici nu i se poate adăuga nimic".[18] Te rog să reții acest adevăr

Încearcă să îți imaginezi schița tridimensională a crucii. Fiecare bârnă are patru laturi. Dacă ne uităm la crucea tradițională, cele două bârne formează patru cadrane. Fiecare dintre cele patru cadrane vorbește metaforic despre cele patru dimensiuni spirituale ale lucrării pe care Hristos a făcut-o pe crucea de pe Calvar, acum două mii de ani.

Aceste dimensiuni sunt:

1. Sângele lui Hristos. Sângele se ocupă de păcate și de vinovăție. (Recuperarea a ceea ce Adam a pierdut în Grădina Edenului).
2. Crucea lui Hristos. Crucea se ocupă de păcat, de firea pământească și de omul firesc. (Recuperarea a ceea ce Adam a pierdut în Grădina Edenului).

---

[16] Watchman, Nee, The Normal Christian Life, Wheaton, IL: Tyndale House, 1977, p. 47.
[17] Vaduva, Valy, *Plinătatea lui Hristos,* Upper Room Fellowship Ministry, Livonia, 2022, 63.
[18] Watchman Nee, op.cit., p. 206.

3. Viața lui Hristos. Viața pusă la dispoziția Lui pentru a locui în om, a-l recrea și a-i da putere. (Notă: Viața lui Hristos aduce în noi ceva ce Adam nu a avut niciodată, nici măcar în Grădina Edenului).
4. Lucrarea morții în omul firesc. Lucrarea morții face posibil ca viața lăuntrică să se manifeste progresiv.

Cea de-a patra dimensiune este fundamentală pentru procesul de metamorfoză: ca El să locuiască în noi și să modeleze tot mai mult chipul lui Hristos în omul interior al fiilor și fiicelor autentice ale lui Dumnezeu. Tragedia este că mulți creștini se învârt în jurul primei și (poate) a celei de-a doua dimensiuni a crucii și, prin urmare, sunt privați de beneficiile extraordinare ale celor de-a treia și a patra dimensiuni.

Crucea și suferința fac parte din viața creștină normală. Putem susține că există o strânsă corelație în viața ucenicilor lui Hristos între lucrarea crucii și formarea spirituală. De fapt, din punct de vedere scriptural, nu există ucenic autentic fără cruce. Acei ucenici care îmbrățișează de bunăvoie crucea în viața lor experimentează cele mai profunde semnificații și binecuvântări ale acesteia.

Pavel cheamă în mod deliberat lucrarea crucii în viața sa, lăsându-ne astfel un exemplu de urmat. El scrie: „să-L cunosc pe El și puterea învierii Lui și părtășia suferințelor Lui și să mă fac asemenea cu moartea Lui; ca să ajung cu orice chip, dacă voi putea, la învierea din morți" (Filipeni 3:10-11).

Fie ca Dumnezeu să-i binecuvânteze pe toți ucenicii lui Hristos care îmbrățișează cu sârguință lucrarea crucii în viața lor.

Îndrumător spre fericire

de Dr. Charles Solomon

Printre multe alte resurse, principala lectură pentru modulul cinci este o carte unică, numită *Îndrumător spre fericire*, scrisă de Dr. Charles Solomon și publicată de Editura Casa Cărții, Oradea, 2000. Această carte necesită o citire atentă și o examinare minuțioasă a pasajelor care se ocupă de concepte noi. Nu putem acoperi într-o săptămână sau două tot ceea ce spune Dr. Solomon, așa că sper că veți reveni la această carte în mod repetat.

Studiază, reflectă și detaliază răspunsurile la următoarele întrebări. Pregătește-te ca cel puțin o dată pe săptămână să îți împărtășești ideile cu mentorul tău spiritual, cu grupul mic de studiu sau cu liderul grupului.
Pentru mai mult spațiu poți folosi un caiet de notițe.

Capitolul 1: Experiența Crucii lui Hristos

1.1: Pe baza lecturii și a înțelegerii acestui capitol, a propriilor experiențe, precum și a următoarelor versete biblice: 1 Petru 2:13-21 și Evrei 2:10-18, te rog să explici semnificația suferinței din perspectiva creștină.

Împărtășește cel puțin o experiență personală în care ai suferit pentru Hristos.

1.2. La pagina 29, Dr. Solomon scrie: *„În viața credinciosului, Crucea implică frângere și suferință, ca și în viața Domnului nostru"*. Ești de acord cu înțelegerea autorului despre cruce și suferință? Explică pe scurt opinia ta.

Felicitări! Ai făcut o treabă bună!

Capitolul 5: Înțelegerea intelectuală – dar după aceea?

După o lectură atentă a Capitolului 5, *Înțelegerea intelectuală – dar după aceea?*, te rog să răspunzi la întrebările următoare și să detaliezi gândurile tale.

5.1 Pe baza lecturii și înțelegerii acestui capitol, și pe baza următoarelor versete biblice: Luca 14:26-27, Ioan 12:24-25 și Filipeni 3:10, te rog să explici ce înseamnă consacrarea totală.

5.2. În contextul culturii actuale, te rog să explici cum putem transpune conceptul de consacrare totală în viața noastră de zi cu zi.

5.3. Te rog să împărtășești cu grupul tău dificultățile pe care le-ai întâmpinat?

5.4. În secțiunea intitulată: Introspecție morbidă, autorul citează Psalmul 139:23-24. Pe baza acestui psalm, te rog să împărtășești cu grupul tău, în măsura în care te simți confortabil, un caz în care Dumnezeu a expus partea urâtă a firii tale pământești.

5.5. Ai fost surprins să descoperi acea latură despre propria ta fire pământească? Te rog să detaliezi.

Felicitări! Ai făcut o treabă bună!

Modulul șase: Cunoașterea identității spirituale – Cheia spre victorie

Vedeți ce dragoste ne-a arătat Tatăl: să ne numim copii ai lui Dumnezeu! Și suntem. Lumea nu ne cunoaște, pentru că nu L-a cunoscut nici pe El. Preaiubiților, acum suntem copii ai lui Dumnezeu. Și ce vom fi nu s-a arătat încă. Dar știm că, atunci când Se va arăta El, vom fi ca El, pentru că Îl vom vedea așa cum este.
- 1 Ioan 3:1-2

În cartea sa, *Biruință asupra întunericului*, Dr. Neil T. Anderson explică faptul că majoritatea creștinilor nu se maturizează spiritual *„datorită conflictelor nerezolvate din viața lor"*. Prin urmare, ei rămân firești (sau credincioși carnali) la fel ca cei din 1 Corinteni 3:1-3, care nu au putut primi hrana solidă din Scripturi.

După mulți ani în care a oferit ucenicie mai multor creștini, autorul a găsit un numitor comun principal pentru toți creștinii care se luptă cu aceasta: *„Ei nu știu cine sunt în Hristos și nici nu înțeleg ce înseamnă să fii un copil al lui Dumnezeu"*. Este foarte normal/logic să ne întrebăm: De ce nu? Cum își pot rezolva creștinii conflictele personale?

Anderson ne împărtășește experiența sa:

> Încetul cu încetul, am început să înțeleg cum să-i ajut pe oameni să-și rezolve conflictele personale și spirituale prin pocăință autentică, supunându-se lui Dumnezeu și împotrivindu-se diavolului (vezi Iacov 4:7).[19]

După mulți ani de experiență de lucru cu creștinii din diferite contexte, pot să mărturisesc că ucenicia, într-adevăr, este mediul în care credincioșii pot învăța cine sunt în Hristos. Nu numai atât, dar procesul de ucenicie creștină este calea de urmat pentru credincioșii care doresc să crească spiritual.

---

[19] Neil T. Anderson, *Victory over the Darkness*, Ventura, CA: Regal Books, 2000, p. 16.

Anderson scrie:

> Lucrarea uceniciei este procesul prin care doi sau mai mulţi oameni se întâlnesc în prezenţa lui Hristos, învaţă despre felul în care adevărul Cuvântului lui Dumnezeu îi poate elibera şi astfel primesc puterea să se conformeze chipului lui Dumnezeu, în vreme ce umblă prin credinţă în puterea Duhului Sfânt. Şi: „Frângerea este cheia slujbei şi ingredientul final al consilierii uceniciei. Mesajul şi metoda s-au contopit". [20]

Fie ca Dumnezeu să-i binecuvânteze pe toţi ucenicii lui Hristos care îmbrăţişează cu sârguinţă lucrarea crucii în viaţa lor.

---

[20] Anderson, op.cit., p 17.

Biruință asupra întunericului

De Dr. Neil T. Anderson

Printre multe altele, o resursă importantă pentru modulul șase este *Biruință asupra întunericului*, de Neil Anderson, publicată la Kerigma, Oradea, 2016. Această carte necesită o citire atentă și studierea minuțioasă a diferitelor pasaje care sunt incluse în cuprinsul acesteia. Nu putem acoperi tot ceea ce are de spus Dr. Anderson nici într-o săptămână sau două, așa că sper că veți reveni la această carte în mod repetat.

După o lectură atentă a cărții, te rog să răspunzi și să detaliezi ideile tale.

Studiază, reflectă și detaliază răspunsurile la următoarele întrebări. Pregătește-te ca cel puțin o dată pe săptămână să îți împărtășești ideile cu mentorul tău spiritual, cu grupul mic de studiu sau cu liderul grupului.
Pentru mai mult spațiu poți folosi un caiet de notițe.

Capitolul 1: Cine ești?

1.1. Pe baza lecturii și a înțelegerii acestui capitol, te rog să notezi ecuațiile false în căutarea identității. Exemplu: Înfățișare bună + admirație = persoană împlinită.

1.2. Te rog să notezi ecuația lui Dumnezeu pentru împlinire și semnificație.

1.3. Te rog să enumeri și să detaliezi efectele căderii. Te rog să detaliezi.

Felicitări! Ai făcut o treabă bună!

Capitolul 11: Vindecarea rănilor emoționale ale propriului tău trecut

După o revizuire atentă a Capitolului 11, *Vindecarea rănilor emoționale ale propriului tău trecut*, te rog să răspunzi la întrebările următoare și să detaliezi gândurile tale.

11.1. Te rog să explici succint pașii pe care îi putem face pentru vindecarea emoțională.

- Care este succesiunea evenimentelor?
- Care este emoția primară?
- Care este cauza declanșării?
- Cum gestionează cei mai mulți dintre noi durerea emoțională?

11.2. Cum ar trebui să ne rezolvăm emoțiile primare? (Vezi Psalmul 139:23-24 și Ioan 8:31-32)

- În primul rând...
- În al doilea rând...

11:3. Ce este iertarea? Detaliază ce consideri important cu privire la iertarea biblică.

11.4. Care sunt pașii spre iertare?

Felicitări! Ai făcut o treabă bună!

Modulul șapte: Liber în Hristos – Înțelegerea luptei spirituale

Căci noi n-avem de luptat împotriva cărnii și sângelui, ci împotriva căpeteniilor, împotriva domniilor, împotriva stăpânitorilor întunericului acestui veac, împotriva duhurilor răutății care sunt în locurile cerești.
- Efeseni 6:12

Subiectul războiului spiritual este considerat un subiect *tabu* în unele cercuri. Uneori, acest subiect a provocat discuții aprinse și chiar dezbinări. De aceea mă rog și sper că ai ajuns la un nivel de maturitate în care să înțelegi că domeniul întunericului este real, iar cunoașterea adevăratului nostru dușman este un drept al fiecărui ucenic al lui Hristos. Isus Însuși le spune ucenicilor Săi: *„Iată că v-am dat putere să călcați peste șerpi și peste scorpii și peste toată puterea vrăjmașului: și nimic nu vă va putea vătăma"* (Luca 10:19). Iar Pavel scrie: *„El ne-a izbăvit de sub puterea întunericului și ne-a strămutat în Împărăția Fiului dragostei Lui"* (Coloseni 1:13).

Pavel, Petru, Iacov și alți autori ai Noului Testament au scris despre realitatea conflictului spiritual cu diavolul. Ei nu ar fi avut niciun motiv să scrie avertizări cu privire la *„domeniul întunericului"* (Coloseni 1:13), sau despre *„împotrivirea diavolului"* (Iacov 4:7) și *„potrivnicul vostru, diavolul, dă târcoale ca un leu care răcnește"* (1 Petru 5:8), dacă aceste aspecte nu ar fi fost reale.

Mai mult, Pavel scrie: „Dar mă tem ca, după cum șarpele a amăgit pe Eva cu șiretlicul lui, tot așa și gândurile voastre să nu se strice de la curăția și credincioșia care este față de Hristos" (2 Corinteni 11:3).

Așadar, haideți să abordăm acest modul cu atenție și cu rugăciune, pentru ca Dumnezeu să ne dea înțelegere, din Cuvântul Său, privitoare la dușmanul nostru spiritual – Satana. De asemenea, să cerem Duhului Sfânt să ne echipeze corespunzător pentru a ne împotrivi *„în ziua cea rea"* și să fim capabili să *„rămânem în picioare"*, așa cum îi sfătuiește Pavel pe credincioșii Efeseni în 6:13.

Cel ce sfărâmă lanțurile robiei

de Dr. Neil T. Anderson

Avem câteva resurse excelente selectate pentru acest modul. Vom începe modulul acesta important cu o carte unică, *Cel ce sfărâmă lanțurile robiei*, scrisă de Dr. Neil T. Anderson și publicată de Editura Succeed Publishing, Medgidia, 2018. Această carte necesită o citire atentă și o studiere minuțioasă a unor pasaje sunt incluse în cuprinsul acesteia. După o lectură atentă a cărții, te rog să răspunzi și să detaliezi ideile tale.

Studiază, reflectă și detaliază răspunsurile la următoarele întrebări. Pregătește-te ca cel puțin o dată pe săptămână să îți împărtășești ideile cu mentorul tău spiritual, cu grupul mic de studiu sau cu liderul grupului.
Pentru mai mult spațiu poți folosi un caiet de notițe.

Capitolul 1: Nu trebuie să trăiești în umbră

1.1. Pe baza citirii și înțelegerii acestui capitol, te rog să enumeri concepțiile greșite comune despre robie.

1.2. De ce este atât de important să avem o viziune biblică asupra lumii, atunci când vine vorba de demoni?

1.3. Crezi că și credincioșii pot fi afectați de demoni sau nu? Te rog să detaliezi și să oferi exemple din Biblie.

1.4. Care este cea mai puternică armă a dușmanului?

1.5. Care este cea mai puternică armă a creștinului?

Felicitări! Ai făcut o treabă bună!

Capitolul 11: Pericolul pierderii controlului

Auto-înșelarea este foarte răspândită în bisericile contemporane. Profeții și învățătorii mincinoși apar ca ciupercile după ploaie, iar creștinii naivi și creduli se îngrămădesc să se adăpostească sub învățăturile lor. Credincioșii imaturi, în loc să își asume responsabilitatea pentru propria umblare cu Domnul și cunoașterea Scripturilor, caută scurtături spre atingerea următorului nivel de spiritualitate, prin intermediul profeților. Tragedia este că mulți dintre ei sunt profeți falși, care duc oile în rătăcire.

11.1. Pe baza lecturii și a înțelegerii tale a acestui capitol, enumeră cele trei căi principale prin care Satana încearcă să ne facă să credem în minciunile sale.

1.
2.
3.

11.2. Te rog să enumeri căile prin care ne putem înșela singuri.

11.3. Care sunt câteva dintre criteriile folosite pentru a discerne între profeții adevărați și cei falși? Te rog să-ți dezvolți ideile.

11.4. Pe baza Bibliei și a înțelegerii secțiunii intitulate *Stai ferm*, te rog să notezi care este motivul pentru un discernământ real?

11.5. Care sunt mijloacele pentru a ne spori discernământul?

Felicitări! Ai făcut o treabă bună!

Modulul opt: Roadele și darurile – Dezvoltarea unei relații autentice cu Duhul Sfânt

Nu vă îmbătați de vin, aceasta este destrăbălare. Dimpotrivă, fiți plini de Duh.
- Efeseni 5:18

Încă de la început, haide să facem o pauză, să ne rugăm și să cerem o înțelegere mai profundă a Scripturilor despre:

- Ce înseamnă să umbli în Duhul Sfânt
- Cum să înflăcărăm darul (sau darurile) cu care ne-a binecuvântat Dumnezeu, pentru edificarea altor oameni
- Ce înseamnă să avem caracterul lui Hristos în noi

Privitor la Duhul Sfânt, imediat după predica lui Petru din ziua Cincizecimii, doctorul Luca scrie: „*Căci făgăduința aceasta este pentru voi, pentru copiii voștri și pentru toți cei ce sunt departe acum, în oricât de mare număr îi va chema Domnul Dumnezeul nostru*" (Faptele Apostolilor 2:39).

În ceea ce privește darurile spirituale, Pavel le scrie corintenilor:

> Mulțumesc Dumnezeului meu totdeauna, cu privire la voi, pentru harul lui Dumnezeu, care v-a fost dat în Isus Hristos. Căci în El ați fost îmbogățiți în toate privințele, cu orice vorbire și cu orice cunoștință. În felul acesta, mărturia despre Hristos a fost bine întărită în mijlocul vostru; așa că nu duceți lipsă de niciun fel de dar în așteptarea arătării Domnului nostru Isus Hristos. El vă va întări până la sfârșit, în așa fel ca să fiți fără vină în ziua venirii Domnului nostru Isus Hristos. (1 Corinteni 1:4-8)

Ştim, de asemenea, că (cf. 1 Corinteni 3:1-3) credincioşii din Corint erau imaturi şi fireşti. Prin urmare, manifestarea darurilor spirituale într-o biserică nu înseamnă că credincioşii sunt maturi în Hristos. Manifestarea roadei Duhului în viaţa cuiva este adevăratul semn al maturităţii.

După ce a descris manifestările firii pământeşti (vezi Galateni 5:19-21), Pavel introduce roada Duhului.

El scrie:

> Roada Duhului, dimpotrivă, este: dragostea, bucuria, pacea, îndelunga răbdare, bunătatea, facerea de bine, credincioşia, blândeţea, înfrânarea poftelor. Împotriva acestor lucruri nu este lege. Cei ce sunt ai lui Hristos Isus şi-au răstignit firea pământească împreună cu patimile şi poftele ei. Dacă trăim prin Duhul, să şi umblăm prin Duhul. Să nu umblăm după o slavă deşartă, întărâtându-ne unii pe alţii şi pizmuindu-ne unii pe alţii. (Galateni 5:22-26)

Cu alte cuvinte, Pavel spune:

Dacă pretindem că suntem creştini, că suntem urmaşi ai lui Hristos şi că avem viaţă spirituală (zoe) de la Duhul, atunci să dovedim acest lucru prin umblarea noastră.

Aşadar, ce ar trebui să facă ucenicii lui Hristos?

- Trebuie să urmărim darurile spirituale şi, în acelaşi timp, trebuie să răstignim toate dorinţele trupeşti.
- Trebuie să lăsăm caracterul lui Hristos să se manifeste în omul nostru lăuntric, manifestând roadele Duhului în umblarea noastră zilnică în această lume.

Bucuraţi-vă de acest studiu! Creşteţi şi fiţi roditori!

Surprins de puterea Duhului

De Jack Deere

Avem câteva resurse excelente selectate pentru acest modul. Vom începe acest modul important cu o carte unică, intitulată *Surprins de puterea Duhului*, de Jack Deere, publicată la Editura Succeed Publishing, Medgidia, 2011.

Studiază, reflectă și detaliază răspunsurile la următoarele întrebări. Pregătește-te ca cel puțin o dată pe săptămână să îți împărtășești ideile cu mentorul tău spiritual, cu grupul mic de studiu sau cu liderul grupului.
Pentru mai mult spațiu poți folosi un caiet de notițe.

Capitolul 1: Apelul telefonic care mi-a schimbat viața

Deere scrie:

> Înainte de apelul telefonic știam încotro merg. Duceam o viață confortabilă și sigură. Dețineam controlul și îmi plăcea aceasta. În cea mai mare parte a timpului percepția mea era că știam ce făcea Dumnezeu. Dar în momentul în care am pus receptorul jos în acea dimineață rece de ianuarie 1986, toate acestea s-au schimbat brusc. Nu mai eram atât de sigur încotro mergeam și ce făceam și începusem să mă întreb dacă cunoșteam măcar ce făcea Dumnezeu.[21]

1.1. Pe baza Bibliei, a experienței tale cu Duhul Sfânt și a lecturii și înțelegerii acestui capitol, te rog să ne împărtășești un eveniment

[21] Deere, Jack, *Surprins de puterea Duhului*, Succeed Publishing, Medgidia, 2011, p. 9.

sau o experiență folosită de Dumnezeu pentru a schimba direcția vieții tale.

Felicitări! Ai făcut o treabă bună!

Capitolul 13: Pasiunea după Dumnezeu

Dintr-un motiv oarecare, Duhul Sfânt este cea mai neglijată Persoană din cadrul Sfintei Treimi. Poate că (doar poate) unii oameni își doresc ca Duhul Sfânt să-i vindece, să le vorbească, dar nu doresc neapărat să cultive o relație de intimitate autentică cu El. Acest lucru este trist, nu-i așa? Cui îi place să fie folosit în acest fel?

Nu ne putem aștepta să avem rezultate spirituale și eficiență în slujire, ca giganții spirituali, fără să avem pasiunea înflăcărată pe care o aveau ei. Nu știu cum sunteți voi, dar eu sunt motivat de oameni ai lui Dumnezeu precum A. W. Tozer.

Îmi place ceea ce scrie Lyle Dorsett, autorul unei cărți noi, *A Passion for God: The Spiritual Journey of A. W. Tozer* (*O pasiune pentru Dumnezeu: Călătoria spirituală a lui A. W. Tozer)*:

> De la convertirea sa în adolescență și până la moartea sa în 1963, Tozer a rămas fidel unei singure pasiuni: să-L cunoască pe Tatăl și să-L facă de cunoscut, indiferent de cât l-ar fi costat. Prețul pe care l-a plătit a fost singurătatea, cenzura din partea altor slujitori din acea vreme, cu o mentalitate mai seculară, și chiar o oarecare înstrăinare de familia sa. Veți citi povestea de viață a unui sfânt imperfect, dar talentat, ale cărui lucrări au un impact și astăzi asupra lumii. [22]

După o lectură atentă a capitolului 13, *Pasiunea după Dumnezeu*, te rog să răspunzi la întrebările următoare și să detaliezi ideile tale.

13.1 Pe baza Bibliei, a propriei experiențe cu Duhul Sfânt, precum și a lecturii și înțelegerii acestui capitol, te rog să explici cum își justifică majoritatea oamenilor lipsa pasiunii după Dumnezeu.

---

[22] „A Passion for God", http://awtozer.org/home/books/a-passion-for-god/. Accesat pe 11 noiembrie 2019.

13.2. Cum îți justifici tu lipsa de pasiune după Dumnezeu? Te rog să detaliezi.

13.3. Ce ar putea constitui surogate pentru o pasiune autentică după Dumnezeu și pentru o intimitate reală cu Duhul Sfânt? Te rog să detaliezi.

Felicitări! Ai făcut o treabă bună!

Upper Room Fellowship Ministry

Misiunea Upper Room Fellowship Ministry (URFM) a fost înființată în 1996, ca răspuns la chemarea lui Dumnezeu și prin călăuzirea Duhului Sfânt, pentru a sluji Trupul lui Hristos. URFM este o organizație creștină non-profit și neafiliată confesional.

VIZIUNE

O viață deplină, prin înnoirea minții și transformarea spirituală, pentru gloria lui Dumnezeu.

MISIUNE

Dorința noastră, a celor de la URFM, este de a-i ajuta pe credincioși să experimenteze vindecarea inimilor rănite, vitalizare sufletească și creștere spirituală în Hristos. Rugăciunea și dorința noastră profundă este ca, prin Duhul Sfânt, să-L experimentezi pe Isus Hristos ca pe însăși Sursa vieții tale. Atât prin întâlniri individuale și în grupuri mici, cât și prin taberele creștine, misiunea URFM își propune crearea unui mediu în care pot fi experimentate vindecarea, înviorarea și eliberarea spirituale. Sub călăuzirea Duhului Sfânt, URFM face ucenici și îi echipează pentru Împărăția lui Dumnezeu. URFM slujește în vederea creșterii spirituale a tuturor credincioșilor.

Scopul este ca fiecare mădular din Trupul lui Hristos să ajungă la atingerea scopului final – *plinătatea lui Hristos.* Majoritatea creștinilor au fost învățați că Isus Hristos a murit pentru păcatele lor. Unii L-au primit în viața lor pe Hristos ca Domn. Doar puțini dintre ei au fost învățați adevărul că au murit cu El și că Îl pot experimenta pe Hristos ca Viața lor. Ca urmare, chiar mai puțini au parte de biruință în viețile lor. Cu toate că au fost eliberați de păcatele lor, ei nu au fost eliberați de ei înșiși.

Dorința noastră și rugăciunea noastră fierbinte pentru toți ucenicii este ca ei să devină tot ceea ce Dumnezeu dorește ca ei să fie, deci să ajungă la *plinătatea lui Hristos.*

Întâlnire cu autorul

Valy Văduva s-a născut în România, o țară frumoasă din Europa de Est. În acea vreme, România era o țară comunistă. Guvernul era ostil Bibliei și creștinismului evanghelic. Părinții lui au fost creștini ortodocși, însă nu erau credincioși născuți din nou la acea vreme și, ca urmare, nu i-au citit istorisirile biblice în anii copilăriei și nu l-au dus la școala duminicală.

La vârsta de doisprezece ani, în timpul vacanței de vară, fratele lui vitreg l-a luat în locuința lui din București, timp de două săptămâni. Una dintre vecine, care era credincioasă, i-a dăruit cel mai uimitor cadou: un *Nou Testament.*

Întors acasă, întrucât mai avea destule zile de vacanță, el l-a citit de cel puțin trei ori în timpul acelei veri, părându-i-se foarte interesant. Aceasta a fost prima dată când Valy a intrat în contact cu Cuvântul lui Dumnezeu. *În amintirea lui, această experiență a rămas ca ceva uimitor!*

După câțiva ani, s-a înscris la liceu. Nu știa pe atunci că Dumnezeu aranjează lucrurile în cele mai mici detalii – Dumnezeu a pus în clasă cu el pe David, un tânăr creștin. Valy a simțit că băiatul acesta este diferit de ceilalți adolescenți. David și-a asumat riscul și L-a mărturisit pe Domnul, invitându-l pe Valy să meargă cu el la biserică. Acestea s-au întâmplat în toamna anului 1976. Cu prima ocazie, Valy s-a dus la biserică, unde s-a bucurat de predică și de învățătura din Biblie. După un timp, el și-a predat viața lui Isus, iar apoi a fost botezat în apă. *Experiența nașterii din nou (a regenerării) a fost foarte puternică!* Aceasta s-a întâmplat în anul 1977, în februarie, cu doar câteva zile înainte de cutremurul înfricoșător care a devastat centrul orașului București.

Timp de câteva săptămâni, după botezul în apă, s-a simțit de parcă ar *„zbura"*. Nici nu simțea că atinge pământul în mersul lui. În toată viața lui, nu fusese niciodată atât de fericit și de împlinit!

Într-o zi, prietenul lui din liceu i-a dăruit o Biblie. A fost atât de încântat! Într-un timp scurt, Valy s-a aventurat în lectura acestei cărți minunate și unice, citind-o de la Geneza și până la Apocalipsa. S-a îndrăgostit profund de Cuvântul lui Dumnezeu. A început să-L mărturisească pe Hristos prietenilor și rudelor, precum și părinților lui. Ca urmare, a îndurat multă persecuție din partea profesorilor de liceul, precum și din partea colegilor lui de clasă. Însă acestea au fost, în realitate, niște experiențe extraordinare cu Dumnezeu. Valy L-a simțit pe Isus totdeauna la lucru în viața lui, și a știut că Isus a fost alături de el în mijlocul persecuțiilor.

După un timp, pastorul lui Valy i-a cerut să se ocupe de școala duminicală pentru tineri. El a răspuns chemării cu o mare încântare. Curând și-a dat seama că îi place să-i învețe pe alții și să predice Cuvântul Domnului. Valy dorea să meargă la o școală biblică, însă tatăl lui i-a sugerat că ar fi mai bine pentru el să-și facă studiile într-un domeniu tehnic. Din acest motiv, a studiat la Universitatea Politehnică din București și a devenit inginer mecanic. Totuși, pasiunea pentru Cuvântul lui Dumnezeu a rămas în inima lui de-a lungul anilor.

La câțiva ani după experiența nașterii lui din nou, a întâlnit-o pe viitoarea lui soție, Elena, la o întrunire de rugăciune. Era sfârșitul anilor '70. În vremea aceea, Valy frecventa un grup de rugăciune ai căror membri se rugau fierbinte. Își dorea acel fel de rugăciune și pentru el, așa că participa la tot mai multe întruniri de felul acesta. A postit câteva zile. Dorința lui fierbinte era să se apropie de Domnul. Într-una din acele zile, în timp ce se ruga cu un grup restrâns, a simțit prezența Domnului, pentru că a fost atins într-un mod semnificativ. *El își amintește de această umplere cu Duhul Sfânt ca fiind o experiență măreață și plină de putere.*

După ce Valy s-a căsătorit, împreună cu soția lui a început un grup de studiu biblic în apartamentul lor. Acest lucru a durat aproape zece ani. În ciuda câtorva confruntări cu securitatea și a unor persecuții, s-a bucurat foarte mult de aceste vremuri! Răsplata lui a fost să vadă viețile celor ce făceau parte din grup transformate de Cuvântul lui Dumnezeu!

În anul 1989, revoluția populară a pus capăt regimului comunist din România. În acea vreme a înțeles clar faptul că venise momentul potrivit pentru a emigra cu familia in Statele Unite. Acolo, el a frecventat o biserică creștină română. Curând, a observat marea nevoie de studiu biblic, ucenicie și consiliere printre creștini, mai ales printre tineri și familiile tinere. El a avut sentimentul puternic că ceva lipsește în biserică, realizând că doar programele religioase nu sunt suficiente pentru creșterea spirituală.

În 1995, Valy și soția lui au auzit, pe un post de radio creștin, un anunț despre un curs avansat în ucenicie și consiliere creștină. Imediat amândoi s-au înscris în acel program și au început să frecventeze cursurile. Învățătura *„Viața schimbată"*, pe care au primit-o în timpul acestei instruiri intensive, a fost extraordinară! Ei au învățat, cu acea ocazie, despre zdrobire și despre nevoia de a sfârși cu viața trăită pentru sine, astfel încât viața lui Hristos să se arate în și prin fiecare creștin.

Modul în care conceptul răstignirii împreună cu Hristos din Galateni 2:20 le-a fost explicat a fost cu totul uimitor! Aceasta a produs o revoluție spirituală în viața lui Valy. El a înțeles că nu trebuia să îndeplinească anumite activități religioase, să înceapă un alt studiu biblic sau să facă altceva de felul acesta. Lucrul de care avea nevoie cel mai mult era ca *viața lui Hristos* să se manifeste în viața lui. Dar exista o problemă. El trebuia să-și predea viața lui, pentru a avea viața lui Hristos pe deplin; prin harul lui Dumnezeu, a făcut-o! *Experiența vieții schimbate a fost cea mai importantă experiență pe care o trăise până în acel moment.* El poate depune mărturie că această experiență i-a revoluționat viața, slujirea și modul de a-L vedea pe Dumnezeu, de a se vedea pe sine însuși și de a-i privi pe alții.

În 1996, Duhul Sfânt i-a călăuzit pe Valy și Elena spre înființarea Upper Room Fellowship Ministry (URFM), o organizație creștină non-profit, independentă, dedicată ucenicizării, creșterii și maturizării creștine, precum și consilierii. Totuși, el a continuat să lucreze ca inginer, pentru a-și susține familia. Însă, cu cât mai mult timp trecea, cu atât se simțea mai nefericit și mai neîmplinit din punct de vedere spiritual. Situația aceasta a ajuns la apogeu cu o experiență de neuitat, pe care a avut-o în 2002. O serie de împrejurări i-au creat o stare de stres, care a avut ca rezultat un mini accident vascular cerebral. Totuși,

Dumnezeu deține întotdeauna controlul! El a avut milă de Valy și l-a salvat din această încercare doar cu o intervenție minimă din partea echipei medicale. *Dumnezeu l-a vindecat total, fără efecte secundare!* Mai mult de 75 la sută din capacitatea lui de vorbire a fost restaurată în mai puțin de 6 ore. Uimitor! Acest lucru a fost cu totul miraculos!

Chiar dacă vindecarea aceasta l-a marcat, aspectul cel mai important nu este experiența în sine. Un alt lucru trebuie scos în evidență. La câteva ore după ce Valy a fost internat în spital, neurologul a venit la patul său și l-a întrebat: *„Cu ce te ocupi?"* În ciuda dificultăților de vorbire, Valy a răspuns cu convingere: *„Sunt predicator"*. Te rog să observi că el nu a răspuns: *„Sunt inginer"*, chiar dacă aceasta ar fi fost o afirmație adevărată. După aceea, el a adăugat: *„Mă voi face bine, voi ieși din starea aceasta fără nici un efect secundar, pentru că Dumnezeu m-a chemat să predic Evanghelia"*. Într-adevăr, exact așa s-a întâmplat.

După alte câteva ore, condiția lui medicală s-a îmbunătățit. Lucrul acesta a fost văzut de întreaga echipă medicală care se ocupa de îngrijirea sa. Ei au fost surprinși de recuperarea rapidă a lui Valy. El, soția și toată familia lui Îl slăvesc pe Dumnezeu pentru intervenția Lui miraculoasă. Ei îi apreciază pe prietenii, biserica, și sutele de credincioși de pretutindeni care s-au rugat cu insistență pentru el. Slavă Domnului pentru vindecarea Sa divină în viața lui Valy!

După o perioadă de recuperare, s-a întors la serviciul lui de inginer cu normă întreagă, însă viața lui nu a mai fost ca înainte. Nu a mai găsit bucurie în cariera sa. Se afla într-o deprimare gravă și eforturile doctorului lui de a-l trata au rămas fără rezultate. Simțea că viața îi este sfâșiată de o luptă spirituală interioară: pe de o parte se aflau responsabilitățile lui de inginer și rolul pe care îl avea de a câștiga pâinea zilnică pentru familia lui; pe de altă parte, pasiunea și dorința lui profundă de a predica Evanghelia lui Isus. Totuși, nici măcar în aceste împrejurări Valy nu a găsit tăria de a-și lăsa slujba și de a începe o slujire cu normă întreagă, la care Dumnezeu îl chemase din tinerețe.

Această bătălie dificilă și dureroasă a durat până la mijlocul anului 2004. La începutul lunii iulie, șeful lui a venit în birou și a închis ușa după el. El i-a zis: *„Valy, departamentul nostru își va reduce activitatea, după care se va închide. Toți inginerii care lucrează în acest departament vor fi concediați. Chiar și eu va trebui să-mi găsesc altceva de făcut. Vestea* *tristă este că tu ești primul care va fi concediat. De mâine, postul tău va fi desființat".*

Chiar dacă el se aștepta să se întâmple așa ceva, cuvintele *„de mâine, postul tău va fi desființat"* îi răsunau în urechi ca bubuitul unui tunet. După câteva minute, și-a adunat curajul și a ieșit afară, pentru a o suna pe soție: *„Dragă, te sun să-ți spun că sunt un om liber!"* Elena l-a întrebat: *„Ce vrei să spui? Nu-mi spune că ai fost concediat."* Valy a luat lucrul acesta ca venind din partea lui Dumnezeu. S-a considerat eliberat, pentru a lucra pentru El și Împărăția Lui.

În cele din urmă, Valy a înțeles! Începând cu iulie 2004, s-a dedicat slujirii duh, suflet și trup. Treptat, Dumnezeu l-a vindecat de depresia care a durat doi ani.

Acum, după aproape douăzeci de ani de lucru intens pentru Împărăția lui Dumnezeu, el este plin de bucurie și împlinit. Aceasta este o bucurie sfântă, care nu vine de la lume; nu este rezultatul banilor, al răsplăților pământești sau al confortului, ci mai degrabă al umblării în voia esențială a lui Dumnezeu.

După cum mulți dintre voi știți, lucrarea creștină cu normă întreagă necesită mult timp, efort și tărie, pentru a duce luptele spirituale. De asemenea, o astfel de lucrare se bazează foarte mult pe resurse financiare și pe o echipă de oameni dedicați și talentați. Totuși, de îndată ce ne hotărâm să facem voia lui Dumnezeu, bucuria care vine de la Domnul este negrăită și nu se compară cu nimic din ceea ce ne-ar putea oferi lumea. Diavolul este neobosit în lupta pe care o duce împotriva noastră și, din nefericire, uneori reușește să ne înșele. Putem fi înșelați căutând să găsim fericire și împlinire în lucrurile acestei lumi, în loc de a umbla în ascultarea de Duhul Sfânt.

De când s-a consacrat lucrării de slujire, Valy este implicat activ în călătorii misionare în Statele Unite și în alte locuri din lume. În prezent, el oferă sesiuni personalizate de life-coaching spiritual, lecții de înnoire a minții, slujire de transformare prin rugăciune, și predă cursuri de ucenicie creștină avansată, atât în sălile de cursuri, cât și pe internet, în limbile engleză și română.

Valy, soția lui, Elena, și cei patru copii adulți ai lor, precum și cei zece nepoți, trăiesc în partea de sud-est a statului Michigan.

www.ingramcontent.com/pod-product-compliance
Lightning Source LLC
Chambersburg PA
CBHW070018100426
42740CB00013B/2551

* 9 7 8 1 9 3 0 5 2 9 5 3 3 *